영유아교사를 위한

놀이지도

이춘복 · 황소영 · 신희이 · 정정란 · 구현아 · 김희제

창지사

머리말

놀이는 영유아의 놀이를 하고 싶어 하는 순수한 욕구인 내적 동기에 의해 이루어지는 가장 자연스러운 행동이다. 영유아에게 놀이는 그 자체가 생활이자 발달과 학습에서 중요한 역할을 담당한다. 놀이를 하면서 영유아들은 또래와 관계를 맺고, 주변에 대한 지적 호기심을 충족시키며 무한한 즐거움과 성취감, 만족감을 느끼게 된다. 그럼에도 불구하고 동네 놀이터에서 놀고 있는 영유아들을 점점 더 찾아보기 어렵다. 우리의 현실은 놀이의 본질과 가치보다는 학습이 우선되고 경쟁적인 요소만이 강조되어 놀이 자체가 무시되는 놀이 없는 삶으로 대변되고 있다.

이 책은 영유아교사를 위한 놀이 지도의 지침서이다. 놀면서 배우는 영유아의 발달적 특성으로 인해 놀이는 유아교육과정의 핵심이 된다. 이에 대학에서 유아교육과 보육을 전공하고 있는 예비교사들뿐 아니라 현직의 교사들에게 영유아 놀이의 중요성을 강조하고 유아교육현장에서 영유아의 놀이를 교육적으로 가치 있게 할 수 있는 역량을 증진시키는 데 도움을 주고자 하는 바람에서 집필하게 되었다.

이 책은 총 9장으로 구성되었다. 1장에서 7장까지는 놀이지도의 이론을, 8장과 9장은 영아기와 유아기로 구분된 놀이 활동의 실제가 제시되었다. 1장에서는 영유아에게 놀이의 본질적인 이해를 돕기 위해 놀이에 대한 정의와 특성을 정리하였다. 2장에서는 놀이를 해석하는 다양한 관점을 고전적 놀이이론과 현대적 놀이이론으로 구분하여 고찰하였고, 3장에서는 영유아의 연령별 발달에 따른 놀잇감과 놀이발달 단계, 놀이발달에 영향을 미치는 요인을 살펴보았다. 4장에서는 유아교육기관에서 놀이가 주로 이루어지는 자유선택활동 시간의 교육적 의의를 살펴보고 자유선택활동의 효율적 운영을 위한 교사의 계획 및 준비, 진행과정을 알아보았다. 5장에서는 영유아의 성장과 발달에 영향을 미치는 좋은 실내 · 외 놀이 환경을, 6장에서는 영유아의 발달에 적합한 놀이지도를 위한 교사의 역할 및 영역별 놀이지도의 방법을 살펴보았다. 7장에서는 영유아의 놀이행동을 관찰하고 이에 기초한 다양한 평가방법을 다루었다. 8장에서는 영아기 놀이 활동의 실제를, 9장에서는 유아기 놀이 활동의 실제를 제시하였다.

이 책은 6명의 저자들이 공동집필하였다. 유아교육현장에서 영유아를 지도하고 대학에서 놀이지도 강의를 하면서 얻은 경험을 살려, 놀이를 중심으로 좀 더 쉬운 이론적 이해와 활용 가능한 실제를 제시하려고 하였다. 그러나 저자들 나름대로 열정과 정성을 다했지만 처음의 의도와는 달리 미흡한 점이 많다. 미흡한 부분은 앞으로 충실하게 보완하여 더 좋은 책으로 개정될 수 있도록 노력할 것이며, 집필과정은 놀이의 가치를 또 다시 인식하고 놀이중심의 유아교육과정의 정착을 위해 끊임없이 노력하고 연구해야 함을 알려주는 좋은 계기가 되었다.

이 책이 나오기까지 기존의 국내외 학자들의 연구물이나 저서의 내용에서 많은 도움을 받았으며, 놀이지도에 대한 이론을 실제 활동으로 연결할 수 있도록 노력을 아끼지 않은 유치원과 어린이집의 교사들의 도움이 있었다. 또한 놀이 활동을 즐거운 마음으로 임해준 유아들의 공헌도 빠질 수 없다. 지면을 통해 감사의 마음을 전한다.

끝으로 오래된 약속이 자꾸 지연되었음에도 불구하고 출판이 되기까지 기다려주고 도와주신 창지사 사장님과 편집부 여러분께 진심으로 감사드린다.

2017년 2월

저자 일동

차례

Part 01 이론편

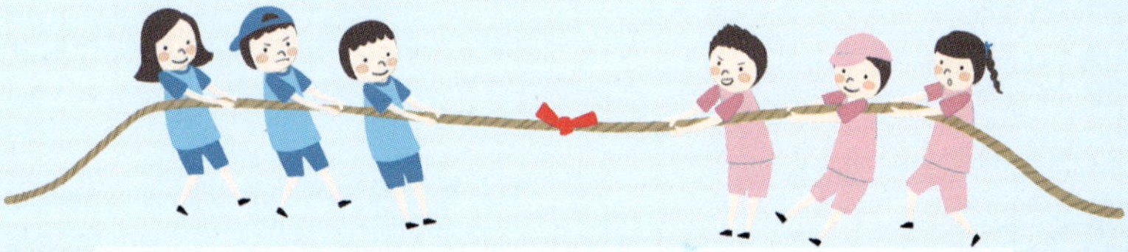

chapter 1. 영유아와 놀이

학습목표

- 영유아 놀이의 정의와 유형에 대해 이해할 수 있다.
- 영유아 놀이의 특성을 이해하고 정리할 수 있다.
- 영유아에게 놀이가 중요한 이유를 설명할 수 있다.

주요용어

- 놀이와 일, 놀이와 탐색, 놀이의 비실제성, 내적동기화, 과정지향성, 자유선택성, 긍정적 감정

1 놀이의 정의

> 18개월 된 태경이는 아빠의 책상 아래에 앉아 볼펜 하나를 잡고 만지작거리며 놀고 있다. 26개월 된 채린이는 옷걸이에 걸려 있는 엄마의 빨간색 앞치마를 발견하고 30분이 지나도록 앞치마의 단추 구멍에 단추를 끼우고 있다.

영유아들은 놀이하는 것을 좋아한다. 놀이는 영유아의 생활이자 학습 그 자체라고 할 수 있다. 놀이를 하면서 영유아들은 다른 사람들과 관계를 맺고, 주변에 대한 지적 호기심을 충족시키며 삶에 필요한 지식, 기능, 태도를 익히고 사고를 확장해 간다. 놀이는 즐거워서 자발적으로 하는 것이므로 영유아가 정서적 긴장이나 두려움 없이 많은 것을 배우고 익히는 학습의 기회가 된다(교육과학기술부 · 보건복지부, 2013).

놀이란 무엇인가? 유아교육사전에서 놀이란 생존을 위한 현실적응적 행동이나 다른 목적을 위한 수단적 · 도구적인 일이나 공부, 노동과는 구별되는 비효용적, 비생산적인 여분의 행동이고 행동자체의 즐거움을 위한 자유롭고 자발적인 행동으로 일과 대립되는 개념으로 정의되고 있다.

놀이를 연구하는 많은 학자들이 놀이가 무엇인가를 정의하기 위하여 놀이를 놀이가 아닌 행동, 즉 탐색이나 숙달, 모방과 일(작업)과 비교하여 놀이의 속성을 분석하고자 하였다.

윙(Wing, 1995)은 놀이와 일을 비교하여 아래와 같이 제시하였다.

첫째, 일은 해야 하는 것(have to)이고 외적이며, 통제된 활동이고 강제적이다. 그러나 놀이는 할 수 있다(can)와 같이 내적으로 통제되는 활동이자 자발적이고 자유로운 선택에 의한 것이다.

둘째, 일은 교사 또는 상사(boss)의 기대와 참여의사가 수없이 개입하고 활동의 결과까지 평가하지만 놀이에는 기대나 평가가 거의 없다고 할 수 있다.

셋째, 일이란 '끝까지 해야 하는 것'이고 놀이는 '언제든지 원하면 그만두는 것'이다.

넷째, 일은 인지적 활동이 많은 편이나 놀이는 최소한의 인지적 활동만을 요구한다.

다섯째, 일에는 가끔씩 즐거움을 느끼지만, 놀이는 언제나 즐거운 것이다.

대트너(Dattner, 1969) 역시 놀이와 일을 비교하였는데, 그에 따르면,

첫째, 일은 생계를 유지하기 위해서 하는 것으로 외부적 강요에 의한 것이지만 놀이는 지극히 자발적으로 표출되는 행동이다.

둘째, 일은 생산과 관련이 있으나 놀이는 그 자체가 목적이다.

셋째, 일은 외부의 강요된 규칙에 의하지만 놀이를 지배하는 규칙은 자발적으로 형성된다.

넷째, 일은 현실세계에서만 이루어지나 놀이는 현실세계의 초월이 가능하다.

허트(Hutt, 1971)는 놀이와 탐색을 서로 다른 행동으로 규명하면서 놀이를 정의하였다.

탐색이란 영유아가 익숙하지 않은 사물에 대해 보이는 호기심으로, "물건의 속성이란 무엇일까?(What does this object?)" 하는 데 의문을 갖는 것이다. 그러나 놀이는 "이 물건을 가지고 무엇을 할 수 있을까?(What can I do with this object?)"를 알아보는 행동이므로 탐색과 놀이는 그 정의부터가 다르다.

한편, 허트(Hutt)와 달리 펜슨과 쉘(Fenson & Schell, 1986)은 놀이와 탐색이 외적 목표를 성취하기 위한 게 아니라 내적으로 동기화된 행동이라는 점, 즉 그 공통점에 주목하였다. 또한 인간의 초기단계에서 탐색과 놀이는 분명하게 구별되지 않으므로 '탐색적인 놀이'라는 용어를 사용한다고 하였다(심성경 외, 2011, 재인용).

레비(Levy, 1993)는 개인에게 있어 놀이행동이란 창의적이고 심오한 특성을 전개하도록 촉진시키는 역동적 과정으로 보았다. 그는 놀이행동의 특성으로 자발적 동기(intrinsic motivation), 현실의 유보(suspension of reality), 내면적 통제(internal locus of control)의 3가지를 들었다. 자발적 동기란 놀이가 스스로 동기화되므로 행동의 결과에 따라 만족하지 않고 행동 자체에서 만족을 얻는다는 것이다. 현실의 유보란 놀이 속에서 놀이자가 환상적 자아, 상상적 자아로 변신을 함으로써 현실로부터 벗어나 자유롭고 다양한 경험을 하는 것을 의미한다. 마지막으로 내면적 통제란

놀이가 행동으로 옮겨졌을 경우 자신의 행위에 대해 스스로 책임과 통제를 갖고 있다고 믿는 측면을 의미한다.

페플러(Pepler, 1989)는 놀이이론에 관한 문헌고찰을 통해 발달심리학자들이 놀이를 다음과 같이 5가지 주제에 맞추어 설명하려는 경향이 있다고 분석했다.

첫째, 탐구로서의 놀이(play as investigation/exploration)는 놀이를 통해서 영유아들이 이 세상의 사물을 탐구하고, 그 과정 속에서 자신의 세계를 이해하게 된다는 관점이다.

둘째, 연습으로의 놀이(play as exercise)는 놀이의 감각적이고 반복적인 특성을 통해서 영유아들이 여러 가지 기술과 개념들을 익힌다는 관점이다.

셋째, 실험으로서의 놀이(play as experimentation)란 놀이 활동의 실험적이고 유연한 특징이 문제해결력과 사고의 융통성에 기여한다는 관점을 말한다.

넷째, 사고의 전환으로서의 놀이(play as transition for thought)는 놀이가 영유아에게 상징적 사고와 정신적 조작의 기회를 제공함으로써 발달에 기여하고 따라서 구체적 사고에서 추상적 사고로의 전이를 용이하게 한다는 관점을 의미한다.

다섯째, 사회적 가장으로서의 놀이(play as social pretence)는 놀이에서 영유아가 행하는 사회적 가장의 역할을 통해 사회에 대한 이해와 사회적 기술을 증진시킨다는 관점이다.

허트와 타일러, 그리고 크리스토퍼슨(Hutt & Tyler, Christopherson, 1989)은 놀면서 배운다는 인식 아래 특히 영유아를 위한 교육기관에서의 놀이에 대해서 내적으로 동기화된 학습활동이라고 해석하였다. 그들은 영유아 놀이를 인지적 활동과 자연적 활동으로 범주화하였고 그 사이에 규칙 있는 게임을 두었다.

(1) 인지적 활동으로서의 놀이

인지적 활동의 성격을 지니는 놀이에서는 지식의 구성에 관심을 두기 마련이다. 이러한 활동은 외부에서 제기된 자극에서 그 동기를 얻어 이루어지며, 비교적 기분이나 정서의 영향으로부터 자유롭다. 여기에 해당하는 활동은 문제해결활동, 탐색활동, 생산적 활동으로 나누어지고, 이중 생산적 활동의 측면에서 놀잇감 활용과 놀이방법을 소개하고 있다.

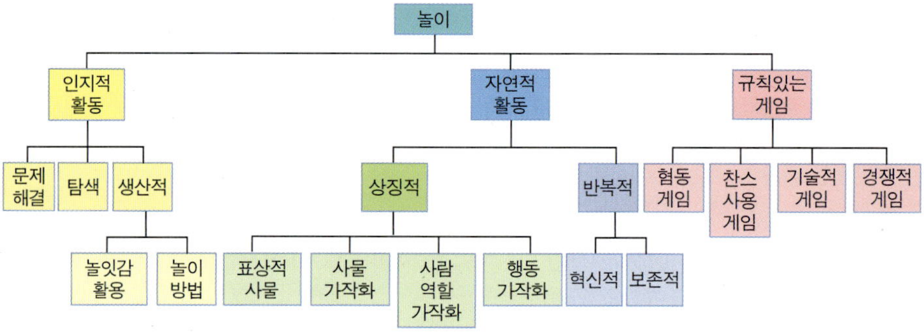

〔그림 1-1〕 놀이의 정의 및 유형

출처: Hutt & et al.(1989).

(2) 자연적 활동으로서의 놀이

자연적 활동의 성격을 갖는 놀이에서는 일차적으로 자기 즐거움에 관심을 둔다. 이 활동은 영유아의 기분이나 정서에 따라 이루어지는 경향이 많은데, 이 활동은 다시 상징놀이와 반복놀이로 구분된다.

① 상징놀이

상징놀이란 가작화요소가 내포된 놀이로서 가작화의 측면에 따라 표상적 사물의 사용, 사물의 가작화, 역할의 가작화, 행동의 가작화로 나누어질 수 있다.

② 반복놀이

반복놀이란 같은 유형의 놀이를 반복하는 활동으로 두 가지 접근방식으로 나눌 수 있는데, 하나는 혁신적 반복놀이로서 같은 유형의 놀이라 할지라도 그 놀이가 이루어질 때마다 새로운 요소를 첨가해 반복하는 놀이를 의미하고, 다른 하나는 보존적 반복놀이로서 새로운 요소 없이 매번 같은 방식으로 반복하는 놀이를 의미한다.

(3) 규칙이 있는 게임

규칙이 있는 게임은 정해진 놀이규칙이 있거나, 사회적 구성원 사이에 동의가 이루어져 규칙이 만들어지고 이를 지키며 하는 놀이를 의미한다. 이 게임은 협동적 게임, 찬스를 사용하는 게임, 기술을 요구하는 게임 및 경쟁적 게임 등으로 나눌 수 있는데, 영유아들보다는 초등학생을 대상으로 할 수 있는 놀이라고 볼 수 있을 것이다.

허트(Hutt)와 그의 동료들(1989)이 이처럼 놀이를 범주화하면서 주목했던 것은 어린 유아일수록 인지적 활동의 놀이보다는 자연적 활동의 놀이가 보다 적합하고, 이를 행할 때 격려되는 놀이 환경과 분위기가 필수불가결하다고 보았다. 더불어 그들은 영유아들이 이와 동시에 자발적으로 문제해결활동, 탐색활동을 해나가면서 지식을 구성하고, 그 지식을 확장함과 동시에 활동자체의 즐거움이나 만족감도 크게 향상시킨다는 점 또한 강조하였다. 다시 말해 즐거운 상징놀이나 반복놀이는 인지적 측면의 발달과 병행되며 그 수준의 향상마저도 도모할 수 있음을 강조하였다.

2 놀이의 특성

놀이가 영유아들에게 생활의 전부라는 것은 놀이의 어떠한 특성 때문일까? 리버만(Liebeman, 1977)은 영유아 놀이에서 관찰될 수 있는 놀이다운 특성의 준거로 신체적 자발성, 사회적 자발성, 인지적 자발성, 기쁨, 유머감각 등을 지목하였고 이러한 놀이다운 특성은 개인의 인성특질이며, 발산적 사고(divergent thinking)와 관계가 깊다고 보았다. 프러스와 클라인(Fros & Klein, 1979)은 일과 놀이의 특성을 대비시키면서 놀이의 필수적 요소를 부각시켰다. 이들은 우선 놀이와 일을 철저히 구분지었는데, 이를 통해 그 분리 지점이 명확하지 않은 연속선상에서 놀이는 능동성, 자발성, 재미, 목표 없음, 내적 동기화, 진지함 등의 고유한 특성으로 나타나고, 반면에 일은 외적 동기화, 강요성, 단조롭고 고됨, 목표 있음, 구속성 등의 특징으로 나타난다고 설명하였다.

데이빗 엘킨드(David Elkind, 2010)는 놀이의 특성을 나타내기 위하여 놀이표현을 위해 사람들이 즐거웠던 경험을 이야기할 때 반복적으로 나타나는 아홉 단계의 과정[1)]을 언급하였다. 이를 정리하면 아래와 같다.

〈표 1-1〉 놀이의 과정

1. 먼저 단계마다 명확한 목표가 있다.
2. 두 번째로 행동하자마자 즉각적인 반응이 뒤따른다.
3. 도전과제와 기술 사이에 균형이 있다.
4. 행동과 지각이 통합된다.
5. 의식 속에서 주의산만이 사라진다.
6. 실패에 대한 두려움이 없다.
7. 자아의식이 사라진다.
8. 시간감각이 왜곡된다.
9. 활동 그 자체에 목적이 있다.

출처: David Elkind(2010).

일반적으로 밝혀진 놀이와 놀이 아닌 행동의 기질적 요인에 의해 놀이의 교육적 적용이라는 측면에서 놀이의 특성은 다음과 같이 제시될 수 있다(신은수 외, 2002, 재인용).

(1) 놀이의 비실제성(nonliterality)

놀이상황사건은 일상경험으로부터 놀이를 분리시키는 놀이의 틀(상황)에 의해 규정지을 수 있는데 비실제성은 놀이의 모든 형태, 즉 사회극놀이, 조작놀이, 블록놀이, 게임놀이에 적용된다. 놀이의 틀 안에서 내적 실제는 외적 실제를 초월하게 되고, 대상의 일반적 의미는 무시되고 새로운 의미로 대체되며, 영유아의 행동은 비놀이 상황과는 다르게 수행된다. 실제에 대한 가상성은 영유아가 여기와 지금의 현실

1) 데이빗 엘킨드는 놀이의 요소로 설명했지만, 순차적인 단계이기 때문에 여기서는 과정으로 해석하였다.

적 구속에서 벗어나 새로운 가능성을 경험하도록 해준다.

(2) 놀이의 내적동기화(intrinsic motivation)

놀이는 배고픔과 같은 충동에 의하여 또는 부나 권력의 획득과 같은 목적에 의하여 외적으로 동기화되지 않는다. 놀이의 동기는 개인 내부에서 나오며, 바로 자기 자신을 위하여 놀이 활동을 한다. 내적으로 동기화된 놀이는 자연스럽고 자발적이며, 즐거움을 추구하는 활동이다. 놀이는 외적 통제나 결정에서 자유로운 자기 조절적 활동이다.

(3) 놀이의 과정지향성(orientation)

놀이는 영유아의 관심이 활동의 목표보다 활동 그 자체에 초점을 두는 것이다. 놀이는 과정을 목표보다 더 중요하게 여기며, 성취할 목표에 대한 부담이 없으므로 영유아는 다양한 활동을 자유롭게 시도하게 된다. 이러한 과정지향성은 놀이가 목표지향적 행동보다 더 융통적이며, 가변적인 경향성을 갖도록 한다. 놀이의 과정지향성은 자유로운 목표나 행동변화의 경험을 풍부하게 하여 창의성과 놀이성(playfulness)을 제공하는 요인이다.

(4) 놀이의 자유선택성(free choice)

자유선택은 영유아의 놀이 개념에서 중요한 요소이다. 킹(King, 1979)은 영유아들이 스스로 선택해서 블록 쌓기와 같은 활동을 했다면 그것을 놀이라고 간주하는 반면, 같은 활동이라도 교사에 의해 지시받는다면 일이라고 간주한다는 것을 발견하였다. 자유선택요인은 영유아가 성장함에 따라 덜 중요하게 된다. 킹(King)은 자유선택보다 즐거움이 놀이와 일을 구분 짓는 핵심요인임을 밝혔다. 놀이의 자유선택성은 영유아의 자아존중감과 주도성을 발전시키는 중요한 기능을 한다.

(5) 놀이의 긍정적 감정(positive affect)

놀이는 일반적으로 즐거움과 기쁨의 표시로 나타나는데 영유아는 그렇지 않을 때

조차도 여전히 놀이 활동을 가치롭게 여긴다(Garvey, 1977). 가끔 놀이는 영유아가 미끄럼틀을 타고 내려오기 위하여 준비할 때처럼 약간의 걱정과 두려움을 수반한다. 그러나 이러한 두려움조차도 영유아가 반복적으로 미끄럼틀을 내려오게 됨으로써 즐거운 특성을 지니게 된다. 놀이에 대한 긍정적 감정, 즉 즐거움은 놀이를 계속적으로 수행하게 하는 본질적 가치를 부여하며, 동시에 영유아 스스로 자신을 가치있게 여기도록 하는 본질적 기쁨을 제공하게 된다.

토의과제

1. 놀이와 일은 어떠한 차이가 있는지 구분해 보시오.

2. 놀이와 탐색의 차이는 무엇이며 영유아들의 놀이는 성인의 놀이와 어떠한 차이가 있는지 토의해 보시오.

3. 놀이의 유형을 5가지로 정의하시오(Pepler의 정의).

4. 놀이의 유형을 3가지로 정의하시오(Hutt와 동료들의 정의).

5. 놀이의 특성을 5가지로 요약해 보시오.

chapter 2.

놀이이론

학습목표

- 놀이이론을 고전적 놀이이론과 현대적 놀이이론으로 구분하는 것에 대해 이해한다.
- 고전적 놀이이론은 에너지 조절 수단의 관점과 본능과 연관된 관점에서 대별됨을 이해한다.
- 현대적 놀이이론은 놀이의 기능이나 역할 규명에 중점을 두는 것임을 이해한다.

주요용어

- 잉여에너지이론, 휴식이론, 반복이론, 연습이론
- 정신분석이론, 인지발달이론, 사회발달이론, 각성조절이론, 메타커뮤니케이션이론

놀이를 보는 시각은 다양하여 많은 학자들이 나름대로의 당위성을 가지고 놀이에 관한 견해를 밝히고 있다. 19세기 말에서 20세기 초의 고전적 놀이이론은 생물학적 관점에서 본능과 놀이를 관련시켜 설명하고 있으며, 1920년대 이후 제기된 현대적 놀이이론에서는 영유아의 발달과 학습에 따른 놀이의 변화를 설명하고 있다. 따라서 2장에서는 고전적 놀이이론과 현대적 놀이이론을 제시하고자 한다.

1 고전적 놀이이론

고전적 놀이이론을 일명 '안락의자이론(armchair theory)'이라고도 불렀다. 이는 실험적 연구에 바탕을 두기보다는 철학적 사고에 기초하여 놀이를 조명했기 때문이다(Johnson et al., 1999). 고전적 놀이이론은 19세기에서 20세기 초에 걸쳐 생물학적 관점에서 놀이를 인간의 본능과 관련시켜 설명하고 있다. 즉 고전적 놀이이론에는 놀이를 통해 자신의 에너지를 조절하는 수단으로서의 잉여에너지이론과 휴식이론이 있으며, 인간본능의 관점으로는 반복이론과 연습이론이 있다.

1) 잉여에너지이론

잉여에너지이론에서는 인간이 노동을 위해 에너지를 소모하고 난 후 남은 에너지를 쓰기 위해 놀이를 한다고 주장한다. 대표적인 학자로는 쉴러(Schiller)와 스펜서(Spencer)가 있다.

쉴러(Schiller)는 18세기 독일의 철학자이자 시인으로, 놀이를 다음과 같이 정의하였다. '남은 에너지를 목적 없이 소비하는 것' 즉 1차 욕구가 충족되고 난 후 에너지가 남으면 이를 쓰기 위해 놀이를 하게 된다는 것이다. 이 이론은 영유아의 경우 자신의 생존을 위해 노동을 해야 할 책임이 없으므로 잉여에너지가 더 많이 남기 때문에 성인에 비해 놀이에 더 많이 참여하게 된다고 설명할 수 있다.

스펜서(Spencer)는 19세기 영국의 철학자이자 심리학자로 쉴러(Schiller)의 영향을 받아 놀이를 생리학적으로 고찰하여 '놀이는 잉여에너지의 발산'이라고 주장하였다. 그는 고등동물은 하등동물에 비해 생존 유지를 위한 에너지를 적게 소모하는 관계로 놀이를 많이 한다고 하였다. 영유아의 경우 어른들에 비해 잉여에너지가 많으므로 놀이를 더 많이 하는 이유와 같다고 보았다.

그러나 잉여에너지이론에 대한 한계를 지적하는 의견도 있다. 엘리스(Ellis, 1973)는 어린이가 지쳐 있을 때라도 새롭고 흥미로운 놀이를 할 기회가 생기면 피로감을 잊고 놀이에 몰두한다고 주장하였다. 실제로 영유아들의 놀이를 보면 남은 에너지가 있는 상태뿐만 아니라 지칠 만큼 놀아서 에너지가 고갈된 상태에서도 계속 놀이에 참여한다는 점에서 영유아기 놀이 행동 특성을 잉여에너지이론만으로 설명하는 데에는 한계가 있다.

2) 휴식이론

휴식이론은 인간이 열심히 일을 하여 노동으로 쌓인 피로를 풀기 위해 놀이를 한다고 주장한다. 대표적인 학자로는 라자루스(Lazarus)와 패트릭(Patrick)이 있다.

라자루스(Lazarus)는 19세기 독일의 철학자로 놀이란 일과 상반되는 개념으로 노동을 통해 소모된 에너지를 재충전하는 것을 놀이의 목적으로 보았다. 패트릭(Patrick)은 현대인들이 바쁜 일상 중에서도 자신의 시간을 가지며 정신적인 피로감을 풀기 위해 놀이를 한다고 주장하였다.

그러나 휴식이론이 일의 스트레스를 풀고 재충전하기 위해 필요한 것이라면 영유아들의 경우 힘들게 일을 하지 않았음에도 불구하고 왜 놀이에 더 많이 참여하는가에 대한 설명을 하기 어렵다는 한계점이 있다.

3) 반복이론

반복이란 개체발생(한 인간의 성장과정)이 계통발생(인류라는 종의 진화과정)을 재연한다는 개념이다. 반복이론의 대표적인 학자로는 홀(Hall)이 있다.

홀(Hall)은 미국의 심리학자이자 교육학자로 반복이론을 다윈(Darwin)의 진화론에 근거하여 설명하고 있다. 즉 반복이론은 놀이를 통해 인류의 진화과정을 반복하고 재연함으로써 원시본능을 제거하고 진화에 유용한 행동은 계승한다는 것이다. 예를 들어 아이들의 놀이 발달을 살펴보면, 기어 다니면서 놀이를 하는 영아는 인간이 네발로 걸었던 진화시기를 반영하며, 점차 놀잇감을 사용하여 놀고, 경찰과 도둑 놀이에 참여하는 유아기의 놀이 및 야구 경기에서 달리기, 던지기, 방망이로 맞추기 등의 아동기 놀이는 초기 사냥과 채집생활을 했던 원시시대의 행동들을 재연하고 있다고 볼 수 있다(Hughes, 2010). 홀(Hall)은 놀이에 종족 본능이 표출되는데, 이러한 본능이 놀이를 통해 반복적으로 표출되면서 점차 약화되거나 없어지는 것이 아니고 현대적 생활에 필요한 고도의 기술을 획득할 준비를 한다고 하였다. 그러므로 놀이의 목적은 현대생활에 불필요한 원시적 본능을 제거시키는 것이다.

반복이론은 놀이의 반복에 따른 정화기능은 잘 설명하고 있으나 홀(Hall)이 제안한 놀이의 불변적 순서에 대한 구체적 증거가 없어 설명하는 데 한계가 있다. 그러나 반복이론은 20세기 현대이론의 기초를 제시해 준다는 점에서 의의가 있다.

4) 연습이론

연습이론은 놀이가 미래에 성인으로서 살아가는 데 필요한 본능들을 강화해 준다고 보는 입장이다. 연습이론의 대표학자이자 철학자인 그루스(Groos)는 그의 저서 『동물의 놀이』와 『인간의 놀이』에서 놀이는 아동기의 전유물이며, 아동기는 놀이를 위해 존재한다고 주장하였다. 또한 고등 동물이 하등 동물보다 놀이기간이 긴 이유는 성인기의 생존에 필요한 기본기술을 연습하기 위해서라고 하였다. 예를 들면, 말벌처럼 하등동물들은 특별한 준비 없이 성인기에 필요한 행동을 잘할 수 있지만 고등동물인 인간은 생활의 기본능력을 갖추기 위해 기어가기, 몸 뒤집기, 일어서기 등의 연습을 수없이 해야 한다는 것이다. 따라서 연습이론은 인간의 원시적 본능을 소거하는 것이 놀이의 목적이 아니라 미래생활에 필요한 본능을 강화하는 것이 목적이라고 하였다.

그루스(Groos)는 연습기능이 있는 두 가지 놀이를 제안하였다. 첫째, 실험놀이(experimental play)로 사물의 조작, 구성놀이, 규칙이 있는 게임과 같은 놀이로 성인기에 필요한 자기조절 연습이 가능하다. 둘째, 극적놀이(dramatic play)로 성인이 되었을 때 수행해야 하는 역할을 놀이를 통해 미리 연습하는 것이다(Frost et al., 2005). 예를 들면 유아들이 극화놀이를 할 때 청소기를 들고 청소하는 역할, 호스를 들고 불을 끄는 소방관의 역할, 병원 도구들을 사용하여 의사역할, 엄마, 아빠의 역할을 해보는 등의 놀이는 미래에 어른이 되었을 때를 준비하는 연습활동으로 볼 수 있다. 그러나 연습이론은 유아들이 자동차나 우주선과 같은 테크놀로지 놀잇감을 가지고 노는 것에 대해서는 설명하기가 어렵다는 제한점이 있다(신유림 외, 2015 재인용).

이상의 네 가지 고전적 이론을 요약하면 〈표 2-1〉과 같다.

〈표 2-1〉 고전 놀이이론

이 론		이론가	놀이의 목적
에너지 조절 수단관점	잉여에너지이론	Schiller Spencer	잉여에너지의 발산
	휴식이론	Lazarus Patrick	일에 소비된 에너지 재충전
본능과 연관된 관점	반복이론	Hall	조상의 원시본능의 소거
	연습이론	Groos	성인생활에 필요한 기술의 연습

2 현대적 놀이이론

1920년대 이후 제기된 현대적 놀이이론은 현대 심리학의 영향을 받아 보다 체계적인 이론으로 발전하였다. 이를 계기로 현장교사들은 현대적 놀이이론을 기초로 놀이가 영유아의 발달과 학습에 미치는 영향력에 대해 검증해 보려는 움직임을 보여왔다. 이에 대표적인 현대적 놀이이론에는 정신분석이론, 인지발달이론, 사회발달이론, 각성조절이론, 메타 커뮤니케이션 이론 등이 있다.

1) 정신분석이론

정신분석이론은 정서발달 측면에서 놀이를 강조한 프로이드(Freud)로부터 시작되었으며, 웰더(Walder), 에릭슨(Erikson) 등으로 이어지면서 정신분석이론이 체계화되었다.

정신분석이론의 창시자인 프로이드(Freud)는 영유아가 일상생활에서 느끼는 불안, 긴장감 등의 불쾌한 정서를 놀이를 통해 투사하거나 대치함으로써 해소할 수 있다고 보는 정화이론과 매우 유사하여 놀이의 역할을 정신적 외상에 대한 극복이라고 본다. 예를 들면, 엄마에게 꾸중을 들은 영유아는 인형을 꾸짖거나 벌을 주는 놀이를 하거나 인형을 상대로 괴롭히는 친구들을 혼내주는 놀이를 통해서 부정적 정서를 감소시킨다. 이런 경우 영유아는 수동적인 피해자의 입장이었던 경험을 놀이 속에서는 다른 친구나 인형과 같은 대상물에게 힘을 가함으로써 부정적 정서를 풀어 정화시킨다. 이처럼 프로이드(Freud)는 영유아가 수동적으로 받아들인 경험을 놀이에서는 왜 적극적인 활동으로 전환하는가에 대한 관심을 갖게 되었고 그에 따른 해석은 다음과 같다. 영유아는 어른이나 주변 사물들을 통제하거나 지배할 능력이 부족하기 때문에 놀이에서 만큼은 자신이 어른이 되어 강한 힘을 발휘해 보고 싶은 강한 욕구를 갖게 된다는 것이다(이숙재, 2009).

그러나 이와 반대로 케니(Kenny, 1953)의 연구에서는 공격성을 발산하여 놀았던 영유아들이 그렇지 않은 영유아들에 비해 공격성이 감소되었다는 결과가 나타나지 않았다. 또한 웰더(Walder)는 영유아의 동일한 내용의 놀이가 계속 반복되는 현상을 정화이론으로는 설명할 수 없다고 주장하면서 '반복 강박(repetition compulsion)'의 개념을 소개하였다. 즉 불쾌한 경험을 하게 되면 놀이를 통해 자주 반복함으로써 그 강도를 점차 약화시켜 해결한다는 것이다. 예를 들면, 2001년 9월 11일 미국 뉴욕의 무역센터가 테러 공격으로 잿더미가 되는 장면을 TV를 통해 본 영유아들이 이 사건과 관련된 역할놀이를 반복하는 것을 볼 수 있었으며, 시간이 지나면서 그 놀이도 줄어들었고 나중에는 더 이상 그 사건에 시달리지 않는 것으로 나타났다고 한다(박찬옥 외, 2014).

에릭슨(Erikson)은 프로이드(Freud)와 웰더(Walder)의 주장에 다른 차원을 첨가하여 이론을 체계화하는 데 공헌하였다. 즉 에릭슨(Erikson)은 영유아들이 놀이를 통해 신체 및 사회적 기술을 발달시키고 주변 세계를 숙달하게 된다고 보았다(Hughes, 2010). 에릭슨(Erikson)은 그의 저서 『아동기와 사회(*Childhood and Society*)』에서 영유아 놀이가 3단계를 거쳐서 발달한다고 하였다. 주변 환경에 숙달해 가는 과정으로서의 놀이에 대한 설명은 다음과 같다.

첫째, 자기세계의 놀이(auto-cosmic play)단계로 영아의 놀이는 자신의 신체로부터 시작된다. 출생 후 1년 동안 영아는 자신의 몸, 팔, 다리, 발가락을 중심으로 놀이하면서 자신의 세계를 탐색하고 다른 사람과 다르다는 것을 이해하게 된다.

둘째, 미시영역의 놀이(micro-sphere play)단계로 2세경이 되면 자기세계의 놀이에서 벗어나 놀잇감이나 사물에 관심을 갖고 놀면서 사물에 숙달될 뿐만 아니라 자아를 향상시킨다.

셋째, 거시영역의 놀이(macro- sphere play)단계로 3~4세 유아들은 또래 친구들과 놀이를 하면서 사회적 상호작용에 숙달된다. 에릭슨(Erikson)은 영유아들이 놀이를 통해 주변 세상에 대한 실제를 배워서 정서적 갈등을 해결하고 다른 사람과의 관계형성을 통하여 독립적인 '자아(ego) 기능' 즉 자신의 주체성을 강화시켜 나간다고 보았다.

2) 인지발달이론

인지발달 이론의 대표적인 학자는 피아제(Piaget)와 비고츠키(Vygotsky)가 있다. 이들은 놀이의 본성, 놀이에 대한 직접적인 심리학적 메카니즘, 사고, 언어 간의 관계에 대해 연구하였다. 피아제(Piaget)는 놀이에서의 새로운 경험을 기존 도식에 동화시키는 것이라고 하였고, 비고츠키(Vygotsky)는 놀이를 일상생활에서 당면한 상황으로부터 자유로워지는 것의 경험을 통한 창의성 표출이라는 점에서 놀이에 대한 견해의 차이가 있음을 보여준다. 또한 스밀란스키(Smilansky)는 피아제(Piaget)의 놀이발달 유형을 준거로 인지발달에 따른 놀이 유형을 재조직하여 제시함으로써 오늘날 인지놀이 유형의 준거가 된다.

(1) 피아제(Piaget)의 이론

인지이론에서 놀이는 영유아의 인지발달 정도가 표출될 뿐만 아니라 영유아들의 인지발달에 밀접하게 기여함을 강조하고 있다. 피아제(Piaget)는 적응행동으로서의 놀이와 모방을 구별해 보면 놀이는 동화가 우세하게 작용하는 데 반해 모방은 조절의 연속이라고 하였다. 즉 학습이 이루어지려면 동화와 조절 간의 평형이 이루어져야 하는데 영유아들의 놀이를 보면 새로운 기술을 익히기보다는 배운 기술을 연습하고 견고화한다. 그러므로 놀이 활동을 동화작용이 조절작용을 지배하는 불균형 상태로 간주하였다. 예를 들면, 영유아들은 잡기, 흔들기, 던지기 등을 배우고 나면 잡기를 통해 즐거움을 느끼면 반복적으로 잡기를 시도하고, 공 던지기를 통해 즐거움을 느끼면 공을 반복적으로 던지게 된다. 따라서 놀이 활동 시 영유아는 새로운 지식이나 기술을 직접적으로 획득하기보다는 새롭게 습득된 지식과 기술을 연습하게 된다.

피아제(Piaget, 1962)는 인지발달에 따라 감각운동기, 전조작기, 구체적 조작기로 나누고 있는데, 각각의 단계에 따라 놀이를 연습놀이, 상징놀이, 규칙 있는 게임으로 나누어 살펴보겠다.

① 연습놀이 단계

연습놀이는 감각운동기인 출생~2세까지 언어 이전 시기의 놀이로 이전에 경험한 행동을 쾌감을 위해 단순히 반복하는 행동으로 이루어지므로 대·소근육을 통해 주변세계를 적극적으로 탐색하도록 유도한다. 예를 들면, 영아가 손에 들고 있는 딸랑이를 놓쳤을 때 떼굴떼굴 굴러갔다. 딸랑이가 굴러가는 모습을 보고 재미있었던 경험을 통해 계속 딸랑이를 잡았다가 놓아보는 단순히 반복되는 행동으로 이루어진다.

② 상징놀이 단계

상징놀이는 전조작기인 2세~7세까지의 언어 발달 시기와 함께 상징적 놀이가 출현된다. 3세~4세가 되면 자신의 사고와 상상을 또래 친구와의 사회적 역할놀이를 통해 상징놀이의 형태로 많이 발생하게 된다. 예를 들면, 연필이 주사기가 될 수 있고, 빈 컵으로 커피를 마시는 것처럼 행동하고, 블록을 귀에 대고 전화를 하는 것처럼 하는 행동이 상징놀이에 속한다.

③ 규칙 있는 게임

규칙 있는 게임은 구체적 조작기인 7세~11세까지의 유아가 자기중심적인 사고에서 벗어나 도덕적 규칙을 이해함에 따라 사회적 규칙을 정하고 그 규칙에 맞게 놀이하는 것이다. 예를 들면, 게임을 할 때 출발선을 밟으면 어떤 벌칙이 있는지, 반환점을 돌지 않고 들어오면 먼저 도착해도 이길 수 없다는 것, 오목놀이는 먼저 대각선이나 직선으로 다섯 개의 바둑알을 놓아야 한다는 것 등이 이에 속한다.

〈표 2-2〉 피아제(Piaget)의 인지발달단계에 따른 놀이 유형

연령	인지발달단계	놀이유형
0~2세	감각운동기	연습놀이(practice play)
2~7세	전조작기	상징놀이(symbolic play)
7~11세	구체적조작기	규칙 있는 게임(game with rules)

(2) 비고츠키(Vygotsky)의 이론

비고츠키(Vygotsky, 1976)는 인지발달에 미치는 놀이의 영향력을 피아제(Piaget)보다 더 강조하면서 놀이에 대한 발달적 접근에서 정서적 측면과 인지적 측면을 결합시켰다. 즉 놀이는 현실과 고립된 소원이 아닌 일상생활 속에서의 마음 속 소원 성취에 필수적인 것이라고 하였으며, 소원성취와 관련된 정서적 충동은 인지와 밀접한 관련성을 가지므로 놀이를 영유아 시기에 발달시켜야 할 자원이라고 주장하였다(지성애 외, 2012).

비고츠키(Vygotsky)는 영유아기의 놀이가 그들이 당면한 상황의 억압으로부터 해방되는 것이라 하였다. 아주 어린 영아들은 사물로부터 그것의 의미를 분류하여 사고할 수 없으므로 추상적 사고는 할 수 없다고 보았다. 예를 들면, 영아는 다람쥐를 보지 않고서는 다람쥐를 생각할 수 없다. 상징놀이를 통해 사물(돌멩이)들을 실제 사물(떡)과 대치하여 사용할 줄 알게 되며, 이러한 과정을 통해 유아는 사물로부터 의미를 분리하여 생각하기 시작한다. 그러므로 상징놀이는 추상적 사고 발달에 매우 중요한 역할을 한다.

(3) 스밀란스키(Smilansky)의 이론

스밀란스키(Smilansky)는 영유아의 인지가 발달함에 따라 놀이도 복잡해지며, 놀이가 창의성과 지적 발달에도 중요한 역할을 한다고 보았다. 스밀란스키(Smilansky, 1968)는 피아제(Piaget)가 제시한 놀이발달 유형을 준거로 인지발달에 따른 놀이유형을 재조직하여 제시하였다.

① 기능놀이(functional play): 사물을 가지고 혹은 사물 없이 활동의 움직임을 계속 반복하는 놀이단계이다.

② 구성놀이(constructive play): 사물을 결합시켜 새로운 구조물을 만드는 놀이단계이다.

③ 극놀이(dramatic play): 다양한 역할을 이행 또는 주사를 놓는 척하거나 자동차

를 운전하는 척하는 등 가상전환이 포함되는 놀이단계이다.

④ 규칙 있는 게임(games with rules): 정해진 규칙을 이행하고 수용하여 진행하는 놀이단계이다.

3) 사회발달이론

놀이는 사회성 발달에 매개체가 된다(Sponseller, 1974). 놀이활동은 자기중심적 영유아를 다른 영유아들을 인지하고 배려하며, 상호 협동할 수 있는 영유아로 전환시켜주는 기회의 과정으로 사회성 발달에 중요한 역할을 담당하게 된다(Rubin, 1980). 포만(Forman)과 힐(Hill)도 사회적 역할 놀이는 자기중심적 사고를 넘어서 주어진 타인의 역할을 이행할 때 자신의 행동을 확장할 수 있는 자유가 허용되며, 다른 사람의 행동과 견해가 자신의 것과 다르다는 것도 인식하게 된다. 그러므로 사회발달이론에서 간주하는 놀이의 가치는 다음과 같다(지성애 외, 2012).

첫째, 영유아가 사회놀이 행동에서 사회능력 발달 정도를 표출하므로 사회성 발달 측정의 준거가 된다. 둘째, 사회 인지능력을 배양한다. 셋째, 사회 기술을 발달시킨다.

피아제(Piaget, 1962)는 영유아들이 자기중심적이기 때문에 또래들과의 갈등은 항상 일어나고 있으나 그들이 갈등을 해결함으로써 주변 환경과 적절히 조절하는 방법을 배우고 사회인으로 거듭난다는 측면에서 긍정적 가치를 부여했다. 영유아들이 또래친구와 놀이를 하다보면 자신의 의견과 친구의 의견이 불일치할 때도 있다는 것을 인식하게 된다. 이럴 때 영유아들은 친구의 입장을 고려해 보고 자신의 생각을 재정비함으로써 사회학습이 이루어진다. 그러므로 피아제(Piaget)는 자기중심성을 감소시키는 것이 사회놀이의 가장 중요한 기능이라고 했다(지성애 외, 2012).

1932년 파튼(Parten)은 영유아들에게 제공할 수 있는 적절한 교육환경에 관한 연구결과를 기초로 놀이의 사회 발달적 입장을 제시하고 있다. 실제로 파튼(Parten)은 영유아들을 대상으로 자유놀이 시간 동안에 사회놀이 행동을 관찰 분석한 결과, 사회놀이 행동에 비참여적 행동, 방관자적 행동, 혼자놀이, 병행놀이, 연합놀이, 협동놀이 단계로 구분지어 영유아들이 사회성이 발달함에 따라 놀이행동 역시 변화하고 있음을 제시하고 있다(지성애 외, 2012).

파튼(Parten)의 이론은 영유아기 동안 놀이의 사회적 양상에 관심을 기울이는데, 즉 사회적 성숙도가 가장 낮은 것(혼자놀이)에서 시작해서 가장 높은 것(협동놀이)까지 6가지 형태의 놀이를 정의하였다. 파튼(Parten)의 사회적 놀이단계를 살펴보면 다음과 같다.

〈표 2-3〉 Parten의 사회적 놀이 6단계

형태	영유아의 특성
비참여적 행동	놀이에 참여하지 않고 목적을 가지고 있지 않은 듯이 보인다. 신체를 가지고 놀고, 의자에 앉았다 일어났다 하며, 목적 없이 어슬렁 걸어다닌다.
방관자적 행동	관찰하고, 질문하고, 다른 영유아들에게 말을 걸지만, 놀이 자체에 참여하지는 않는다. 보거나 들을 수 있는 거리에 위치한다. 지금 진행 중인 놀이에 언제 참여할지를 결정하거나, 어떤 활동을 할지 선택하기 위해 방관자적 태도를 취할 수도 있다.
혼자놀이	독립적으로 놀이를 하고 다른 영유아를 참여시키지 않는다. 자신의 장난감을 가지고 노는 것이 주요 목적이며, 대부분이 2~3세 영유아이다. 그 이상 연령기의 영유아는 개인적인 욕구나 개인적인 극놀이를 구성하기 위해서 혼자 놀기를 선택한다.
병행놀이	다른 영유아들 주변이나 가까이에서 동일한 놀이를 하지만, 서로 접촉하거나 간섭하지 않고 혼자서 놀이하는 형태이다. 놀잇감을 빌려주기도 하지만, 놀이는 각각 한다. 취학 전 유아들의 전형적인 유형이고 집단 놀이의 초기 단계로 간주된다. 만 2세반~만 3세반 사이에 많이 나타나는 놀이 유형이다.
연합놀이	유사한 활동을 하며 또래 영유아들과 놀이한다. 의사 교환 중에는 질문, 다른 영유아의 놀잇감 가지고 놀기 등이 포함된다. 그룹에 참여할 가능성이 있는 영유아들을 포섭하기 위한 시도가 이루어진다. 그러나 역할을 분담하거나 놀이 내용이 조직적으로 전개되지는 못한다. 때때로 병행놀이에서 협동놀이로 곧바로 옮겨가기도 한다. 만 3세반~만 4세반 사이에 많이 나타난다.

형태	영유아의 특성
협동놀이	공통의 목적을 가지고 복잡한 사회적 관계에 참여한다. 타협, 일의 분배, 역할분담, 놀이 주제 구성 등을 포함한다. 역할을 바꾸기도 하고 그룹에 대한 소속감이 강하다. 결과물을 만들기 위한 그룹을 조직하고, 어떠한 상황을 연극으로 하기도 하며 형식이 있는 게임을 한다. 만 4세반 이후에 나타나는 놀이형태이다.

4) 각성조절이론

각성조절이론은 벌린(Berlyn, 1960)에 의해 제기되었고 엘리스(Ellis, 1973)와 파인(Fein, 1981)에 의해 수정 · 보완되었다.

벌린(Berlyn)에 의하면, 인간은 과도한 자극을 받으면 각성이 높은 수준으로 증가하여 자극을 감소하는 활동에 참여하게 된다. 예를 들어, 낯선 신기한 물건을 보면 각성이 높아져 흥분과 호기심이 증가하게 된다. 이때 낯선 물건을 탐색하여 익숙하게 됨으로써 각성을 감소시킨다. 반대로 자극이 충분치 못한 상황에서는 각성은 현저히 낮은 수준으로 감소하여 싫증나고 재미없게 되는데 이를 적정수준으로 조절하기 위해서 놀이를 하는 것이다.

엘리스(Ellis)는 각성을 적정 수준으로 고취시킬 수 있는 '자극을 찾는 활동(stimulus-seeking activity)'을 놀이로 보았다. 놀이는 새롭고 독특한 방법으로 사물을 사용하고 활동함으로써 자극이 증가된다. 예를 들면, 언덕을 기존 방식대로 내려오는 놀이가 싫증이 난 영유아는 자신이 상상했던 독특한 방식으로 몸을 굴려 내려옴으로써 자극을 증가시킬 수 있다. 그러므로 놀이는 낮은 각성단계에서 발생하는 '자극생산 활동(stimulus-producing activity)'이라고 할 수 있다.

파인(Fein, 1981)은 놀이를 유기체가 필요로 하는 다양한 자극을 제공하는 활동이라고 주장하였다. 다양한 자극에는 신체적 자극과 지각적 자극, 지적 자극이 포함되는데 영유아가 놀이 중 새로운 상황에서의 신기함에 영향을 받게 되면 처음에는 새로운 상황의 불확실성을 먼저 감지한다. 그러나 불확실성이 점차 감소됨에 따라 놀이의 효과는 확실해진다. 놀이는 불확실하고 호기심을 유발시키는 새로운 상황을 창조해 내기 위한 활동이므로 새로운 상황의 창조와 불확실성 및 호기심의 순환은 계속된다. 영유아들은 흔히 부모들이 위험하다고 이야기하는 불장난이나 나무에 오르기, 도깨비놀이 등을 즐겨하는데, 이는 다른 활동에서 얻기 어려운 자극을 부모들이 위험하다고 하는 놀이를 통해서 찾고자 하는 것이다.

5) 메타 커뮤니케이션이론

베이트슨(Bateson)이 제안한 상위의사소통이론(meta-communication theory)은 놀이하는 영유아들의 의사소통에 초점을 두고 놀이와 상위의사소통(meta-communication) 관계를 연결시켜 놀이행동을 설명하였다. 놀이자가 자신의 놀이 상내자에게 놀이 상황을 설명하고 이해시키고자 하는 언어적 표현을 통해 놀이를 분석한 것이다(최인숙, 박화윤, 2005).

베이트슨(Bateson, 1971)은 영유아들이 놀이를 하는 동안 놀이인지 아닌지를 나타내는 신호를 하며, 언어나 비언어를 통해 놀이의 상황, 행동, 의도 등을 상대에게 나타낸다는 사실에 주목하였다.

영유아들이 놀이하는 중에 하는 행동은 실제 생활에서의 행동과 의미가 다르다는 것이다. 예를 들어, 싸움놀이를 하는 영유아가 친구를 때리는 행동은 실제로 친구를 때리는 것과는 매우 다른 의미를 갖는다. 그러므로 영유아는 싸움 놀이를 하기 전에 교사나 친구들이 실제 상황이 아님을 알 수 있도록 놀이의 틀(frame) 또는 배경(context)을 설정한다. 만약 놀이 배경이 설정되지 않았다면 놀이상황에서 가짜로 때리는 것을 실제로 때리는 것으로 오해할 수 있으므로 단지 놀이 중에 하는 행동이었음을 전달해야 한다. 영유아가 놀이를 하면서 현실과 가상세계를 넘나들면서 의사소통하는 것이 상위의사소통(meta-communication)이다.

가비(Garvey, 1977)의 연구에서도 영유아들이 사회극놀이에 참여하는 동안 그들이 맡은 역할과 실제 자기 자신 사이를 계속 오락가락하면서 대화하는 것을 발견하였다. 즉 놀이 중에 자신이 맡은 역할에 문제가 발생하면 놀이의 틀을 깨고 자신의 원래 위치로 돌아가 문제를 해결하는 것이다. 예를 들어 아기역할을 맡은 영유아가 우유병을 빨고 있는데 엄마역할을 맡은 영유아가 우유병을 빼앗자 "야! 엄마가 그러는 게 어디 있어? 아가야~ 잘 먹어라 해야지."라고 말한다. 이처럼 영유아들은 놀이를 하면서 놀이의 역할에 충실하면서 동시에 실제 자신이 누구인지, 어떤 위치에 있는지를 인식하고 있다.

현대적 놀이이론을 요약하면 〈표 2-4〉와 같다.

〈표 2-4〉 현대적 놀이이론

이 론	이론가	놀이의 목적
정신분석이론	프로이드(Freud), 웰더(Wälder), 에릭슨(Erikson)	정신적 외상에 대한 극복
인지발달이론	피아제(piaget), 비고츠키(Vygotsky), 스밀란스키(Smilansky)	새로운 지식을 구성하고 지식을 통합
사회발달이론	파튼(parten)	사회성 발달에 따른 놀이 행동의 변화
각성조절이론	벌린(Berlyn), 엘리스(Ellis), 파인(Fein)	적절한 각성상태에서 신체의 최적의 상태를 유지
메타 커뮤니케이션 이론	베이트슨(Bateson)	다양한 수준의 의미 이해능력의 촉진

토의과제

1. 영유아들이 지칠 만큼 놀아서 에너지가 고갈된 상태에서도 계속 놀이에 참여한다. 이러한 영유아들의 놀이 특성을 잉여에너지 이론에 근거하여 토의하시오.

2. 영유아들이 자동차나 우주선과 같은 테크놀로지 놀잇감을 가지고 노는 것에 대해서 연습이론에 근거하여 토의하시오.

3. Vygotsky는 상징놀이가 추상적 사고 발달에 매우 중요한 역할을 한다고 하였다. 나의 어릴 적 놀이를 떠올려 보고 구체적 예를 들어 이야기해 보시오.

4. 자유놀이 시간 동안에 사회놀이 행동 중 연합놀이와 협동놀이의 사례를 들고 Parten의 사회적 놀이 단계에 따른 특징을 고려하여 차이점을 토의하시오.

chapter 3. 영유아발달과 놀이

1. 연령별 놀이발달
2. 발달에 적합한 놀잇감
3. 놀이의 발달단계
4. 놀이발달에 영향을 미치는 요인

학습목표

- 영유아의 연령별 놀이발달 특징을 이해할 수 있다.
- 영아의 흥미와 대 · 소근육, 감각 발달수준에 적합한 놀잇감을 선정하여 배치할 수 있다.
- 유아의 흥미와 연령별 발달 수준에 적합한 놀잇감을 선정하여 배치할 수 있다.
- 영유아의 사회적, 인지적 발달단계에 대해 이해할 수 있다.
- 영유아의 놀이 발달에 영향을 미치는 요인을 고려하여 놀이를 제공할 수 있다.

주요용어

연령별 놀이발달, 발달에 적합한 놀잇감
사회적 놀이, 비참여적 행동, 방관자적 행동, 혼자놀이, 병행놀이, 연합놀이, 협동놀이
인지적 놀이, 기능놀이, 구성놀이, 상징놀이, 사회극놀이, 규칙 있는 게임

1 연령별 놀이발달

영유아가 성장하면서 나타나는 놀이유형별 · 연령별 특성은 영유아에게 있어서 놀이의 중요성을 보다 명확하게 해줄 뿐만 아니라 부모와 교사에게 놀이를 격려하고 확장시키기 위한 실제적인 정보를 제공해 준다. 연령별 놀이발달 특성을 영아기와 유아기로 나누어 살펴보면 다음과 같다(박찬옥 외, 2014; 심성경 외, 2015; 안혜준 외, 2016).

1) 영아기(0~만 2세)

① 만 0세

출생에서 생후 6개월까지의 영아는 주로 손과 입으로 반응하면서 사물을 탐색하는 놀이를 한다. 누워 있는 상태에서 자신의 손가락이나 발가락을 잡고 놀다가 점차 주변 세계와 사물에 대해 관심을 보이게 되면서 모든 사물에 손을 뻗거나 만져보고, 입으로 가져가 빨아보는 등의 행동을 나타낸다. 또한 사물에 초점을 맞추기 시작하여 눈으로 사물을 추적하고, 소리 나는 방향으로 몸으로 돌리고, 단순한 움직임을 모방할 수 있게 되면서 음악과 노랫소리에 따라 몸을 움직이거나 주위 사람이 말을 걸면 쿠잉이나 옹알이로 언어적 반응을 하게 된다. 7개월 이후에 영아는 점차 손과 다리의 근육기능이 강화되면서 기능놀이와 자신의 몸을 움직여 변화를 가져오는 밀고 당기는 놀이, 공굴리기 등의 감각운동적 놀이를 반복하면서 숙달의 즐거움을 느끼게 된다. 사람의 얼굴과 목소리에 관심을 보이며, 접촉하고 관심을 끌고 싶어 하므로 성인이 함께 반응해 주고 놀아주는 것을 좋아하는데 이 시기에는 자기 주도적 놀이보다 성인 주도의 놀이에 참여하는 특성이 나타난다. 또한 까꿍놀이와 물건 주고받기와 같은 사회적인 놀이를 선호한다.

② 만 1세

만 1세 영아는 혼자 걷기 시작하면서 이동영역이 확장되고 대 · 소근육 및 움직임이 활발해져 놀잇감을 끌거나 밀고 다니는 이동성 있는 감각운동놀이를 한다. 또한 눈과 손의 협응력이 발달하면서 블록을 쌓거나 간단한 퍼즐을 맞추는 등의 조작놀이를 한다. 이 시기에는 새로운 놀이형태로 컵에 물을 따르는 흉내를 낼 수 있고, 빗으로 머리를 빗는 등의 타인의 행동을 관찰하고 자신의 행동으로 옮기는 단순 모방놀이를 즐겨한다. 18개월 정도에 나타나는 상징놀이는 24개월 정도 되면 인형의 머리를 빗겨주고, 잠을 재워주려 안아주는 등 몇 가지 행동을 결합해서 놀이하게 되며, 실물 대신 대체물로 상징놀이를 하게 된다. 주로 혼자서 놀이를 하거나 성인과 함께 하는 놀이에 참여한다.

③ 만 2세

만 2세 영아는 대 · 소근육 운동능력이 증진되어서 주위를 쉽게 돌아다닐 수 있다. 공놀이, 자전거 타기 놀이, 풍선 잡기 놀이 등 공간 속에서 몸을 자유롭게 움직이면서 활동하는 신체놀이를 한다. 아직 정교한 소근육 발달을 요구하는 자르기, 크레용으로 그리기 등의 활동은 효과적으로 할 수 없으므로 찰흙, 페인트, 모래 등을 가지고 놀기는 하지만 무엇을 만드는 활동이라기보다는 만지고 느끼는 감각적 탐색놀이 활동이 나타난다. 또한 눈과 손의 협응력도 발달하여 퍼즐을 가지고 놀 수 있으며, 큰 블록을 가지고 이리저리 옮기거나 단순한 쌓기놀이 하는 것을 선호한다. 만 2세는 언어가 급격하게 발달하는 시기로 좋아하는 그림책을 반복해서 보거나 그림을 손으로 가리키며 말하는 놀이, 성인의 모습을 모방하여 책을 읽는 척하는 놀이를 한다. 이 시기에는 주변의 또래들에게 관심을 보이고 함께 놀이하고자 하는 욕구는 있지만 놀잇감을 나누어 갖거나 협동하는 상호작용은 아직 하지 못한다.

2) 유아기(만 3~5세)

① 만 3세

만 3세 유아는 대근육 조절 능력이 발달되어 세발자전거 타기, 달리기 등의 신체놀이를 좋아하고, 소근육도 잘 발달되어 블록 쌓기, 퍼즐 맞추기 등을 좋아한다. 자신이 만들고 꾸민 결과물에 관심이 많으며, 자신이 만든 것을 타인에게 보여줄 때 만족감을 느낀다. 그러나 만들기나 놀이의 목표를 미리 정하지는 않고 만드는 과정을 즐기는 편이다. 쌓기 놀이의 경우 사고과정이 발달되어 상상력이 풍부해 집을 짓거나 다리, 터널 등을 주로 만든다.

특히 어휘수가 급격하게 증가하고 다양한 문장표현을 시도하려고 하기 때문에 재미있는 소리와 말놀이를 즐겨한다. 또한 성인들이 하는 일에 관심이 높아 어른처럼 행동하는 역할놀이를 좋아하고, 블록놀이를 할 때도 구조물을 만들고 사용하면서 가상놀이를 한다. 이 시기에는 아직 자기중심적인 성향이 강하고 또래와의 놀이기술이 부족하기도 하지만 또래에 대한 관심이 증가하면서 또래 곁에서 나란히 놀이하는 병행놀이를 많이 한다.

② 만 4세

만 4세 유아는 대근육을 활용하는 활동적인 움직임과 운동을 할 수 있으며, 균형감각이 발달하여 한 발로 서서 균형을 잡거나 정글짐과 미끄럼과 다양하고 복잡한 놀이시설을 이용하여 놀이를 한다. 눈과 손의 협응력이 정교하게 발달하고, 소근육의 발달이 점차 섬세해져 그리기, 종이 자르기, 구슬 꿰기, 색칠하기, 부품이 적은 장난감 조립하기 등을 즐긴다.

이 시기의 유아는 동식물이나 변화되는 자연현상에 대해서도 관심이 많아 물, 모래, 비눗방울 등의 놀잇감을 가지고 과학적 탐구놀이를 많이 하고, 여러 가지 사물의 속성이나 유사점, 차이점을 분류하고 범주화하는 놀이 등 학습과 관련된 수 · 조작놀이를 좋아한다. 또한 문장구성력과 어휘력이 증가하면서 재미있는 이야기, 수수께끼 등의 언어놀이와 미적 감각능력이 발달하여 다양한 재료와 방법을 사용하는 방법과 기술에 관심을 보이는 미술놀이, 노래 부르기와 신체표현, 악기연주 등의 음률놀이를 한다. 단순하고 구체적인 놀이에서 점차 복잡하고 다양한 놀이를 시도하며, 또래와의 상호작용이 활발하게 이루어지는 연합놀이 형태가 많이 나타난다.

③ 만 5세

만 5세 유아들은 신체운동 능력이 정교해짐에 따라 다양한 형태의 대·소근육 운동동작이 가능하고, 원게임이나 편게임 같은 모든 게임놀이를 이해하여 주도적이고 적극적인 신체놀이에 참여한다. 복잡하고 다양한 형태의 질적인 구조물 놀이와 건설놀이 등의 쌓기놀이를 하고, 세부적인 기술과 섬세한 표현을 요구하는 미술놀이와 목공놀이도 가능하다. 예측하고 관찰 및 실험하는 활동을 즐기고, 스스로 문제를 해결하는 과정을 좋아하므로 놀이의 지속시간과 주의집중력이 길어진다. 세부적이고 정교한 기술이 발달하여 복잡한 형태의 퍼즐 맞추기, 바느질하기 등의 수·조작놀이와 듣기, 말하기, 읽기, 쓰기 등이 상호 연관된 가게놀이, 음식점 놀이와 작가 되어보기, 책 만들기 등의 책 관련 활동을 즐긴다. 영유아가 스스로 계획하고 실행하는 음악극 활동도 가능하며, 친구관계에 있어서도 사회적 기술과 태도를 형성하게 되어 집단 내의 놀이규칙을 지키고 소속감을 느낄 수 있는 협동하는 놀이가 가능해진다.

2 발달에 적합한 놀잇감

1) 영아 놀잇감

영아기의 놀잇감은 다양할수록 좋지만 너무 많은 놀잇감을 한꺼번에 제공하면 위축감을 느낄 수 있다. 연령별로 적합한 놀잇감의 종류를 살펴보면 다음과 같다(김수영 외, 2014; 박찬옥 외, 2014; Frost, Wortham & Reifel, 2001).

① 만 0~1세

신생아는 감각을 자극하는 놀잇감을 통해 다양한 색이나 모양을 보고, 다양한 소리를 들을 수 있는 것, 입으로 빨고 손으로 쥐고 만질 수 있는 것이 바람직하다. 만 1세 영아는 움직임이 많아져서 자신의 운동기술을 사용해 보는 데 관심이 많다. 만 1세 영아에게는 신체 · 운동기술을 익힐 수 있는 대근육 놀잇감과 여러 운동기능을 결합하여 사용하는 놀잇감 등을 제공하는 것이 적절하다. 가장자리가 뾰족하지 않고 견고하며, 무독성이고 목으로 넘어갈 정도로 작지 않은 크기의 놀잇감을 준비하는 등 안전에 대한 고려 또한 중요하다. 딸랑이, 모빌, 헝겊인형, 손으로 밀고 당기는 놀잇감, 그림책, 손으로 누르면 소리가 나거나 빛이 나는 놀잇감, 공, 물놀이 도구, 장난감 전화기, 냄비뚜껑, 숟가락, 플라스틱 컵 등의 주방도구, 유모차 등이 적합하다.

② 만 2세

걸음마기 영아들은 신체적 움직임이 활발해져 주변의 물리적 · 사회적 환경에 대한 호기심과 탐색의 욕구가 높아진다. 만 2세 영아는 대 · 소근육 발달이 어느 정도 이루어져 계단 오르기, 앞으로 구르기, 흔들기, 공을 발로 차고 굴리는 놀이에 흥미를 보인다. 따라서 만 2세 영아의 놀잇감으로는 밀고 당기는 장난감, 타는 장난감, 터널 혹은 낮은 그네 등의 실내 · 외 운동기구, 큰 공 등이 적당하다. 또한 단순한 역할놀이와 탐색놀이가 발달하는 시기이므로 병원놀이, 미용실 놀이를 위한 놀잇감과 퍼즐 등의 구성 놀잇감이 좋다.

2) 유아 놀잇감

만 3~5세 유아기에 적절한 놀잇감의 종류를 연령별로 살펴보면 다음과 같다(김수영 외, 2014; 박찬옥 외, 2014; 유효순 외, 2014; Frost, Wortham & Reifel, 2001).

① 만 3세

만 3세 유아의 놀잇감은 놀이 형태가 단순하고 간단한 조작활동을 좋아하며, 놀이 시 같은 행동을 계속 반복하는 특징을 고려하여 간단한 조작 놀잇감, 구멍에 막대나 실 끼우기, 물건 짝 찾기, 뚜껑 찾기 등을 준비해야 한다. 영아들과 비교하여 사회적 성숙, 성인 역할에 대한 관심, 확장된 상상력 등을 반영할 수 있도록 성인 옷, 안경, 세면도구, 소꿉놀이, 병원놀이, 화장품 세트, 장난감 트럭, 주유소, 인형, 인형집 등과 같은 소형 놀잇감이 적절하다. 또한 자신의 신체에 호기심을 갖게 되고, 몸을 움직여 뛰고 기어오르는 등의 활동을 통해서 자신감과 성취감을 느끼며, 신체기술을 연습하고 숙달하는 놀이를 많이 하므로 가볍고 폭신한 공, 그네, 미끄럼, 시소, 흔들목마, 자동차, 세발 자전거, 싱싱카, 붕붕카, 스카이 콩콩, 트램펄린 등의 운동놀이 놀잇감이 적합하다. 놀이 시 결과물을 중시하며, 창의적으로 만들고 꾸미기를 좋아하는 특성을 고려하여 밀가루 점토, 미술 재료 등도 준비한다.

② 만 4세

만 4세 유아는 탐색적이고 모험적인 놀이를 좋아하기 때문에 대근육 활동이 더욱 활발해지므로 자신의 대근육 기술을 적용해 볼 수 있는 보조바퀴 달린 두발자전거, 인라인 스케이트, 장난감 마차와 같은 탈 것과 매트, 뜀틀, 볼링과 같은 운동놀이 기구를 제공하는 것이 적절하다. 소근육이 발달하고 눈과 손의 협응력, 균형 감각 및 미적 감각 등이 발달함에 따라 작은 조각들을 조립하여 정해진 형태를 만드는 조작적인 놀이를 좋아하므로 색칠하기, 바느질하기, 구슬 꿰기, 퍼즐, 레고 블록, 수 · 조작 놀잇감 등이 요구된다. 인지능력 및 언어능력이 급격히 발달하며 사회성도 발달하기 때문에 그림 동화책, 목공놀이, 가족놀이, 전화놀이, 병원놀이와 같은 유아의 현실세계를 확장시키는 역할놀이 소품, 극놀이 활동 자료 등과 같이 또래들과 함께 어울려 상호작용하는 데 도움이 되는 놀잇감이 적합하며, 창의적인 놀이를 즐기며 무엇인가 의미하는 물건을 만들어 낼 수 있는 미술재료와 지적 자극에 민감해지므로 수, 분류, 언어놀이 등 학습과 연관된 놀잇감을 제공할 필요가 있다.

③ 만 5세

만 5세 유아들은 어떤 것을 정확하게 만드는 데 관심을 가지고 자신이 만든 것과 다른 사람이 만든 것을 비교하기도 한다. 그러므로 유아가 활동을 계획하고 이행하는 기술지향적 놀잇감을 제공해 줄 필요가 있다. 색칠하는 책과 같은 미술 자료와 붓, 물감, 크레용, 찰흙, 밀가루풀 등 비구조화된 자료 등을 제공하는 것이 적절하다. 예측하고 관찰 및 실험하는 활동을 즐기므로 과학놀이 도구를 제공해 주고, 모든 발달이 조화롭게 이루어져 다양하고 정교하며 복잡한 놀이를 즐기고 놀이지속시간도 증대되는 시기이므로 목공놀이 도구, 상징놀이 소품, 복잡한 퍼즐, 다양한 블록, 디자인과 패턴 만들기, 컴퓨터, 숫자와 단어카드, 기하도형 맞추기, 종이접기, 주사위, 체스, 바둑, 장기, 빙고 판 등 다양한 놀잇감을 제공해 주어야 한다.

• 놀잇감 선정방법

놀잇감을 선택하는 데 중요한 지침은 다음과 같다.

- 이 놀잇감이 발달상으로 적절한가?
- 이 놀잇감이 많은 다른 방법과 다른 연령대의 영유아에게 사용할 수 있는가?
- 이 놀잇감이 어린 유아의 활발한 놀이를 견딜 수 있는가? 아니면 몇 번 사용 후에 깨질 수 있는 놀잇감인가?
- 이 놀잇감은 영유아의 상상력을 자극하는가?
- 이 놀잇감은 안전한가?
- 이 놀잇감은 조립하고 분해하고 쌓거나 연결하는 것을 허용하는가?
- 이 놀잇감은 협동적 상호작용을 장려하는가?

출처: Kuykendall(2007).

3 놀이의 발달단계

영유아가 참여하는 놀이의 유형은 신체 및 인지적 제반 발달 수준에 따라 다르게 나타나며, 여러 놀이 유형마다 단계적으로 일정한 방향과 전환 및 발달이 이루어진다(박찬옥 외, 2014). 놀이의 유형은 크게 사회적 측면에서의 놀이와 인지적 측면에서의 놀이로 나눌 수 있다.

사회적 측면에서 파튼(Parten, 1932)은 사회적 참여도에 따라 6가지 유형으로 놀이행동을 분류하였고, 에릭슨(Erikson, 1963)은 자기세계 놀이, 미시영역 놀이, 거시영역 놀이로 구분하였다. 인지적 측면에서 피아제(Piaget, 1962)는 영유아 놀이를 연습놀이, 상징놀이, 규칙 있는 게임으로 구분하고, 스밀란스키(Smilansky, 1968)는 기능놀이, 구성놀이, 극놀이, 규칙 있는 게임으로 구분하였다.

이처럼 놀이의 유형 및 단계에 대해 학자들 간에 견해 차이가 있지만 이를 기초로 하여 놀이행동의 유형과 특성에 대해 살펴보면 다음과 같다.

1) 사회적 놀이의 발달단계

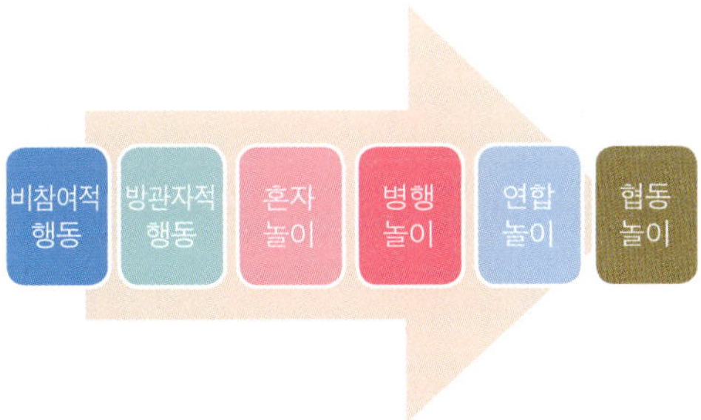

〔그림 3-1〕 사회적 놀이의 발달단계

사회적 상호작용은 영유아들의 성장 발달과 함께 그 형태를 달리하게 되며, 그에 따라 놀이 형태도 달라진다. 사회적 놀이단계는 영유아가 또래들과 상호작용하는 양상에 따라 놀이를 분류하여 발달단계를 나타낸 것이다.

여기서는 사회적 놀이에 대한 파튼의 분류와 에릭슨의 분류를 소개하고자 한다.

(1) 파튼의 사회적 놀이 발달단계

① 비참여적 행동

비참여적 행동(non-play behavior)은 놀이에 참여하지 못하고 순간적인 관심과 흥미에 따라 잠시 바라보는 것을 말한다. 이러한 행동은 정확히 놀이로 간주할 수는 없지만 사회적 놀이발달 과정에서 모든 영유아가 겪게 되는 단계라는 데 의미를 지닌다. 가만히 앉아 주위를 두리번거리거나 선생님을 졸졸 따라 다니는 행동, 장난감을 가지고 놀이는 않고 만지작거리는 행동 등을 나타낸다. 평상시에 놀이에 잘 참여하던 영유아라고 할지라도 새로 입학했기나 이시로 인해 원을 옮겼을 경우와 같이 놀이 환경이나 대상이 낯설 때, 놀잇감의 교체가 없어 지루해지거나 선호하는 놀이가 아니어서 놀이에 흥미가 없을 때, 몸이 아프거나 기분이 좋지 않을 때, 원만한 친구관계 형성에 어려움을 겪을 때 이런 행동이 나타나기도 한다.

② 방관자적 행동

방관자적 행동(onlooker behavior)은 다른 영유아들이 노는 것을 지켜보며 대부분의 시간을 보내는 행동을 의미한다. 가까운 거리에서 다른 영유아들이 놀이하는 것을 지켜보면서 말을 걸기도 하고 질문을 하거나 제안을 하기도 하지만 직접 놀이에 참여하지는 않는다. 우연히 또는 순간적인 흥미에 의한 것이 아니라 특정 놀이 집단을 바라보면서 말을 주고받는다. 내성적이고 소극적인 영유아가 놀이에 참여하지 못할 때, 앞선 놀이를 끝내고 다음 놀이 주제를 찾을 때 이러한 행동이 관찰된다.

③ 혼자놀이

혼자놀이(solitary play)는 주변에 있는 친구와 서로 다른 놀잇감을 가지고 독립적으로 놀이하는 것으로 또래와 가까워지려는 시도 없이 혼자놀이에 열중하는 것을 말한다. 다른 영유아들과 가까이하려는 어떤 노력도 하지 않으며, 옆에서 놀고 있는 영유아에게 관심도 없다. 사회성이 발달되지 않아 자기중심적인 사고를 하기 때문에 나타나며, 놀이 시 거의 대화를 하지 않는 것이 특징이다.

④ 병행놀이

병행놀이(parallel play)는 다른 영유아의 놀이에 영향을 주거나 상호작용을 하지 않고 독립적으로 놀이하지만 친구들 주변에서 비슷한 놀잇감을 가지고 놀이를 하는 것을 말한다. 나란히 놀이를 하고 있으나 함께 놀지는 않는다. 놀이 자체가 자연스럽게 친구들에게 안내하게 되지만 함께 상호작용하면서 놀이를 하지 않고 친구 곁에서 놀이하는 행동을 나타낸다. 주의 깊게 관찰하지 않으면 얼핏 집단놀이를 하는 것으로 간주할 수 있다.

⑤ 연합놀이

연합놀이(associative play)는 친구들과 함께 집단놀이를 하는 것을 말한다. 놀이 내용에 대해 대화를 나누고, 놀잇감을 빌려주기도 하며, 함께 구조물을 만들기도 하지만 영유아들 간에 아직 역할분담이나 놀이내용을 체계적으로 전개하지는 못한다. 같이 어울려 놀기는 하지만 아직 집단에 대한 관심보다는 자신이 원하는 대로 놀이하면서 친구들과 놀이하는 집단놀이의 형태이다.

⑥ 협동놀이

협동놀이(cooperative play)는 영유아들이 집단을 이루어 어떤 목표를 가지고 조직적이고 체계적으로 놀이하는 형태이다. 놀이 리더가 있고, 공동의 관심과 목표에 따라 역할을 분담하며, 조직적으로 놀이가 진행된다. 놀이의 목표로는 성인들의 세계를 재현하거나 구조물을 만들거나 상상놀이의 형태가 주로 이루어진다. 학교놀이, 병원놀이, 미용실놀이 등이 이에 속한다. 사회적 놀이 중 가장 발전된 형태의 놀이이다.

파튼(Parten, 1932)에 의하면 혼자놀이는 2~2.5세, 병행놀이는 2.5~3.5세, 연합놀이는 3.5~4.5세에 주로하고, 4.5세 이후에는 협동놀이를 주로 한다. 또한 영유아가 성장해 나가면서 방관자적 행동과 혼자놀이와 같은 자기중심적 놀이는 줄어들고, 연합놀이와 협동놀이와 같이 타인을 고려하는 놀이는 증가하는 경향을 보인다고 하였다.

사회적 놀이에 대해 이해할 때, 몇 가지 고려할 점이 있다. 혼자놀이를 할 때 영유아는 독립적으로 사고하고, 문제를 해결하며, 새로운 놀이방법과 놀이를 모색할 수도 있으므로 혼자놀이를 미성숙의 지수로 여겨서는 안 된다(박찬옥 외, 2014). 예를 들면, Rubin 등(1983)은 사회성이 발달된 만 4세 영유아들이 미술활동이나 쌓기놀이 활동 등에서 혼자놀이나 병행놀이 행동이 많이 나타난다는 사실을 알아냈다. 이는 혼자놀이가 때로는 목표지향적인 활동들이거나 교육적인 놀이활동으로 혼자놀이가 적극적인 놀이형태의 하나라는 것이다. 또한 연합놀이와 협동놀이는 거의 비슷한 시기에 나타나기도(Parten, 1932) 하지만 거의 동시에 일어날 수도 있으므로(이원영, 2006) 영유아의 놀이를 관찰할 때 연합놀이와 협동놀이를 통합하여 집단놀이 범주로 관찰할 수도 있다.

(2) 에릭슨의 사회적 놀이 발달단계

① 자기 세계의 놀이

자기 세계의 놀이(autocosmic play)는 영유아가 자신의 신체를 가지고 놀이하는 것으로 출생에서 1세 반까지 나타나는 놀이행동이다. 이 시기의 놀이는 자신의 신체에 집중하여 나타나며, 감각기관을 통해 보거나 운동능력을 반복적으로 시도하면서 자신의 신체를 탐색하는 단계에서 점차 외부세계에 관심을 기울이는 단계로 발전하게 된다.

② 미시영역의 놀이

미시영역의 놀이(microcosmic play)는 영유아가 자신의 신체와 양육자에 대한 관심에서 외부세계로 영역이 확장되면서 나타난다. 놀잇감이나 사물을 탐색하며, 놀잇감을 조작하고, 혼자놀이를 하면서 놀이에 대한 즐거움을 알아간다. 영유아들은 놀잇감과 사물을 조작하면서 외부 세계의 사물을 지배하는 능력을 증진시켜 나가게 된다(전남련 외, 2007).

③ 거시영역의 놀이

거시영역의 놀이(macrocosmic play)는 사회적 상호작용을 하는 단계로 영유아가 자신의 신체와 사물에서 벗어나 또래와 함께 놀이하는 것을 말한다. 영유아들은 이러한 놀이를 통해 타인과의 놀이로 놀이영역을 확장하고, 자아를 조절하는 방법을 알 수 있게 된다.

2) 인지적 놀이의 발달단계

피아제의 인지발달이론에 의하면 영유아의 놀이활동은 그들의 인지발달의 정도를 그대로 나타낸다. 영유아의 인지가 감각운동기로 질적인 변화를 계속하면서 영유아의 놀이도 감각적이고 기능적인 연습 수준에서 전조작기 특유의 상징적인 놀이시기를 거쳐 점차 규칙이 포함되는 높은 수준의 놀이로 변화하게 된다고 한다(이은해 외, 1993).

영유아의 인지적 놀이 발달과정을 감각운동기에는 기능놀이, 전조작기에는 상징놀이를 하게 되며, 구체적 조작기에는 규칙 있는 게임 등 3단계로 분류한 피아제의 놀이범주는 스밀란스키(Smilansky, 1986)에 의해 더욱 정교화되어 제시되었다. 그는 구성놀이를 고유의 독립된 범주로 분류하여 기능놀이, 구성놀이, 극놀이, 규칙 있는 게임으로 놀이가 변화해 간다고 하였다. 프로스트와 클레인(Frost & Klein, 1979)은 스밀란스키의 극놀이 형태를 더 세분화하여 상징놀이와 사회극놀이로 나누었다.

즉 기능놀이, 구성놀이, 상징놀이, 사회극놀이, 규칙이 있는 게임으로 분류하였다.

이와 같은 피아제와 스밀란스키, 프로스트와 클레인의 인지적 놀이 유형을 간략하게 표로 제시하면 〈표 3-1〉과 같다.

〈표 3-1〉 인지적 놀이 발달단계

Piaget의 인지발달단계	Piaget(1962)	Smilansky(1968)	Frost & Klein(1979)
감각운동기 (0~2세)	연습놀이	기능놀이	기능놀이
전조작기 (2~7세)	상징놀이	구성놀이 극놀이	구성놀이 상징놀이 사회극놀이
구체적 조작기 (7~11세)	규칙 있는 게임	규칙 있는 게임	규칙 있는 게임

이처럼 영유아는 자신의 인지능력에 부합하는 놀이 유형에 참여하게 되는데 가장 세분화된 프로스트와 클레인(1979)의 인지적 놀이 발달단계를 살펴보면 다음과 같다.

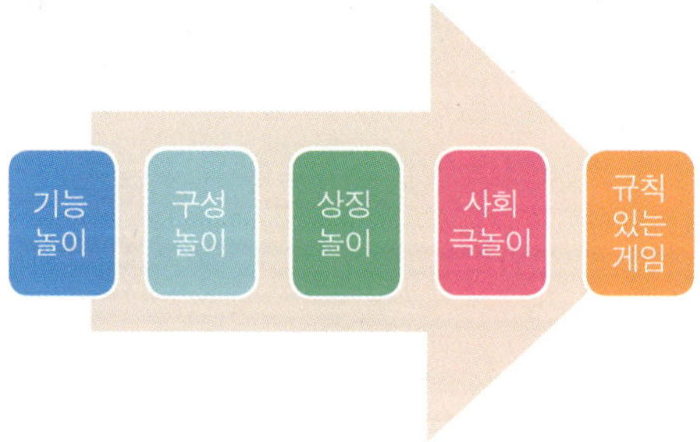

〔그림 3-2〕 인지적 놀이의 발달단계

(1) 기능놀이

기능놀이(functional play)는 영유아가 최초로 경험하게 되는 놀이로서 감각운동기의 영아가 신체 움직임의 기능적인 즐거움을 얻기 위해 반복적으로 되풀이하는 단순한 놀이행동을 의미한다. 공굴리기, 뛰기, 구르기, 집어넣고 빼기, 모르고 부수기, 매달린 놀잇감 흔들기 등 사물의 물리적 속성을 탐색하기 위하여 단순하고 반복적인 근육운동을 하게 되고 이를 통해 기쁨을 느낀다. 이 단계의 놀이행동은 인지능력이 적게 요구되고, 특정한 놀이기술이나 상징이 포함되지 않는다. 2세 전후의 영아들은 주로 경험해 본 행동을 반복하거나 약간의 변형을 통해 놀이를 하게 되는데 이러한 반복적인 행동이 그들에게는 놀이로서의 의미를 갖는다.

(2) 구성놀이

구성놀이(constructive play)는 기능적 활동에서 창조적 활동으로의 전환을 의미하는 것으로, 다양한 놀잇감을 활용하여 새로운 사물을 만들어 보는 활동을 말한다. 블록을 사용하여 터널을 만들거나 집을 짓는 활동, 자료를 이용하여 주변 사물과 유사한 사물을 만드는 활동 등 사물을 구성하는 단계로 전환되는 것을 말한다. 구성놀이를 하면서 영유아의 주의집중 시간이 늘어나게 되고, 놀이에 대해 구체적인 주제를 설정하여 놀이의 내용을 조직화하는 것이 가능해진다.

구성놀이의 발달단계는 블록 나르기→블록을 쌓아올리기와 바닥에 늘어놓기→구조물을 만들기 위해 블록을 연결하기→정교한 구조물 만들기의 단계를 거쳐 발달하며, 3~4세에는 전체 놀이 활동의 약 40%, 4~6세는 약 50%를 차지한다.

(3) 상징놀이

상징놀이(symbolic play)는 상징행동이 처음 시작되는 돌 무렵부터 시작되어 점차 정교하게 발달되어 간다. 상상놀이, 가상놀이, 가장놀이, 역할놀이, 극화놀이, 환상놀이 등의 용어로 다양하게 불린다. 이 놀이는 가작화 요소(as-if elements)가 내포되어 있어 역할 및 사물을 실제와 다르게 변형하고 표상하는 놀이행동을 말한다.

상징놀이의 발달정도는 통합, 탈중심화, 탈맥락화의 세 가지 요소로 판단한다 (Boyatizis & Watson, 1993)

〈표 3-2〉 상징놀이의 요소

구분	의미
통합	단편적인 상징행동에서 주제나 줄거리가 있는 이야기 형식으로 조직되는 것을 말한다.
탈중심화	놀이 시 자신의 활동에 대한 상징에서 타인 또는 대상물에 대한 상징으로 자신에게 초점을 두는 정도가 자기중심으로부터 벗어나는 것을 말한다.
탈맥락화	사물 대체에 의해 사물의 물리적 특성이나 현실에서의 용도가 현실의 맥락과 벗어난 정도를 말한다.

출처: 박찬옥 외(2014).

〈표 3-2〉에 제시된 세 가지 요소가 발달함에 따라 상징놀이는 단순한 것에서 복잡한 것으로 발전하게 된다. 초기의 일상생활의 경험에 집중된 단순한 형태의 상징놀이는 점차 가작화하는 상황이 확대됨에 따라 점차 체계적으로 발전하게 된다.

상징놀이의 수준을 살펴보면 다음 〈표 3-3〉과 같다(Bronstein, 2000).

〈표 3-3〉 상징놀이의 수준

유형	내용	놀이의 예
자기 지향적 가상놀이	가상적 행동에 참여하는 것이 분명함. 일상행동과 관련되어 있음	빈 컵을 들고 마시기
타인 지향적 가상놀이	가상적 행동을 자신으로부터 타인으로 확대하여 타인 및 사물에 적용함	인형을 업어주기 우유를 먹이는 흉내 내기
연속적 가상놀이	두 개 이상의 가상행동을 연결하여 연속적으로 가작화된 행동을 나타냄	인형에게 밥을 먹이고, 업어주며, 재우기
대체 가상놀이	사물의 실제 용도와 다른 방식으로 대체하여 가작화된 행동에 사용함	블록을 들어 귀에 대고 전화하기

(4) 사회극놀이

사회극놀이(sociodramatic play)는 상징놀이가 발전된 형태로, 두 명 이상의 영유아가 같은 놀이주제로 언어적인 상호작용을 통해 가작화된 요소를 내포하는 놀이를 하는 것이다. 영유아가 현실세계에서 직접 경험한 상황을 의미하는 현실적 요소와 정확한 모방을 하기 어려워 나타나는 가작화된 비현실적인 요소가 내포된다(Smilansky, 1968).

사회적 가상놀이, 사회적 역할놀이라고도 하며, 단편적인 생활 경험의 통합과 규칙 지배성이 특징이다. 사회극놀이의 준거는 다음 〈표 3-4〉와 같다(Smilansky, 1968).

〈표 3-4〉 사회극놀이의 준거

구분	의미
역할의 가작화	가상적인 역할을 언어와 행동으로 표현한다. 예: 엄마, 아빠, 슈퍼맨같은 역할을 수행하고 표현함
사물의 가작화	사물의 용도를 실제와 다르게 상상해서 언어나 행동을 표현하거나 다른 사물로 대치한다. 예: 블록을 귀에 대고 전화하는 행동을 함
행동과 상황의 가작화	상황이나 행동을 상상해서 언어로 표현한다. 예: "우리 우주선을 탄 것처럼 하자." 라고 말하면서 행동을 표현함
지속성	한 가지 놀이 주제를 일정 시간 동안 계속한다. 최소한 10분가량 지속되어야 높은 사회극놀이라 할 수 있음
상호작용	적어도 두 명 이상의 영유아가 함께 어울려 동일한 놀이 주제를 가지고 상호작용 하는 것을 말한다.
언어적 의사소통	놀이 주제와 관련하여 언어적인 상호작용을 통해 놀이를 진행한다.

위에 제시된 여섯 가지 준거 중 역할의 가작화, 사물의 가작화, 행동과 상황의 가작화, 지속성은 상징놀이와의 공통된 준거이며, 상호작용과 언어적 의사소통은 사회극놀이만의 준거이다.

사회극놀이는 영유아에게 창의력, 상상력과 추상적 사고능력을 길러주며, 자기중심성에서 벗어나 사회적인 존재로 성장할 수 있도록 한다(정진, 성원경, 1998). 사회극놀이는 3세 이후부터 시작되어 규칙 있는 게임이 시작되는 6~7세경까지 지속된다.

사회극놀이의 발달단계는 아래의 [그림 3-3]과 같다.

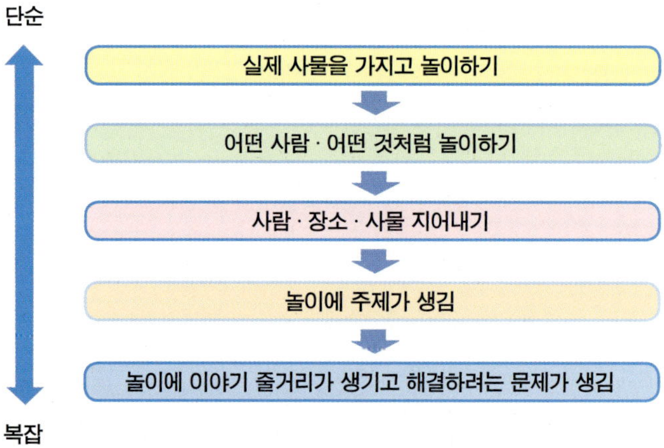

〔그림 3-3〕 사회극놀이의 발달단계

출처: Roskos(1987).

(5) 규칙 있는 게임

규칙 있는 게임(game with rules)은 구체적 조작기에 이르러 나타나는 가장 발전된 형태의 인지적 놀이의 형태이다. 정해진 규칙에 따라 두 명 이상이 승부를 위해 겨루는 놀이 활동을 의미하며, 6~7세에 시작되어 활발해지다가 성인기까지 지속적으로 발달하게 된다. 참여자가 규칙을 이해하고, 정해진 규칙에 따라 자신의 감정과 행동을 조절하는 방법을 습득할 수 있으며, 사회적 기술을 배울 수 있다. 규칙은 미리 정해져 있기도 하지만 게임에 참여하는 영유아들이 함께 토의하여 변경할 수 있다.

게임의 종류에는 다음 〈표 3-5〉와 같은 세 가지 유형이 있다(박찬옥 외, 2014).

〈표 3-5〉 게임의 종류

유형	내용	놀이의 예
신체게임	신체적 기술을 요구하는 것	달리기, 숨기, 과녁 맞추기 등
인지게임	인지적 기술에 의하여 결과가 달라지는 것	바둑, 장기, 체스 등
우연게임	우연에 의하여 승부가 결정되는 것	빙고, 카드게임, 주사위 게임 등

4 놀이발달에 영향을 미치는 요인

영유아들이 놀이를 하고자 하는 본능적 욕구에는 변화가 없지만 가정환경과 사회환경의 변화에 따라 영유아들의 놀이방식과 형태, 놀잇감 등은 변화하고 발전해 왔다. 많은 형제와 어울려 지내며 밖에 나가 놀이하는 시간이 많았던 과거와는 달리 점점 놀이 친구가 적어지고 있는 최근의 상황 속에서 놀이에서의 부모나 교사가 차지하는 역할이 더 중요해지고 있으며, 이들의 역할을 포함한 놀이에 영향을 미치는 요인들을 파악하여 이러한 정보를 놀이지도에 적극 반영하는 일 또한 중요한 의미를 갖는다.

놀이발달에 영향을 미치는 개인적 요인으로는 성별, 연령, 성격, 기질, 스트레스, 인지능력 등이 있고, 환경적 요인으로는 또래, 부모 등이 있으며, 교육환경 요인으로는 교사, 놀이공간과 놀잇감 등이 있다. 이에 대해 구체적으로 살펴보면 다음과 같다(박찬옥 외, 2014; 안혜준 외, 2016).

(1) 개인적 요인

① 성별

생후 초기부터 성별에 따라 영유아의 놀이행동에는 차이가 나타난다. 남아들은 대근육 활동 및 기능놀이를 많이 하고 놀이를 하면서 탐색활동도 적극적으로 한다. 이에 반해, 여아들은 소근육 발달이 남아들보다 빨라 주로 구성놀이나 조작놀이를 더 많이 하는 경향이 나타난다.

놀이 공간 선택에 있어서도 남아들은 실외놀이를 더 즐기고 여아들은 실내에서 노는 것을 더 자주한다. 놀이 공간 사용에 있어서도 남아가 여아보다 공간 사용을 더 많이 하고 더 많은 놀이 영역에서 활동한다.

공격적 행동에 있어서도 차이가 나타나는데, 남아는 주로 때리기, 밀기, 원하는 물건, 영역, 특혜의 힘을 사용하여 얻는 행동 등의 도구적 공격을 많이 한다. 반면, 여아들은 언어적 공격, 간접적인 괴롭힘, 연락이나 접촉의 차단, 친구관계를 해하는 행동 등의 관계 형성과 관련된 공격적 행동을 나타낸다.

가상놀이에 있어서는 전반적으로 여아가 남아보다 가상놀이를 더 많이 하는 것으로 나타났고, 남아가 여아보다 상상놀이를 더 즐긴다.

놀잇감 선택에 있어서 남아들의 경우는 블록, 자동차, 레고와 같이 공간개념과 연결되어 수학 및 과학 성취도 발달에 영향을 주는 구성 놀잇감을 좋아하고, 여아들은 소꿉놀이, 인형, 그리기 재료와 같이 언어적 상호작용을 촉진시키는 놀잇감을 더 좋아한다.

② 연령

영유아의 놀이는 연령에 따라 다른 특성을 나타낸다. 영아들은 대부분 혼자놀이, 방관자적 놀이, 병행놀이를 많이 하는 편이다. 성장하여 유아기에 다다르면 점차 병행놀이를 많이 하게 된다. 어린 영아의 경우는 놀잇감을 용도대로 사용하는 사실놀이를 많이 하다가 점차 놀잇감을 다양한 용도로 가상하는 사물 상상놀이로 발전하며, 연령이 많아지면 역할을 다양하게 가장하는 인물 상상놀이를 많이 한다(Field, De Stefano & Koewler, 1982). 연령이 많아질수록 친구와 함께 참여하는 사회적 놀이 빈도가 증가하고, 놀이지속 시간도 길어지며, 상징놀이가 발달하고, 복잡한 규칙이나 기술이 필요한 놀이를 많이 하게 된다.

③ 성격

성격에 따라 영유아의 놀이유형과 놀잇감 선호도 다르게 나타난다. 사물 지향적 성격의 영유아는 놀잇감으로 혼자놀이를 하거나 분류·조직하는 과제에 익숙하고, 사람 지향적 성격의 영유아는 타인과의 상호작용, 사회적 지식이나 기술이 뛰어난 경향이 있다.

④ 기질

까다로운 기질의 영유아는 새로운 환경이나 친구관계를 형성할 때 어려움을 겪는 경우가 많으며, 순한 기질의 영유아는 단순한 형태의 사회적 놀이와 방관자적 놀이를 한다. 또한 활동 수준이 높은 영유아는 신체적 에너지가 활발하므로 또래 사이에 인기가 있으며, 주위전환성이 높이 영유아는 다른 아이의 느낌이나 요구에 민감하게 반응하기 때문에 또래집단에서 리더의 역할을 한다(Thomas & Chess, 1977). 순한 기질의 영유아들은 미술, 조작, 쌓기, 역할놀이를 즐기는 것으로 나타났고, 집단극놀이를 많이 하며, 까다로운 기질의 영유아는 방관자적 행동을 더 많이 한다고 한다(김용희, 1991; 이지현, 1998). 또한 순한 기질의 영유아는 추종적 놀이 스타일을 더 많이 나타내고, 주도적인 놀이 스타일은 적게 나타났다(조선미, 2000).

⑤ 스트레스

스트레스가 많을수록 상상놀이에 참여하는 빈도가 낮고, 단순하고 반복적인 낮은 수준의 놀이를 하며, 혼자놀이나 병행놀이 형태의 놀이를 많이 한다. 가정의 스트레스에는 여아보다는 남아가 더 민감하게 반응을 보이는 경향이 있다.

⑥ 인지능력

인지양식이 장 독립적인 영유아는 분석적인 능력을 가지고 있으며, 혼자놀이를 즐기는 반면, 장 의존적인 영유아는 타인에게 강한 호기심을 보이고 이에 민감하게 반응하여 주로 병행놀이, 연합놀이, 협동놀이, 소꿉놀이를 즐기고(Saracho, 1999), 게임, 극놀이, 구성놀이, 기능놀이 모두에서 더 높은 빈도를 나타내었다(조부경, 장선화, 1995).

(2) 환경적 요인

① 또래

또래관계는 놀이발달과 관련성이 있는데, 영유아가 또래와 일관성 있고 안정적인 관계를 유지할 경우에는 사회성 발달이 촉진되며, 협동놀이를 즐긴다. 또래와 친밀한 관계를 유지한 경우에는 높은 수준의 놀이를 오래 지속하며, 상상놀이를 즐기게 된다. 또래들에게 있기 있는 영유아는 놀이를 주도하고 지도력이 있으며, 협동적인 놀이에 참여하는 경향이 많다. 또래와 함께하는 극놀이, 집단놀이, 모래놀이는 영유아의 친사회적 행동을 증진시키며, 창의적 극놀이 활동은 영유아의 수줍음을 감소시키고 자아존중감을 높이게 되어 사회성 발달을 돕게 된다(양진희, 박윤, 2007; 박찬옥, 2007).

② 부모

가정의 사회경제적 수준이나 문화적 배경 또한 영유아의 놀이행동에 영향을 주는 요인이다. 사회 · 경제적 수준이 하류 계층인 영유아는 중류 계층의 영유아보다 상상놀이에 덜 참여하는 것으로 나타났다. 부모와 영유아 간에 안정 애착이 이루어진 영유아는 놀잇감을 적극적으로 탐색하며 놀이에 적극적으로 참여하고, 사물을 이용한 상징놀이를 즐기고 독립적이고 융통성 있는 행동을 보이며, 사회적 기술이 뛰어나고 또래와 잘 어울리고 갈등 상황을 잘 해결한다. 부모가 영유아와 함께 자주 놀아

줄 때 영유아들의 언어능력, 상징적 표현, 탐구적 행동, 사회적 관계형성 등에 긍정적인 영향을 준다. 부모의 양육태도가 권위적이거나 통제적이지 않을 경우에 영유아는 상징놀이를 많이 하고 협동놀이에 적극적으로 참여하며, 또래와 긍정적인 관계를 형성한다. 또한 부모의 결혼 안정성이 높을수록 부모와 영유아 간의 애착에 긍정적인 영향을 준다.

(3) 교육적 요인

① 교사

교사의 역할은 영유아의 놀이에 있어서 매우 중요한 요소로 작용한다. 교사의 놀이개입은 놀이의 양과 질, 놀이발달에 긍정적인 영향을 미친다. 교사가 놀이에 적극적으로 적절하게 개입할 경우 놀이시간이 길어지고 정교해지며 영유아 간의 사회적 상호작용도 활발해진다. 교사가 영유아와 역동적인 언어적 상호작용을 함으로써 영유아가 좀 더 높은 수준의 인지적 활동에 몰입할 수 있는 기회를 제공하며, 이를 통해 영유아의 언어발달, 창의성, 문제해결력이 향상된다. 하지만 지나친 개입은 놀이의 질을 떨어트리고 놀이 자체에 대한 영유아의 흥미를 떨어트릴 수 있으므로 유의해야 한다. 교사와 영유아의 친밀도가 높을수록 놀이 상호작용의 질이 높아지고, 놀이에 대한 교수효능감이 높은 교사는 다양한 놀이자료를 제공하고 놀이활동을 풍부하게 도와주어 놀이 내용의 결속성을 강하게 해주며(신은수, 박현경, 2006), 영유아가 가장놀이를 할 때 비지시적이므로 가장놀이 수준을 높이는 데 도움을 준다.

② 놀이공간과 놀잇감

일정한 수의 영유아들에게 필요한 공간의 넓이를 나타내는 공간 밀도와 한 공간에 있을 수 있는 사람의 수를 나타내는 사회적 밀도가 영향을 미치므로 적절한 놀이공간의 제공이 필요하다. 또한 놀잇감의 유형, 수량, 구조화 정도 및 활용도가 놀이에 영향을 미친다.

이상의 요인들은 서로 독립적이 아니라 밀접한 관계를 맺고 영유아의 놀이발달에 영향을 미치므로 교사 및 부모는 이들 요인이 영유아의 놀이에 어떠한 영향을 주며, 놀이발달을 어떻게 촉진시킬 수 있는지 고려하여 영유아의 놀이발달을 지원하고 안내해 줄 필요가 있다.

토의과제

1. 혼자놀이를 반복하는 것은 미성숙함을 나타내는 것은 아니다. 평소에 잘 놀던 영유아들이 어떤 경우에 혼자놀이만 하게 되는지 구체적인 예를 들어 논의해 보시오.

2. 교실에 늘 제공되었던 놀잇감이 없어졌을 때 영유아들은 어떤 반응을 보일지 자신의 생각을 이야기해 보시오.

3. 놀이에 영향을 주는 다양한 요인들은 서로에게 어떠한 영향을 주는지 토의해 보시오.

chapter 4.

자유선택활동 시간의 운영

1. 자유선택활동 시간의 교육적 의의
2. 자유선택활동을 위한 교사의 계획 및 준비
3. 자유선택활동의 과정

학습목표

- 자유선택활동 시간이 지닌 교육적 의의에 대해 이해할 수 있다.
- 자유선택활동 운영을 위해 교사가 계획하고 준비해야 하는 사항에 대해 인지할 수 있다.
- 자유선택활동 과정 중 '놀이 계획'의 지도내용에 대해 알 수 있다.
- 자유선택활동 과정 중 '놀이 선택 및 수행'의 지도내용에 대해 알 수 있다.
- 자유선택활동 과정 중 '놀이 평가'의 지도내용에 대해 알 수 있다.
- 교사의 개입하기 전략을 익힐 수 있다.
- 놀이 시 발생되는 갈등에 따른 중재 및 해결방법을 익힐 수 있다.

주요용어

자유선택활동
놀이 시간, 놀이 공간, 놀이 자료, 사전경험 제공, 환경 점검
놀이 계획, 놀이 선택 및 수행, 놀이 평가
개입, 놀이 갈등, 갈등 중재 및 해결

1 자유선택활동 시간의 교육적 의의

자유선택활동 시간은 영유아가 유아교육기관의 실내 · 외에서 경험할 수 있는 다양한 흥미 영역별 활동 중에서 자신의 욕구와 흥미에 따라 자유롭게 활동을 계획하고 놀이하고 평가해 보는 시간이다. 실외에서 경험하는 자유선택활동은 바깥놀이 활동에서 다루고 이 장에서는 실내 자유선택활동만 다루기로 한다.

자유선택활동 시간은 자유놀이 시간이라 부르기도 한다. 이 시간에 영유아는 하고 싶은 놀이를 선택하여 자신의 관심과 흥미, 상상력에 따라 자신의 방법으로 놀이를 변화시켜 가며 창조적인 놀이를 즐길 수 있으며, 이를 통해 만족감을 가질 수 있다. 놀이는 작업에 즐거움을 불어넣어 주며, 관습적인 절차나 목표, 법칙 등을 크게 중시하지 않는다. 따라서 자유선택활동은 영유아의 개인적인 흥미와 욕구, 관심을 드러낼 수 있는 자기만족의 수단이며, 편안하고 즐거운 상태에서 스스로 생각과 감정을 조절하여 놀이할 수 있는 자기 학습의 기회인 것이다(양옥승, 2004). 이러한 특징으로 인해 자유선택활동 시간은 놀이 중심의 유아교육을 실행할 수 있는 매우 중요한 시간이다.

자유선택활동에서의 흥미란 영유아의 긍정적인 정서적 몰입을 의미하는 것으로, 사물과 사람 혹은 사건에 대해 정열을 쏟거나 정지시키는 일종의 통제요소로 작용할 수 있다. 영유아는 자신이 좋아하는 영역에서 좋아하는 친구와 놀이할 때, 내 요구대로 놀이방법과 재료를 자발적으로 선택하고 창의적으로 자기표현이 이루어질 때, 자신의 생각이 존중받을 때 흥미를 나타낸다. 또한 교사가 새로운 활동을 제시하였을 때, 영유아가 접하는 대중매체의 놀이주제들로 놀이가 진행될 때 흥미를 나타낸다. 영유아의 흥미란 내재적인 요소로 관찰하기 어려움이 있으나 영유아들의 밝은 얼굴표정, "재미있다", "아싸"라는 흥이 나는 언어사용, 영유아들의 상호작용과 행동 등으로 유추해볼 수 있다(나은숙, 양옥승, 2007).

그러나 유아교육기관에서의 자유선택활동은 혼자만의 활동이 아니라 학급 내의 다른 사람 또는 교재 · 교구 등의 물리적 조건 등과 상호 작용하는 가운데 이루어지는 것이므로 영유아는 자신의 생각이나 행동, 감정을 조절해 나가야 한다. 자유선택활동을 위하여 교사는 진행 중인 생활 주제나 주제의 교육목표, 내용, 영유아의 흥미와 발달 정도를 고려한 다양한 활동과 교재·교구를 실내·외 흥미 영역별로 마련하고 주제의 변화에 따라 수시로 보완하거나 교체하여 영유아의 흥미를 지속시켜 주어야 한다.

자유선택활동이 지닌 교육적인 의의를 구체적으로 살펴보면 다음과 같다(교육과학기술부, 2009, 2013; 이숙재, 2014).

1) 능동적인 학습이 이루어지는 시간

자유선택활동은 영유아가 자신의 흥미와 요구에 의해 스스로 놀잇감 및 교재·교구를 선택하여 직접 다루는 자발적이고 적극적인 참여가 이루어지는 시간이다. 교사에 의해 주도되는 대집단 활동과는 달리 영유아의 자유의지에 의해 선택한 놀이이므로 놀이에 집중함으로써 점차 발전된 놀이를 할 수 있는 능동적인 학습의 기회가 제공된다.

2) 개별화 교육이 이루어지는 시간

자유선택활동 시간에는 영유아가 중심이 되어 개별적 또는 소집단으로 놀이에 참여하게 된다. 교사는 이 시간을 통해 영유아와 개별적인 상호작용을 함으로써 영유아의 발달을 촉진시킬 수 있다. 영유아는 같은 연령이라도 각자 경험의 내용과 범위, 관심사, 학습 능력, 발달수준 등 많은 부분에서 서로 차이가 있기 때문이다. 따라서 교사는 세심한 관찰을 통해 영유아의 개별적인 흥미나 관심 및 발달 수준을 파악하는 것이 우선되어야 한다.

3) 통합 교육이 이루어지는 시간

각 흥미영역에 제시되는 놀잇감과 교재·교구는 생활주제와 관련되어 그 내용이 서로 분리되지 않고 하나의 통합적 경험을 제공하게 된다. 예를 들어, '나무'라는 주제가 전개될 때, 쌓기놀이 영역에서는 나무블록과 카프라를 이용하여 집과 다리 만들기, 과학 영역에서는 잎맥 관찰하고 따라 그리기를, 조형 영역에서는 나무꾸미기를, 수·조작 영역에서는 나무판에 표시된 숫자만큼 열매 붙이는 활동 등이 이루어진다. 이러한 활동을 통해 영유아는 주제와 관련된 지식과 개념이 확장되고 신체적, 사회·정서적, 인지적 발달 즉 전인적 발달을 도모할 수 있게 된다.

4) 대인관계를 학습하는 시간

자유선택활동 시간 동안에는 교사-영유아, 영유아-영유아, 영유아-놀잇감 및 교재·교구 사이에 긴밀한 상호작용이 활발하게 이루어지게 된다. 이러한 과정에서 영유아는 놀잇감 공유하기, 차례 지키기, 협동하기, 양보하기, 배려하기, 공감하기, 도와주기 등과 같은 바람직한 사회적 기술을 익힐 수 있다. 반면, 또래와 갈등이 발생하여 싸우거나 교사에게 제지를 당하는 등의 부정적인 대인관계를 경험하기도 한다. 그러나 이러한 갈등의 경험을 통해 영유아는 타인과의 관계에서 문제를 해결해 나가는 방법을 연습하게 되며, 자기중심적인 사고에서 벗어나 보다 사회적으로 성숙하도록 이끄는 계기가 된다.

5) 자율성과 책임감을 학습하는 시간

자유선택활동 시간은 영유아 스스로 놀이를 선택하고 결정해 보는 경험을 해볼 수 있는 시간이다. 영유아가 자신의 놀이를 계획, 선택 및 수행, 평가하는 과정은 자유롭고 외부에서 부여된 규칙에 구속받지 않고 진행되지만 이 시간에 느끼는 자유는 학급의 다른 영유아에게 해가 되지 않는 범위에서 이루어져야 한다. 자유선택활동 시간은 주도성과 자율성 발달의 기회이자 적극적인 학습이 이루어지는 반면, 자신이 선택한 놀이 활동에 대한 책임감을 학습하는 계기가 된다.

6) 기쁨을 느끼는 시간

자유선택활동 시간은 영유아 개인의 자유와 흥미가 존중되므로 의도된 목표 없이 편안한 상태에서 즐겁게 놀이할 수 있다. 특히 자신이 좋아하는 영역을 마음대로 선택할 수 있을 때 영유아는 그 활동에 마음이 사로잡혀서 적극적인 참여자가 된다. 교사는 영유아가 스스로 선택한 활동에 몰입하여 즐거움과 기쁨을 누릴 수 있도록 영유아의 요구를 충분히 반영하는 풍부한 환경을 지원해야 한다.

2 자유선택활동을 위한 교사의 계획 및 준비

자유선택활동은 영유아로 하여금 자유롭게 선택의 기회를 부여하는 계획된 시간이다. 교사는 자유선택활동이 지닌 교육적 의의를 극대화하기 위해 사전에 놀이 시간, 놀이 공간, 놀이 자료, 사전 경험 제공, 환경 점검 등 놀이 계획을 통한 체계적인 준비가 수반되어야 한다. 이에 대해 구체적으로 살펴보면 다음과 같다.

1) 놀이시간

자유선택활동 시간은 유아교육기관 전체 교육 시간 중 많은 비중을 차지하는 중요한 시간이다. 교사는 자유선택활동을 하루 일과 중 어느 시간대에 얼마 동안 실시할 것인가를 사전에 계획해야 한다. 자유선택활동은 유아교육기관의 하루 일과 중 다양한 시간대에 운영할 수 있다. 등원하자마자 개별적으로 놀이 계획을 한 후 바로 시작할 수도 있고 대 · 소집단 활동을 한 후에 시작할 수도 있다. 이는 대상 영유아의 연령, 영유아의 흥미에 따른 참여도, 도보 및 버스 운영 시간, 유아교육기관의 프로그램 등을 고려하여 탄력적으로 운영되기 때문이다. 학기 초에는 영유아들의 기관 적응을 돕기 위해 등원하자마자 자유선택활동을 시작하는 경우가 많다.

놀이하는 시간은 영유아가 스스로 선택한 놀이에 차분하게 몰입할 수 있는 충분한 시간이 제공되어야 한다. 유아교육기관의 하루일과 중 실내에서 이루어지는 자유선택활동은 최소한 1시간 이상 연속적으로 제공해야 한다(Bredekamp & Copple, 1997; Johnson, Christie & Yawkey, 1999). 이 시간도 충분하지 않을 수도 있다. 몇몇의 아이들은 1시간 중 45분을 놀이를 계획하는 데 사용하기도 하며, 어떤 아이들은 1시간이 끝날 무렵에야 실제로 놀이를 시작할 준비를 하기도 한다(Enz & Christie, 1997). 따라서 집중력이 짧고 흥미영역별 놀이 선택에 어려움을 느끼는 어린 연령의 반에서는 놀이를 선택하고 실제 놀이에 참여하기까지 충분한 시간이 필요하다는 것을 알 수 있다. 종일반의 경우, 오전과 오후에 걸쳐 대략 2시간 30분 이상 배정되어야 하며 특히 오후 자유선택활동 시간에는 집중할 수 없도록 소란스럽거나 방임되는 시간이 되지 않도록 적극적인 노력을 기울여야 한다.

2) 놀이 공간

교실의 놀이 공간은 영유아의 놀이에 영향을 미친다. 놀이 공간은 영유아로 하여금 자유선택 및 활동 선택권을 확대하며, 자발적인 참여를 촉진하기 위해 흥미 영역의 형태로 구성해 준다. 영유아는 잘 구성된 놀이 환경을 탐색하면서 의미 있는 관찰을 할 수 있고 다른 사람의 작업을 학습할 수 있게 되며, 더 효과적으로 자신이 원하는 것을 선택할 수 있다(Johnson, Christie & Yawkey, 1999). 일반적으로 자유선택활동이 이루어지는 놀이 영역으로는 쌓기놀이, 언어, 역할놀이, 수 · 조작, 과학, 음률, 미술 영역 등이 있다. 각 놀이 영역들은 놀이를 신장시킬 수 있도록 특별한 방법들로 구성되고 조직되어야 한다. 놀이 발달과 학습을 촉진할 수 있는 놀이 영역 구성의 특징을 살펴보면 다음과 같다.

(1) 놀이 영역의 합리적 배치

놀이영역을 합리적으로 배치함으로써 놀이의 빈도와 질을 증가시키고 학습을 촉진할 수 있다. 영역의 수는 전체 교실공간의 크기, 유아의 수, 연령을 고려하여 적절하게 조절하는 것이 중요하다. 대체로 연령이 많아질수록 흥미영역의 개수가 늘어나며, 영유아의 흥미에 따라 흥미영역을 가감하기도 한다. 영역별 배치는 공간의 크기, 영유아의 동선, 소음, 채광, 물의 사용 여부 등을 고려하며, 흥미 영역은 1년에 3~4회 위치를 바꾸어줌으로써 융통성 있게 놀이 환경의 변화를 줄 수 있다. 흥미 영역 구성과 배치는 영유아들이 의논하여 자율적으로 정할 수도 있으며, 인원을 제한해야 하는 영역 등의 운영은 영유아와 협의의 과정을 거쳐 규칙을 정해볼 수도 있다.

(2) 융통성 있는 개방적 설계

놀이영역을 구분하는 효과적인 방법 중 하나는 칸막이를 사용하는 것이다. 놀이영역의 칸막이는 영역별 활동 공간의 크기 및 형태를 결정해 주는 것으로 영유아의 신체적 조건에 적합해야 한다. 칸막이는 교구장, 책꽂이, 책상, 이젤 등을 활용하여 하나의 영역을 2, 3면으로 구분하지만 최소한 1면은 개방적 디자인으로 설치하여 접근과 탐색이 가능하도록 해야 한다. 개방적 디자인은 다른 배열에 비해 놀이의 지속성과 질을 촉진하는 데 더 효과적이다.

(3) 아늑한 쉼의 공간 제공

교실의 한 공간에 은신처와 같은 매력적이고 아늑한 별도의 공간을 제공한다. 이 공간은 영유아가 혼자 있고 싶거나 혹은 활발한 활동이 진행되는 교실상황에서 잠시 쉼을 즐길 수 있는 곳으로, 한 명 혹은 두 명의 영유아를 위한 아늑한 쉼의 공간은 기관에서 지내는 동안 편안함과 안전함을 느끼게 할 수 있다. 예를 들어, 푹신한 예쁜 쿠션, 인형, 손 인형 등으로 꾸민 작은 다락방이나 다락방 아래 작은 공간 등이다.

3) 놀이 자료

놀이 자료 즉 놀잇감 및 교재 · 교구는 놀이 활동을 자극시키는 매개체로서 놀이의 질을 결정하는 중요한 요인이다. 일반적인 놀이 영역에 준비되는 놀이자료는 〈표 4-1〉에 제시되어 있는 바와 같이 다양한 종류의 자료들이 제공된다.

교사는 놀이 자료를 선택하는 데 영유아의 발달적 측면을 신중하게 고려하여 다음과 같은 사항을 인식하고 운영하여야 한다.

(1) 놀이 자료의 균형

놀이 자료의 균형은 놀이의 질을 결정하는 중요한 요인이 된다. 교사는 고정된 놀이 자료의 제공으로 영유아의 놀이를 제한하기보다는 균형 있는 놀이 자료를 제공하여 신체, 인지, 사회 · 정서, 언어, 창의성 발달을 촉진하여야 한다. 프레스콧(Prescott, 1987)은 복잡한 자료 대 단순한 자료의 균형, 개방적 자료 대 폐쇄적 자료의 균형은 영유아의 놀이 참여를 높이고 영유아가 기관에서 '편안하고 순조로운' 하루를 보내는 데 영향을 미친다고 하였다.

복잡한 자료(complex materials)는 점토로 조각하기와 같이 다목적 용도로 사용되는 것을 말하며, 그림책과 같이 한 가지 혹은 약간의 용도로만 사용되는 것은 단순한 자료(simple materials)이다. 상품화된 놀잇감이 아닌 나무블록과 같이 영유아들이 자신들을 자유롭고 창의적으로 표현할 수 있는 것은 개방적 자료(open-ended materials)이며, 크기 순서대로 배열하는 서열자료와 같은 것은 폐쇄적 자료(closed materials)이다. 맥로이드(Mcloyd, 1986)도 역할놀이 소품과 같이 여러 가지 직업 또는 역할을 모방하기 위해서는 구조화된 자료뿐 아니라 상자, 카드보드 조각, 고무판 등과 같이 구체화되지 않은 자료 즉 비구조화된 자료를 균형 있게 제공하는 것이 풍부한 상상력을 이끌어내어 극놀이 영역에서 효과적으로 사용될 수 있다고 하였다. 이러한 놀이 자료는 어린 연령보다 5~6세 연령에서 더욱 효과적일 수 있다.

(2) 놀이 자료의 양

놀이 자료의 양은 영유아의 놀이의 흥미에 영향을 미치게 된다. 놀이를 선택했으나 놀이자료가 부족할 경우 다른 놀이를 선택해야 하거나 기다리게 되어 자유선택활동 시간에 배회하는 시간이 더 많아지게 된다. 이로 인해 놀잇감을 부수거나 빼앗는 등의 공격적인 행동이 일어나기 쉽다. 반대로 과도하게 제공되는 놀이 자료는 흥미를 잃게 하고 생각할 기회를 갖지 못하게 할 수 있으므로 피해야 한다. 교사는 배려하고 나누고 양보하는 친사회적 행동을 기를 수 있도록 적절한 놀이자료를 준비하는 것이 필요하다.

(3) 연령에 적합한 놀이자료

놀이 자료는 영유아의 연령을 고려하여 발달단계에 따라 다양하게 활용될 수 있는 놀이 자료를 마련해 준다. 어린 연령의 경우 적응기간인 학기 초에는 놀이 자료를 흥미 영역마다 가득 비치하지 않고 하나씩 새로운 놀잇감을 소개해 나간다. 또한 교사는 영유아의 발달 정도에 따른 개인차를 고려하여 풍부한 자극과 흥미를 촉진하는 다양한 수준의 놀이 활동을 제공한다.

(4) 생활주제와 연관된 놀이 자료

놀이 자료는 진행 중인 생활주제에 따라 직접적이고 구체적인 자료를 마련한다. 놀이 자료는 주제의 교육목표, 내용, 영유아의 흥미와 발달 정도를 고려하여 준비하고 주제의 변화에 따라 수시로 보완하거나 교체하여 영유아의 흥미를 지속시켜 주어야 한다. 특히 쌓기놀이 영역과 역할놀이 영역은 기본 놀이자료로 고정되는 것을 지양하고 새로운 주제와 연관된 놀이 자료를 풍부하게 제공해 주며, 흥미영역별로 서로 상호보완적이고 밀접한 관계를 이룰 수 있도록 하여야 한다. 이때 생활주제가 바뀔 때마다 모든 놀이 자료가 바뀌는 것이 아니라 그날의 일일주제에 적합한 새로운 교구를 준비하여 활동방법을 소개한다.

(5) 안전과 위생을 고려한 놀이 자료

무엇보다 놀이 자료는 안전과 위생을 고려하여 제공한다. 놀이자료는 매일 청결하게 관리되고 있는지, 날카로운 모서리나 파손된 것은 없는지, 부품이 빠져있는 것은 없는지, 내구성이 있는지, 사용하기에 크기와 무게가 적당한지 등을 고려하여야 한다. 또한, 지름 3센티 이하의 놀잇감과 자료는 질식의 위험이 있어 피하는 것이 좋고, 스티로폼 접시나 컵, 플라스틱 용품들은 사용하지 않는 것이 좋다(Sayre & Gallagher, 2001).

〈표 4-1〉 일반적인 놀이 영역과 놀이 자료

영역	놀이 자료의 예
쌓기놀이	• 다양한 블록: 종이 벽돌 블록, 단위블록, 공간 블록, 우레탄 블록 등 • 크고 작은 모형: 동물, 사람, 공룡 등의 인형이나 모형, 탈것(기차, 트럭, 레미콘, 구급차, 경찰차, 여객기, 운전대) 등 • 사회극 놀이 소품: 여러 종류의 가면, 교통 신호나 표지판 등 • 기타자료: 쌓기놀이에 도움을 주는 책, 그림 자료 등
언어	• 듣기 자료: 다양한 종류의 책, CD플레이어, 헤드폰, 카세트 레코드와 테이프 등 • 말하기 자료: 이야기꾸미기 자료와 융판, 그림 카드, 막대 인형이나 퍼펫, 인형극 틀, 녹음기, 마이크 등 • 읽기 자료: 종류별 책과 책꽂이, 그림책, 잡지류, 글씨가 적혀 있는 다양한 종류의 카드(침구 이름카드, 글자카드, 모래글자 카드) 등 • 쓰기 자료: 각종 필기구, 단어 카드, 컴퓨터와 프린터, 한글 고무 글자판과 스탬프, 잉크, 소형 화이트보드와 마커 펜, 가위, 펀치, 스테이플러 등
역할놀이	• 기본 가구: 거울, 쇼파, 유아용 탁자, 의자, 옷장 등 • 가족놀이: 인형류, 주방용품, 일상용품, 의류, 신발류, 열쇠, 우산, 가방, 빗, 넥타이, 머플러 등 • 교통기관놀이: 차표, 지도, 여행 소책자, 여행 가방 등 • 가게놀이: 모형과일, 시장바구니, 지갑 등 • 병원놀이: 의사 가운, 청진기, 바늘을 뺀 주사기, 붕대, 혈압기 등 • 기타: 주요소 놀이, 은행놀이, 방송국놀이, 서점놀이, 목욕탕놀이 등의 각종 역할 놀이 소품 등

영역	놀이 자료의 예
수 · 조작	• 구성활동 자료: 레고블록, 코코블록, 다목적블록, 꽃블록 등 • 수활동 자료: 일대일 대응, 분류, 비교, 서열, 부분과 전체, 무게와 부피 · 길이 측정, 공간과 형태 개념에 도움이 되는 교재 교구 등 • 조작 활동 자료: 퍼즐, 자물쇠 맞추기, 볼트와 너트 맞추기 등 • 일상생활 활동 자료: 옮겨 담기, 바느질, 끈 끼우기, 구슬꿰기, 단추 끼우기, 지퍼 올리기, 끈매기 등 • 게임 활동: 기억하기와 색깔 맞추기와 같은 간단한 게임, 로토 게임 등
과학	• 기본도구: 거울, 자석, 돋보기, 현미경, 프리즘, 전지, 온도계, 습도계, 관찰용지, 필기도구, 자, 저울 등 • 생명체 관련 자료: 식물, 자연물(나뭇잎, 열매, 씨앗, 솔방울, 조개껍데기 등), 동물(거북이, 금붕어, 햄스터, 병아리, 토끼, 개구리 등), 어항, 새장, 개미집, 동식물 관련 책, 표본 등 • 기계류: 시계(손목시계, 모래시계 등), 라디오, 텔레비전, 컴퓨터 등의 부속품, 열쇠와 자물쇠, 다양한 바퀴, 여러 가지 물체와 물질 등 • 자연현상 관련 자료: 기후관련 사진이나 그림, 기상도, 구름 사진이나 그림, 돌, 흙, 달, 별, 해 등의 사진이나 그림 등
음률	• 기본 교구: 녹음기, 헤드폰, 카세트테이프, 다양한 음악 테이프나 CD, 악보, 악기관련 사진, 각종 연주회나 춤 공연 등의 사진이나 동영상 자료 등 • 생활 속 악기: 젓가락, 냄비 뚜껑, 깡통, 빨래판, 체, 콩, 부채 등 • 우리나라 전통 악기류: 장구, 소고, 북, 꽹과리, 가야금, 피리 등 • 외국 악기류: 리듬 악기(탬버린, 캐스터네츠, 트라이앵글, 마라카스 등), 멜로디 악기(실로폰, 멜로디언, 키보드, 피아노 등) • 스카프, 리본, 작은 낙하산 등의 신체표현 도구나 음악 연주회나 춤 공연, 오페라 등에서 공연자가 입는 무대의상 등
미술	• 종이류: 도화지, 색종이, 색지, 골판지, 포장지 등 • 그리기 도구: 크레파스, 색연필, 볼펜, 물감, 먹물, 붓, 사인펜, 매직, 핑거페인트 등 • 만들기 도구: 가위, 풀, 테이프, 스테이플러, 펀치, 핑킹 가위 등 • 각종 자료: 찰흙, 고무 점토, 밀가루 점토, 나뭇가지, 나무젓가락, 빨대, 실, 솜, 스펀지, 수수깡, 자연물(솔방울, 돌, 나뭇잎, 조개껍데기, 깃털 등) 등 • 여러 가지 재활용품: 상자, 헝겊, 요구르트 병, 휴지말이 등

출처: 교육과학기술부 · 보건복지부(2013). 3~5세 연령별 누리과정 교사용 지침서.

4) 사전 경험 제공

교사는 영유아의 놀이를 풍부하게 할 수 있도록 놀이와 관련된 다양한 사전 경험을 제공하는 것이 필요하다. 영유아들이 놀이를 하는 이유는 현실적으로 실현될 수 없는 욕구들을 놀이를 통해 상상적이고 환상적으로 실현해 볼 수 있기 때문이다(Vygotsky, 1966). 그래서 영유아는 일상생활 속에서 경험하고 이해한 현실과 자신의 욕구를 놀이를 통해 반복적으로 재현함으로써 현실을 이해하고 확인하고자 하는 것이다. 특히 역할놀이를 수행하기 위해서는 놀이의 내용과 역할에 대한 다양한 정보를 이해하는 것이 필요하다.

예를 들어, 방송국놀이에서 다양한 방송국 관련 직업에 대한 기본 지식이나 사전 경험이 없다면 자신의 역할에 대해 어려움을 느끼게 되고 놀이에 대한 흥미를 잃게 될 것이다. 따라서 교사는 방송국, 미술관, 우체국, 시장, 도서관, 미용실 등 주제와 관련된 기관 견학 및 인사 초대, 동화 감상 및 동화책 제시하기, 그림이나 동영상 보며 이야기 나누기 등과 같이 다양하고 풍부한 사전 경험을 생활주제와 영유아의 발달수준을 고려하여 준비한다.

5) 환경 점검

영유아의 놀이 활동이 보다 차분하게 진행되도록 교사는 사전에 교실의 적정 온도, 환기, 조명, 안전 및 청결 등을 철저하게 환경 점검해야 한다. 교사는 교실 입구나 점검이 쉬운 장소에 자유선택활동을 위한 환경 점검표 〈표 4-2〉를 만들어 교실의 환경을 점검하도록 한다.

〈표 4-2〉 자유선택활동을 위한 환경 점검표

	점검사항	확인	비고
1	실내 공간은 청결한가?		
2	교실의 환기는 되었는가?		
3	교실의 채광은 적절한가?		
4	교실의 조명은 적합한가?		
5	교실의 온도는 영유아들이 놀이하기에 적절한가?		
6	책상, 교구장 위는 청결한가?		
7	놀잇감은 청결한가?		
8	놀잇감이 파손된 것은 없는가?		
9	놀잇감은 제자리에 정리되어 있는가?		
10	흥미영역별 공간이 영유아들이 활동하기에 적절한가?		
11	소음을 줄일 수 있는 카펫, 매트가 영역에 있는가?		
12	책상 또는 교구장 위에 위험한 도구는 없는가?		
13	전원 연결이 필요한 활동이 있는가?		

3 자유선택활동의 과정

자유선택활동은 놀이 계획, 놀이 선택 및 수행, 놀이 평가의 과정으로 이루어진다(교육과학기술부, 2009, 2013). 자유선택활동 시간이 효율적으로 운영되려면 역동적인 교사의 역할을 인식하는 것이 매우 중요하다. 자유선택활동의 각 단계별 과정에 따른 지도 내용을 제시하면 [그림 4-1]과 같다.

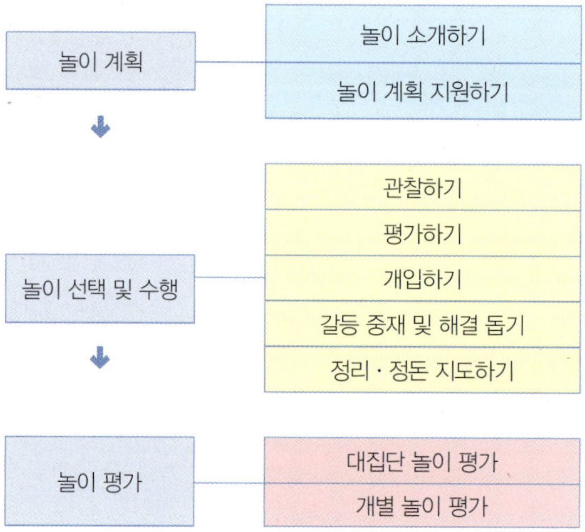

〔그림 4-1〕 자유선택활동의 각 단계별 과정에 따른 지도 내용

1) 놀이 계획

놀이계획은 영유아가 어느 영역에서 어떤 놀이를 하고 싶은지 계획하는 것을 말한다. 영유아 스스로의 놀이 계획을 통해 의사결정 능력, 자기의사표현 능력, 자율성 및 주도성, 책임감 등을 길러줄 수 있다. 놀이 계획이 이루어지려면 우선 영유아는 계획의 의미를 이해하고, 교실의 흥미영역에 준비된 놀이자료에 대한 놀이와 놀이방법에 대해 명확히 알고 있어야 한다. 이를 위해 교사는 다함께 모이는 시간에 준비된 놀이자료에 대해 소개를 하거나 영유아와 함께 교실의 흥미 영역을 둘러본 후 영유아가 "나는 어느 영역에서 어떤 놀이를 할까?"를 스스로 계획할 수 있도록 지도하여야 한다.

교사는 놀이의 본질인 내적 동기유발, 자율성, 선택권 및 놀이하는 즐거움 등을 염두에 두고 영유아의 개인적 흥미와 발달수준에 따라 자유롭게 놀이를 계획하도록 도와야 한다. 놀이계획은 연령을 고려하여 학기 초 적응기간이 끝나거나 학기 중반에 융통성 있게 시작할 수 있으며, 대집단과 소집단 또는 개별적으로 이루어질 수 있다. 영유아의 놀이 계획을 돕는 교사의 역할을 살펴보면 다음과 같다.

(1) 놀이 소개하기

홍미영역에 준비된 새로운 교구나 자료가 있을 경우 영유아들에게 놀이와 놀이방법을 소개함으로써 흥미와 동기를 유발할 수 있다. 교사는 흥미 영역에 새로 준비된 놀이 활동이 어떠한 것이 있는지 알려주기 위해 대집단, 소집단 또는 개별적으로 놀이 활동에 대한 방법을 소개한다. 놀이 소개는 새로 제공될 교구나 자료를 직접 보여주고 자료탐색, 놀이방법, 비치될 영역 안내 및 정리방법 순으로 소개한다. 이때 놀이자료의 위험성이나 안전 수칙도 자세하게 소개하여야 한다. 새로 소개되는 교구나 자료가 있는 경우 영유아의 관심과 기대감을 높이기 위해 교실 입구 게시판이나 지정된 장소에 그림이나 글로 안내할 수 있다.

(2) 놀이 계획 지원하기

놀이와 놀이방법을 소개한 후에는 교사는 영유아가 어떤 놀이를 할 것인지 계획을 하도록 지도한다. 놀이 계획은 학기 초, 학기 중, 학기 말로 나누어 교사의 세심한 배려 속에 이루어져야 한다. 어린 연령의 유아들은 스스로 놀이를 선택하거나 활동을 계획하기가 어려울 수 있으므로 개별, 반복 지도 과정을 통해 점진적인 자기 계획으로 이루어질 수 있도록 적절한 안내와 도움을 주어야 한다.

① 말로 표현하기

자유선택활동을 시작하기 전에 영유아가 자유롭게 선택한 자신의 놀이 활동에 대한 계획을 말로 표현하는 방법이다. 이는 유아교육기관의 놀이 활동에 익숙하지 않은 학기 초에 연령이 어린 유아들에게 많이 이루어지는 방법이다. 교사는 "오늘은 먼저 어떤 놀이를 하고 싶니?", "두 번째로는 어떤 놀이를 하고 싶니? 세 번째는?" 등의 질문을 통해 영유아가 자신이 선택하고 계획한 바를 교사에게 말하도록 한다(예:

저는 오늘 수 · 조작영역에서 목걸이를 만들 거예요. 그리고 역할 영역에 가서 미용실놀이를 할 거예요). 이때 교사는 영유아가 선택한 놀이 활동을 놀이계획표에 표시한다. 영유아가 점차 흥미영역별 놀이 활동에 익숙해지면 스스로 놀이계획 시간을 갖도록 한다.

② 흥미영역 표시판에 상징물 붙이기

대집단으로 놀이 활동을 소개하고 영유아가 하고 싶은 놀이를 흥미영역 표시판에 자신의 상징물(사진, 이름표)을 걸거나 붙이고 놀이하는 방법이다. 주로 놀이 영역 교구장 옆면에 참여할 수 있는 인원수만큼 상징물(사진, 이름표)을 걸거나 붙일 수 있도록 하여 흥미영역 내의 인원을 제한할 수 있다. 이는 영유아의 흥미, 참여도 등을 고려하여 융통성 있게 조절하도록 한다.

③ 학급 전체 놀이 계획판 활용하기

학급 전체 영유아가 영역별 놀이 계획판에 자신이 계획한 놀이를 표시하는 방법이다. 연령이 높은 유아의 경우 등원하는 대로 개별적으로 놀이계획을 하거나 혹은 대집단, 소집단으로 놀이계획을 한 후 자신이 계획한 영역에 상징물(사진, 이름표)을 붙여 참여하려는 놀이를 표시하게 된다. 놀이 계획판은 교사에게는 반 전체 영유아의 흥미영역에서의 놀이 현황을 파악할 수 있는 장점이 있으며, 영유아에게는 자신의 놀이계획과 친구의 놀이계획을 비교함으로써 이후 놀이를 계획해 볼 수 있다.

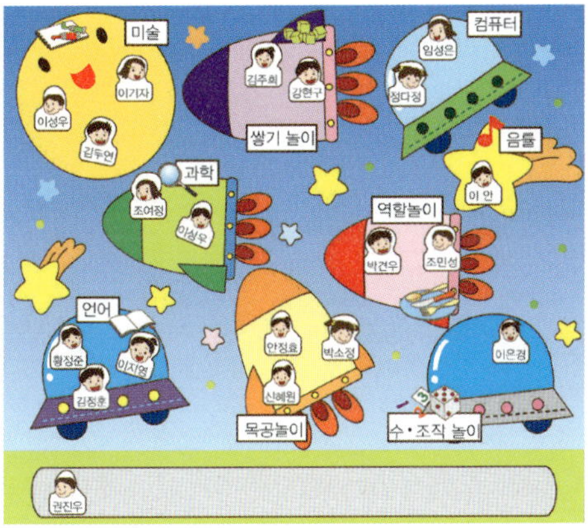

④ 개인별 놀이 계획 및 평가표 사용하기

놀이계획에 익숙해지는 학기 중간쯤부터 사용하면 효과적인 방법으로, 개인별로 자유선택활동 계획 및 평가표 용지를 사용하여 놀이 계획을 할 수 있다. 자유선택활동을 시작하기 전에 하고 싶은 놀이에 ○ 표시하고, 놀이가 끝난 후 평가란의 얼굴 표정 중 자신의 기분에 표시하는 방법이다. 놀이 계획 및 평가표 용지는 일일 놀이 계획 및 평가표, 주간 놀이계획 및 평가표 〈표 4-3〉, 〈표 4-4〉로 만들 수 있으며, 흥미영역은 그림이나 글로 표시한다. 놀이 계획 및 평가표 용지는 필기도구와 함께 상자나 바구니에 담아서 교실의 일정한 장소에 비치해 주고 사용하고 난 후 개인 파일에 보관하도록 한다.

〈표 4-3〉 일일 놀이 계획 및 평가표

자유선택활동 계획 및 평가표

날짜: ○월 ○일

영역		계획	평가
쌓기놀이			☺ 😐 ☹
역할놀이			☺ 😐 ☹
언어			☺ 😐 ☹
수 · 조작			☺ 😐 ☹
과학			☺ 😐 ☹
미술			☺ 😐 ☹
음률			☺ 😐 ☹

〈표 4-4〉 주간 놀이 계획 및 평가표

자유선택활동 계획 및 평가표

기간: ○월 ○일 ~ ○월 ○일

영역 / 요일	쌓기놀이		역할놀이		언어		수 · 조작		과학		미술		음률	
	계획	평가	계획	평가	계획	평가	계획	평가	계획	평가	계획	평가	계획	평가
월		☺ 😐 ☹		☺ 😐 ☹		☺ 😐 ☹		☺ 😐 ☹		☺ 😐 ☹		☺ 😐 ☹		☺ 😐 ☹
화		☺ 😐 ☹		☺ 😐 ☹		☺ 😐 ☹		☺ 😐 ☹		☺ 😐 ☹		☺ 😐 ☹		☺ 😐 ☹
수		☺ 😐 ☹		☺ 😐 ☹		☺ 😐 ☹		☺ 😐 ☹		☺ 😐 ☹		☺ 😐 ☹		☺ 😐 ☹
목		☺ 😐 ☹		☺ 😐 ☹		☺ 😐 ☹		☺ 😐 ☹		☺ 😐 ☹		☺ 😐 ☹		☺ 😐 ☹
금		☺ 😐 ☹		☺ 😐 ☹		☺ 😐 ☹		☺ 😐 ☹		☺ 😐 ☹		☺ 😐 ☹		☺ 😐 ☹
주간 누계														
의견														

교사는 학급 당 자유선택활동 일일 누계표 〈표 4-5〉와 주간 누계표 〈표 4-6〉을 작성하여 영역별 참여인원을 파악할 수 있다. 또한 영유아 당 학기별 자유선택활동 누계표 〈표 4-7〉을 작성하여 자유선택활동 계획 · 선택 및 수행 · 평가의 일치도, 만족도, 놀이태도, 선호 영역, 비선호 영역 및 교사의 의견을 기록하여 영유아 놀이지도의 참고자료로 활용한다.

〈표 4-5〉 자유선택활동 일일 누계표

자유선택활동 일일 누계

관찰일자: ○월 ○일 반: ________

시간	쌓기놀이	역할놀이	언어	수 · 조작	과학	미술	음률
10:00							
10:30							
11:00							
계							

〈표 4-6〉 자유선택활동 주간 누계표

자유선택 활동 주간 누계

반: ________

영역	쌓기놀이	역할놀이	언어	수 · 조작	과학	미술	음률
주간 누계							
의견							

〈표 4-7〉 학기별 자유선택활동 누계표

ㅇ 학기 자유선택활동 누계표

유아명: __________

월 영역	3월	4월	5월	6월	7월	누계
쌓기놀이						
역할놀이						
언어						
수 · 조작						
과학						
미술						
음률						

1. 자유선택활동 계획 · 선택 및 수행 · 평가의 일치도
   ① 일치 ② 대체로 일치 ③ 불일치

2. 자유선택활동에 대한 만족도
   ① 매우 만족 ② 만족 ③ 보통 ④ 불만족

3. 자유선택활동 시의 태도
   ① 적극적으로 활동에 임함.
   ② 주로 흥미 있는 활동에 집중해서 활동함.
   ③ 충동적이거나 산만한 편임.
   ④ 수동적이거나 배회하는 경향이 있음.
   ⑤ 기타:

4. 선호 영역:

5. 비선호 영역:

6. 교사의견:

2) 놀이 선택 및 수행

놀이 선택 및 수행은 영유아가 놀이 계획을 한 후 자신이 계획한 대로 놀이하는 것을 말한다. 영유아는 자신이 선택한 놀이에 의도했던 대로 집중하여 점차 발전된 놀이를 할 수 있다.

교사는 흥미영역을 돌아다니면서 놀이 과정을 관찰하고 놀이가 잘 이루어질 수 있도록 적절한 개입, 상호작용, 자료 첨가 등 다양한 방법으로 도울 수 있다. 영유아는 개별적인 흥미, 욕구, 관심에 따라 놀이하게 되므로 자율적이고 적극적인 학습이 이루어질 수 있으며, 다른 사람이나 교재·교구 등과 상호작용하는 가운데 자연스럽게 자기 조절과 양보, 질서, 배려 등의 사회적 기술을 익힐 수 있다. 놀이 선택 및 수행의 과정에서 요구되는 교사의 다양한 역할을 살펴보면 다음과 같다.

(1) 관찰하기

영유아의 놀이가 성공적으로 이루어지려면 교사의 관찰이 매우 중요하다. 교사는 흥미 영역별로 영유아의 수가 잘 분배되고 있는지, 계획한 대로 놀이에 잘 참여하고 있는지, 놀이의 지속시간은 어떠한지, 어느 영역에서 어떠한 놀이를 하고 있는지, 선호하는 놀잇감은 무엇인지, 안전하게 놀이를 진행하고 있는지, 놀이에 참여하지 못하는 영유아가 있는지, 놀이약속이 잘 지켜지고 있는지, 놀이 친구를 위협하거나 공격하는 영유아가 있는지, 혼자서 놀잇감을 독점하는 영유아가 있는지 등의 놀이상황을 면밀하게 관찰하여야 한다.

놀이상황에서 교사가 관찰해야 하는 사항은 다음과 같다(서농미, 2013).

- 혼자 놀이하는 영유아가 있는가?
- 혼자 놀이하는 영유아는 사회적 기술이 부족해서인가? 혼자 집중하여 놀고 싶은 것인가?
- 같은 놀이만 반복하는 영유아가 있는가?

- 같은 놀이지만 놀잇감의 사용이나 놀이 시의 언어적 표현에서 차이가 있는가?
- 교구를 창의적으로 사용하는가?
- 놀이에 참여하는 영유아의 기분은 어떠한가?
- 영유아의 놀이 유형은 어떤 유형인가(혼자놀이, 병행놀이, 연합놀이, 협동놀이/기능놀이, 구성놀이, 상상놀이, 규칙 있는 게임)?
- 영유아는 놀이 과정에 몰입하고 즐거워하는가?
- 영유아는 영역별 활동을 통해 무엇을 학습하고 있는가?
- 영유아는 놀이의 과정 그 자체를 즐기는가?
- 영유아의 우연한 놀이는 교육적 상황으로 연결할 수 있는가?
- 영유아는 안전하게 놀이하고 있는가?
- 다른 영유아의 안전을 위협하지는 않는가?

(2) 평가하기

교사는 놀이상황에서 놀이 행동을 관찰한 결과로 영유아의 놀이의 성향 및 발달 정도를 파악할 수 있다. 따라서 교사는 자유선택활동 시간에 관찰할 영유아를 선정하고 어떠한 놀이 상황을 관찰할 것이지 목적이나 주제를 정하며, 관찰시간 및 장면 등 체계적인 관찰계획을 세워 놀이를 관찰하고 기록하여야 한다. 관찰 내용의 기록은 일화기록, 관찰척도, 평정척도, 포트폴리오 등 다양한 방법으로 수행하되, 영유아의 실제 있는 그대로의 말과 행동을 정확하고 객관적으로 기술하여야 한다. 관찰기록을 할 때는 놀이 친구와의 관계나 상호작용도 함께 기록하여야 하며, 교사의 주관적인 해석이 개입되지 않도록 주의하여야 한다. 놀이 기록은 녹음, 녹화, 사진 등으로 다양하게 기록하고 분석한다. 영유아의 놀이행동과 발달의 변화를 주기적으로 파악하기 위해서는 학급의 인원수를 고려하여 놀이 관찰 및 평가가 이루어져야 한다. 교사의 놀이 평가는 놀이 활동 및 환경을 계획하고 준비하는 다음 날의 교육계획에 반영되는 자료가 될 뿐만 아니라, 놀이와 관련된 문제행동의 지도 전략을 세우기 위한 기초 자료로 삼을 수 있다.

(3) 개입하기

자유선택활동 시간은 영유아와 교사 간의 상호작용이 활발히 일어나고 다양하고 융통성 있는 교사의 역할이 요구되는 시간이다. 교사의 적절한 개입은 영유아의 발달을 촉진시킬 수 있다. 비고츠키(Vygotsky)에 의하면 영유아의 근접발달지대(ZPD)에 있는 경험들로 민감한 교사의 지도 하에 학습과 인지발달을 최대화할 수 있으며(Berk & Winsler, 1995), 놀이에서의 교사의 개입은 영유아 놀이를 지원하고 확장시킬 수 있다. 그러나 교사가 언제 어떠한 방법으로 개입하느냐에 따라 영유아의 놀이의 질에 영향을 미친다. 교사의 관찰을 통한 적절한 개입은 영유아에게 민감하면서도 상황에 따른 효과적인 상호작용으로 놀이를 풍부하게 하도록 도움을 줄 수 있으나 교사가 놀이에 무관심하거나 단지 지켜보기만 하는 소극적인 개입을 할 경우에는 영유아에게 부담을 안겨주어 놀이를 방해하는 결과를 가져오게 한다. 마찬가지로 교사가 지나치게 개입하거나 지시적이라면 영유아들은 놀이에 대한 흥미와 놀이 수준이 감소하게 된다(Frost, Wortham, & Reifel, 2005).

따라서 교사는 자유선택활동 시간에 놀이가 시작되면 영유아의 전반적인 놀이 행동을 세심하게 그리고 충분히 오래 관찰함으로써 교사의 놀이 개입 여부를 판단할 필요가 있다. 교사는 영유아들로부터의 단서에 민감하여야 하고 요청받지 않으면 놀이에 개입하지 않아야 한다(Bennett, Wood, & Rogers, 1997). 그러나 관찰 결과, 영유아들 간에 상호작용이 활발하게 진행되지 않는 경우, 또래 놀이에 참여하지 못하고 지켜보는 경우, 한 가지 활동만 계속하는 경우, 사회성 부족으로 혼자 노는 경우 등에는 놀이를 권유하거나 놀이 친구로 참여하여 영유아의 놀이를 지속시키고 보다 확장시키도록 도와야 할 것이다.

교사는 영유아들의 놀이에 참여하여 놀이친구가 되어 영유아의 흥미와 참여를 촉진하다가 문제가 해결되면 놀이에 방해가 되지 않는 상황에서 점진적으로 놀이에서 빠져나와야 한다.

(4) 갈등 중재 및 해결 돕기

영유아기는 자기중심적인 사고의 시기로 다른 사람의 요구나 관점을 이해하는 데 한계를 갖기 때문에 놀이를 하면서 반복적으로 갈등 상황에 직면하게 된다. 따라서 영유아들 간의 갈등은 자연스런 발달과정에서 일어날 수 있는 현상으로 다양한 유형의 갈등을 해결해 가는 과정에서 점차 자기중심적인 사고에서 벗어나 타인을 이해하고 수용하는 방법들을 배울 수 있는 긍정적인 가치가 있다. 영유아기는 자기조절 즉 충동과 정서의 조절, 사고와 행동에 대한 자기 안내(self-guidance), 사회적으로 책임감 있는 행동을 포함하는 일련의 복합적인 정신 능력의 발달에 있어서 결정적 시기이기 때문이다(Bronson, 2001; Kopp, 1991).

영유아들의 갈등의 원인으로는 생각, 사실, 정보에 대한 의견의 불일치 및 놀잇감, 공간, 역할과 관련된 소유분쟁, 제안 및 도움의 거부, 규칙 위반 등이다(엄정례, 1998). 영유아들은 갈등을 해결하기 위해 교사에게 이르기, 울기, 저항 및 신체적 공격 등의 부정적인 행동을 유발하기도 하고, 스스로 전략을 이용하여 갈등상황을 종결시키기도 한다. 교사는 관찰을 통하여 놀이 시 갈등이 일어났다면 편견을 갖지 않도록 주의하고, 갈등의 원인을 정확하게 파악한 후 갈등을 중재하거나 원만히 해결할 수 있도록 도와주어야 한다. 갈등을 최소화하기 위해 교사가 고려할 사항을 살펴보면 다음과 같다.

첫째, 각 영역이나 놀잇감 및 교재·교구의 특성에 따라 영유아와 함께 토의시간을 통해 규칙을 정하는 시간을 갖도록 한다. 규칙은 학기 초에 정하는 방법도 있고 활동을 하다가 어느 정도 시간이 지난 후 영유아들의 경험을 토대로 이야기하면서 약속을 정할 수도 있다.

둘째, 영유아들의 메타-메시지(meta-messages) 혹은 메타-커뮤니케이션(비언어적 의사전달수단)의 의미를 해석하려고 노력해야 한다. 이러한 단서들은 갈등의 원인이나 동기를 파악할 때 도움이 될 수 있다. 특히, 영유아들의 거친 신체놀이(rough and tumble)를 폭력적 대립인 싸움으로 확대하기보다 건강하고 안전한 운동으로 놀이하면서 웃고 즐기는 놀이로 해석하는 데 중요한 기법이 될 수 있다.

셋째, 갈등이 일어났을 때 교사가 직접 개입하여 문제를 해결하기보다는 영유아 스스로 문제해결을 위한 대안을 만들어내어 영유아의 사고를 확장시킬 수 있는 기회를 주도록 해야 한다.

넷째, 만일 교사가 개입을 해야 하는 상황이라면 교사의 판단과 권위로 힘을 행사하여 교사 주도적으로 갈등 상황을 중재하여 종결하기보다는 영유아가 자신의 감정을 표현하는 방법과 기회를 제공하고 다른 사람의 감정 인식 등 바람직한 해결 방안을 안내함으로써 스스로 방법을 찾을 수 있도록 지도해야 한다.

다섯째, 갈등의 원인을 즉각적으로 제거하고 관련된 대안을 제시하되, 갈등이 반복적으로 지속될 때는 문제 상황 및 갈등의 근본적인 원인을 해소해 주어야 하며, 나아가 부모와의 적극적인 협조관계를 구축하는 것이 바람직하다.

다음의 〈표 4-8〉은 교사의 개입이 필요한 갈등 상황과 개입방법을 정리한 것이고, 〈표 4-9〉는 쌓기놀이 영역에서의 갈등 상황과 교사 개입의 예를 정리한 것이다.

〈표 4-8〉 개입이 필요한 갈등 상황과 개입방법

갈등상황	• 영유아의 행동에서 신체적인 공격(때리고, 물고, 물건을 던지는 등)이 나타날 때 • 영유아의 행동이 통제되지 않을 때 • 영유아가 울거나 비명을 지를 때 • 영유아의 싸움이 계속해서 지속될 때
감정표현	• 갈등 상황이 왜 발생했는지 갈등의 원인과 상황에 대해서 이야기한다. "○○야, 무슨 일이니?" "왜 그랬는지 ○○가 이야기해 볼까?" "○○가 말하고 싶을 때까지 기다려 줄게." • 갈등에 관련된 모든 영유아들에게 이야기할 수 있는 기회를 준다.
감정인식 · 감정이입	• 꾸짖거나 비난하거나 창피를 주지 말고 영유아가 한 말을 수용한다. "그런 일이 있었구나." • 영유아들이 자신의 감정을 이야기하게 하고, 교사는 영유아의 감정에 대해서 감정이입을 한다. "○○는 정말 속상했겠구나.", "○○는 아파서 울었구나." • 다른 친구의 감정은 어떠할지 상대방에게 감정이입을 할 수 있게 한다. "○○가 그렇게 행동하면 ○○의 마음은 어떨까?"
문제해결	• 갈등 상대와 화해할 수 있는 방법을 모색한다. "○○와 ○○는 친구였지? 그러면 어떻게 하면 좋을까?"

출처: 조운주, 최일선(2013).

〈표 4-9〉 쌓기놀이 영역에서의 갈등 상황과 교사 개입의 예

상황: 집을 짓다가 놀잇감이 모자라 다른 친구가 쓰고 있는 것을 빼앗기 위해 부순 경우
원인: 쌓기 놀잇감이 부족하다.

철수: 네가 모든 놀잇감을 다 가지고 있으니까 내가 아무것도 만들 수가 없잖아.
영희: 다른 것으로 만들면 되는 거지, 왜 내가 만든 것을 부수니?
교사: 무슨 일이니?
영희: 철수가 제가 만든 것을 다 부수어 버렸어요.
철수: 영희가 혼자만 놀잇감을 다 쓰잖아요.
교사: 영희가 혼자만 썼니? 영희야, 유치원에 있는 물건은 나누어 쓰기로 약속한 것 기억하니?
영희: 아니에요. 철수도 많이 가지고 있었는걸요.
철수: 아니야, 네가 더 많이 가졌잖아. 나는 긴 막대가 꼭 필요했단 말이야.
교사: 철수야, 네가 멋진 길을 만들었는데, 친구들이 긴 막대가 필요하다고 네가 만든 것을 다 부수어 버리면 기분이 어떻겠니?
철수: 속상하죠.
교사: 그렇지. 그럼, 영희의 기분이 어땠을까?
철수: 속상했겠죠.
교사: 그럼, 네가 긴 막대가 필요했을 때 영희를 속상하게 하지 않고 얻을 수 있는 다른 방법은 없었을까?
영희: 말로 하면 되잖아요.
철수: 말로 했는데, 네가 안 줬잖아.
영희: 나도 필요한데 그럼 어떻게 해.
교사: 놀잇감이 부족했던 모양이구나.
철수 · 영희: 네. 길을 만들려면 많이 모자라요.
교사: 선생님이 확인을 해보고 더 내어줄 수 있으면 더 내어줄게. 그런데, 그럴 수 없으면 어떻게 하지? 어떻게 하면 부족한 놀잇감을 함께 쓸 수 있을까?
철수: 똑같이 나누어 써요.
영희: 같이 힘을 합쳐서 하나를 만들면 되잖아요.
교사: 그렇구나. 똑같이 나누어 쓸 수도 있고, 함께 만들 수도 있겠구나. 철수랑 영희랑 모두 그렇게 나누어 쓸 수 있겠니?
철수 · 영희: 네.
교사: 영희야, 이제 기분이 좀 풀렸니?

영희: 아직도 속이 상해요.
교사: 철수야, 영희의 기분을 풀어줄 방법이 있을까?
철수: 미안해.
영희: 괜찮아.
교사: 그러면 이제부터 무엇을 만들 거니?
철수: 우리 같이 길 만들래?
영희: 그래, 좋아.

출처: 교육인적자원부(2001).

(5) 정리 · 정돈 지도하기

놀이선택 및 수행 단계에서는 가지고 놀던 놀잇감을 정리 · 정돈하는 과정까지도 포함한다. 자유선택활동 시간이 끝난 후에는 영유아 스스로 놀이 공간을 깨끗이 하는 기본생활습관과 책임감을 키워주기 위해 다음과 같이 지도한다.

① 교사는 놀이 시간이 종료되기 5~10분 전에 종을 울리거나 악기를 사용하여 정돈을 해야 하는 시간임을 미리 알려주어 놀이를 마무리할 수 있도록 한다.

② 교사는 교구장의 교구 바구니마다 놀잇감의 사진을 붙여놓거나 교구장 선반 바닥에 글씨나 사진을 붙여놓아 영유아의 입장에서 정리와 정돈이 쉽도록 해준다. 영유아들이 정리하는 동안 그동안 배운 노래를 CD 플레이어로 틀어주거나 피아노로 연주하여 따라 부르며 즐거운 시간이 될 수 있도록 해줄 수 있다.

③ 쌓기놀이나 역할놀이처럼 놀잇감이 많고 여러 명의 영유아들이 놀이를 한 경우 서로 정리에 대한 책임을 회피하기 쉬우므로 영유아 스스로 참여할 수 있도록 내적 동기를 유발하는 지도방법과 전략이 우선되어야 한다.

④ 정리가 먼저 끝난 영유아들은 다른 친구들의 정리를 도와주도록 격려하고 교실 내 영역별로 사용했던 책상과 의자, 책상 위나 바닥에 떨어진 쓰레기 등을 협력하여 정리하도록 한다. 이때 교사는 정리활동에 참여하여 도움을 줄 수 있으나 영유아들이 책임감을 가지고 마무리를 하도록 지도한다.

3) 놀이 평가

놀이 평가는 놀이 후에 이루어진다. 교사는 영유아가 자신이 놀았던 놀이를 회상하며 놀이 계획과 관련지어 어느 영역에서 어떤 놀이를 어떤 방식으로 놀았는지 말해볼 수 있도록 한다. 평가하기 경험은 영유아 스스로 놀이의 내용과 방법의 질을 확장해 가는 데 도움이 되며, 자신의 선택과 책임에 대해 생각하게 해준다. 또한, 계획한 놀이를 실행하는 경험을 통해 계획과 실행의 일치도를 높이고 자신이 선택한 놀이 활동에 몰입하고 마무리하는 능력을 기를 뿐 아니라 자기조절능력, 의사소통능력 및 발표력을 증진시키는 기회가 된다(이숙재, 2014).

교사는 놀이 평가에 지속적으로 관심을 가지고 영유아 자신의 놀이 경험을 놀이 계획과 관련지어 평가할 수 있도록 적절한 질문과 대화로 이끌어 주어야 한다. 놀이 평가를 형식적으로 하기보다 즐겁게 참여하도록 하기 위해서는 영유아의 발달수준에 따른 개별화된 지도를 통하여 자유선택활동 시간에 대한 의미 있는 계획-선택 및 수행-평가의 과정이 되도록 지도하여야 한다. 교사는 영유아의 평가를 토대로 영유아의 흥미 영역의 선호도 및 놀이의 선호도를 파악할 수 있으며, 이후 자유선택활동 시간의 계획 및 준비를 위한 기초자료로 활용할 수 있다. 놀이 평가는 대집단 놀이 평가나 개별놀이 평가로 실시할 수 있다.

(1) 대집단 놀이 평가

대집단 놀이 평가는 반 전체 영유아가 모두 모여 놀이 활동을 회상해 보고 놀이에 대한 느낌과 생각을 발표해 보도록 하는 방법이다. 모든 영유아가 놀이 평가에 참여하기 위해 유아들과 함께 발표 순서를 정해 놓는 것도 좋다. 발표는 자신의 놀이 경험을 회상하며 이야기해 보기, 자신이 만든 작품이나 재미있었던 놀잇감을 가지고 나와서 발표하기 등 영유아 연령과 시기(학기 초, 학기 중, 학기 말)에 맞게 적절한 방법을 활용한다.

교사는 오늘 무슨 놀이를 했는지, 놀이하면서 기분은 어땠는지, 계획했던 대로 놀이를 했는지, 계획대로 해보지 못했다면 그 이유는 무엇인지, 계획 안한 영역에서도 놀았는지, 어떤 활동이 재미있었는지, 친구와 함께한 활동은 어떠했는지, 놀이를 통해 새로 알게 된 점은 무엇인지 등에 관해 발표할 수 있도록 한다. 친구들의 놀이 평가를 통해 영유아는 내가 해보지 못한 활동에 대해 관심을 갖게 되어 자신의 놀이 활동을 계획하는 데 도움을 받을 수 있다. 또한 친구들과의 놀이 관계에서 발생한 즐거움을 공유할 수 있을 뿐 아니라 홍미 영역에서 놀잇감 및 교재·교구 등을 다루는 데 필요한 규칙을 이야기해 보거나, 홍미 영역별로 활동이나 교구의 특징, 장소의 크기 등을 고려한 적정 인원 수 제한 등 발생할 수 있는 갈등과 문제를 함께 토의해 보는 시간이 될 수 있다.

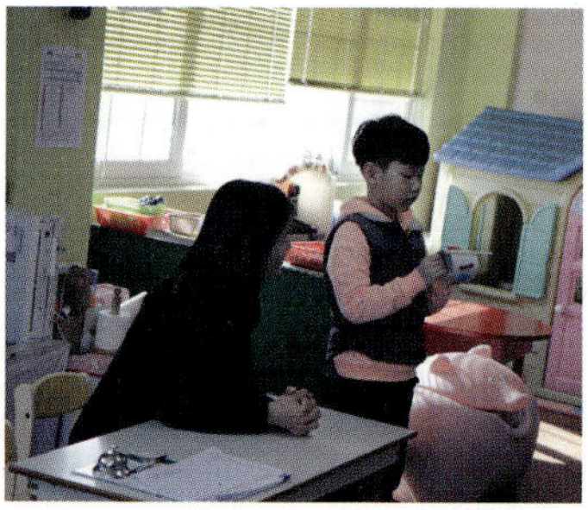

(2) 개별놀이 평가

개별놀이 평가는 영유아가 놀이계획 및 평가표를 사용해서 개별적으로 표시하는 방법이다. 개별놀이 평가는 학기 초보다 대집단 평가가 어느 정도 익숙해지면 개별적으로 평가해보도록 하는 것이 좋다. 평가는 평가란의 얼굴 표정 중 자신의 기분에 표시하기, 활동한 영역에 색칠하기, 그림으로 표상하기, 글로 써보기 등 개별 영유아의 수준에 맞는 다양한 평가방법을 적용할 수 있다. 교사는 영유아와 함께 놀이계획 및 평가표를 살펴보고 계획대로 놀이를 했는지, 계획대로 해보지 못했으면 그 이유는 무엇인지, 어떤 활동이 재미있었는지, 기분은 어땠는지 등을 물어보면서 자유선택활동의 놀이 과정에 대해 이야기를 나눈다. 그림으로 표상하는 경우 교사는 영유아의 이야기를 그대로 기록해 준다.

교사가 매일 모든 영유아와 개별놀이 평가의 시간을 갖기는 현실적으로 매우 어려운 일이다. 따라서 영유아의 발달수준에 따라 집단을 나누어 인원수를 조절함으로써 개별적으로 평가 시간을 갖도록 한다.

토의과제

1. 유아교육기관을 방문하여 놀이시간, 놀이공간, 놀이자료, 환경 점검 등에 대해 조사해 봅시다.

2. 자유선택활동을 위한 교사의 계획 및 준비에서 사전경험으로 제공할 수 있는 사례에 대해 토의해 봅시다.

3. 자유선택 활동 시 영유아 간 갈등에 따른 교사의 갈등 중재 및 해결돕기에 대해 토의해 봅시다.

4. 교사의 개입방법에 대해 토의해 봅시다(놀이 권유하기, 놀이 친구로 참여하기).

5. 유아교육기관에서 실행하고 있는 자유선택활동에 대한 교사의 평가는 어떠한 방법으로 이루어지고 있는지 조사해 봅시다.

6. '새로 쓰는 장난감 이야기(KBS)'를 시청한 후 놀이 자료의 적절성에 대해 토의해 봅시다. (http://www.kbs.co.kr/special/<wbr />vod/1317201_3239.html)

chapter 5. 실내 · 외 놀이 환경

학습목표

- 영유아의 놀이 발달수준을 높이고 활성화하기 위하여 실내놀이 환경구성을 준비할 수 있다.
- 영유아의 놀이 발달수준을 높이고 활성화하기 위하여 실외놀이 환경구성을 준비할 수 있다.

주요용어

놀이환경
실내놀이 환경구성
실외놀이 환경구성

1 놀이환경의 중요성

영유아기는 성장과 발달의 속도가 빠르고 주위환경에 민감하여 발달의 결정적인 시기에 있으므로 이 시기의 놀이 환경은 영유아의 성장과 발달에 많은 영향을 미친다. 영유아에게 어떠한 환경을 제공해 주는가에 따라서 놀이가 활성화되기도 하고 억제되기도 한다. 따라서 영유아중심 프로그램에서 환경은 교육과정의 기본적인 주축이 될 수 있다. 놀이 환경이란 넓은 의미로는 물리적, 인적, 심리적, 시간적 환경을 포괄하는 개념이나 여기서는 교육 · 보육 공간과 놀잇감을 중심으로 한 물리적 환경에 중점을 둔다. 질적으로 우수한 물리적 환경이 제공된 곳에서 영유아들은 놀이에 집중할 수 있으며 다양한 놀이 활동을 통해 전인적 발달을 촉진시킬 수 있다. 물리적 환경이 우수한 기관의 영유아들은 다양한 상상놀이를 더 많이 하고 그렇지 않은 기관의 영유아들은 제한된 놀이를 하며, 놀잇감 부수기, 갈등, 다툼 등의 행동을 더 많이 하는 것으로 나타났다(양옥승, 나은숙, 2005). 따라서 수준 높은 영유아 교육 프로그램이 진행되기 위해서는 쾌적하고 안전하며 위생적이고 교육적 기능을 할 수 있는 환경이 구성될 수 있도록 구체적이며 확실한 계획이 이루어져야 한다.

영유아를 위한 놀이환경을 계획하는 데 있어 중요한 측면은 환경을 조직하는 것(organizing)과 놀잇감을 제공하는 것(resourcing)으로 구분되는데 놀이 환경을 조직하는 것과 관련해서 다음과 같은 부분을 고려해야 한다(NCCA, 2015).

첫째, 하나의 대집단 영역을 구성하기보다는 여러 개의 흥미영역을 구성한다. 다양한 유형의 놀이가 진행될 수 있도록 흥미영역별로 구성하면 영유아는 놀이를 선택할 수 있게 된다.

둘째, 영유아가 친구들과 어울릴 수 있는 사회적인 공간뿐 아니라 혼자서도 놀 수 있는 공간도 마련한다. 큰 상자, 통 등을 이용해서 혼자 즐길 수 있는 공간을 마련해 주거나 조용한 코너 혹은 앉아서 쉴 수 있는 공간을 마련해 준다.

셋째, 실내외 공간의 접근성이 좋아야 하고 실내에서도 실외에서 노는 영유아들을 잘 볼 수 있도록 창문을 낮게 설비하는 것이 바람직하다.

넷째, 영유아의 작품을 유아가 볼 수 있는 위치에 전시하고 영유아의 이름과 날짜를 기록해 둔다.

다섯째, 실내외에 창고를 마련하고 놀이에 필요한 자료들을 일정한 장소에 두어 영유아들이 쉽게 찾고 보관할 수 있게 하고 정규적으로 청소시간을 정해 공간이 너무 어수선해지지 않게 한다.

2 실내 놀이 환경

교실공간의 구성을 중심으로 설명되는 실내 공간은 영유아들이 제일 오랜 시간을 보내는 곳으로 유아교육기관 환경 중 가장 핵심적인 공간이다. 그러므로 즐겁고 안전하며 편리하게 활동할 수 있도록 구성되어야 하며 영유아가 놀이를 하는 동안 의미 있는 경험을 형성하도록 효과적으로 구성되어야 한다. 영유아기에는 연령에 따라 발달과 놀이에 있어 상당한 차이를 보이기 때문에 놀이 환경의 구성원리와 구체적인 영역별 특성을 영아와 유아로 나누어 살펴볼 필요가 있다(보건복지부 · 육아정책연구소, 2013).

1) 영아를 위한 실내 놀이 환경

(1) 환경구성의 원리

영아를 위한 환경은 가정과 같은 분위기로 편안하고 안전하며, 영아의 발달에 적합하도록 구성되어야 하며 환경구성의 원리는 다음과 같다(보건복지부, 2013).

① 건강과 안전

영아의 건강과 안전을 최우선으로 고려한다. 쾌적하고 위생적인 공간과 설비, 놀잇감이 마련되고 지속적으로 청결하게 관리되어야 한다.

② 정서적 안정감

정서적 안정감을 줄 수 있어야 한다. 집과 같이 포근하고 편안하게 느껴지도록 환경을 구성한다. 또한 영아가 안락하게 쉴 수 있는 휴식공간을 갖춘다.

③ 움직임과 이동성의 욕구

움직임과 이동성을 확보한다. 공간은 영아가 탐색하며 활동할 수 있을 만큼 충분히 넓어야 한다. 또한 걸음마를 배우고 활동성이 증가하는 영아의 발달 특성을 고려한 공간배치가 필요하다.

④ 탐색적 욕구

탐색과 발견의 기회가 마련되어야 한다. 영아의 특성을 반영하여 탐색과 놀이가 충분히 이루어지도록 다양한 놀이영역을 구성한다.

⑤ 균형성

영아의 일과를 고려하여 일상생활 영역과 놀이영역을 함께 구성한다. 영아에게는 수유, 낮잠, 기저귀갈이 등 일상생활을 위한 공간이 필요하다.

(2) 실내 환경 구성

영아를 위한 실내 놀이영역 구성은 일상생활영역과 놀이영역으로 구성된다. 영아를 위한 실내 환경은 놀이공간과 더불어 비품 정리 공간, 휴식을 위한 공간, 수유 및 기저귀 갈이를 위한 공간 등의 일상생활 영역이 필요하다. 보건복지부(2013)는 영아를 위한 실내 환경 구성을 다음과 같이 제시하고 있다.

〈표 5-1〉 영아를 위한 실내 환경 구성

영역 \ 연령	0세	1세	2세
일상생활 영역	수유	수유	–
	기저귀 갈이	기저귀 갈이	–
	–	식사 및 간식	식사 및 간식
	–	–	화장실
놀이 영역	신체	신체	신체
	언어	언어	언어
	감각 · 탐색	감각 · 탐색	감각 · 탐색
	–	역할 · 쌓기	역할 · 쌓기
	–	–	미술
	–	–	음률

① 일상생활 영역

가. 개인 사물함

개인 사물함은 영아의 겉옷, 여벌옷, 기저귀 가방, 개인소지품이나 일과 중 만든 물건 등을 보관 정리하기 위하여 설치한다. 영아들은 스스로 하고자 하는 욕구가 강한 시기이다. 영아가 스스로 옷을 입고 벗고 정리하며, 자신감을 기르고 자기 것에 대한 소유감을 갖도록 사물함은 영아가 쉽게 접근하여 이용할 수 있도록 구성하는 것이 바람직하다. 사물함이나 개인 서랍에는 영아의 이름과 사진을 부착하여 영아가 자기 것을 구분할 수 있도록 돕는다. 이와 더불어 각 영아의 상태를 기록하거나 교사와 부모와의 의사소통을 위해 수첩 등을 비치한다.

나. 휴식 영역

영아에게는 자신의 집과 같은 안정되고 편안한 공간이 필요하다. 편안한 의자나 쿠션, 카펫 등을 마련해 주어 영아가 아늑함과 부드러움을 느낄 수 있도록 구성하고 교사가 쉬고 있는 영아를 언제나 쉽게 관찰할 수 있는 곳에 마련한다. 0~1세 영아의 경우 다른 연령에 비해 더욱 충분한 낮잠이 필요하므로 개별 영아의 필요에 따라 자유로이 이용할 수 있는 휴식 공간이 필요하며, 영아가 누워서 볼 수 있는 곳에 모빌을 설치하거나 영아가 안정감을 느끼도록 선호하는 인형이나 애착물을 함께 두는 것도 좋다. 반면 2세 영아는 긴 낮잠을 자기도 하고 기분이 좋으면 자지 않으려 할 수도 있다. 따라서 다른 활동영역과는 분리된 조용하고 편안한 휴식공간이 될 수 있도록 구성해야 한다. 하지만 휴식공간을 별도로 마련하기 힘든 경우에는 놀이 공간 중 의사소통을 위한 영역을 이용하여 휴식을 취할 수도 있다.

다. 수유 영역

개별적 수유 시간표에 맞추어 수유할 수 있도록 마련한 영역으로 항상 청결해야 하고 영아가 우유를 먹을 때는 눈을 마주보고 상호 작용하여 영아를 친숙하게 자극하는 기회로 활용하여야 한다. 영아가 먹은 것과 양을 표시해 둘 일일 수유 및 이유식 기록표를 비치하여 영아의 수유 양을 기록해 두어야 한다. 또한 영아의 발달특성을 고려하여 위생적이고 편안한 수유 및 식사를 위한 공간의 확보에 노력을 기울여야 한다. 우유병과 젖꼭지는 사용할 때마다 소독해야 하는데 매번 소독하기 어려운 경우에는 소독된 우유병과 젖꼭지를 넉넉히 준비해 두고 우유는 냉장고에 보관하고, 분유는 습기 차지 않도록 건조하고 서늘한 곳에 두는 것이 바람직하다.

라. 기저귀 갈이 영역

영아의 개별 생리적 리듬에 따라 기저귀를 갈아 주고 청결하게 씻겨 주기 위한 영역이다. 기저귀 갈기는 영아와 교사 간 긴밀한 상호작용이 이루어지는 중요한 시간이며 이동안 교사와의 언어적 상호작용을 통해 영아의 언어발달을 촉진할 수 있는 시간이기도 하다. 기저귀 갈이 영역은 일의 처리를 신속하게 할 수 있어야 할 뿐 아니라 교사와 영아 간의 상호작용과 사회적 놀이를 할 수 있는 곳임을 인식해야 한다. 필요하다면 영아용 이동식 변기도 사용할 수 있다. 기저귀 갈이 영역은 수유 영역과 떨어진 곳에 배치하고 기저귀를 가는 동안 영아가 탐색할 수 있도록 거울이나 모빌 등을 설치하여 정서적으로 편안함과 따뜻함을 느낄 수 있도록 배려하여야 한다. 영아를 눕히기에 적당한 크기로 청소하기 쉬운 마감재를 사용한 매트를 사용하고 기저귀를 갈아 준 후 바로 씻기와 닦기 등의 위생처리가 가능하도록 한다.

마. 간식 및 식사 영역

간식 및 식사 영역은 음식을 먹으면서 교사와 또래가 함께 이야기 나누며, 상호작용 하는 영역이다. 따라서 이 영역은 특히 위생에 유의하여 항상 청결한 상태를 유지해야 한다. 영아들은 활동적이고 쉽게 산만해지기 쉬워 음식을 엎지르거나 떨어뜨리는 일이 빈번히 발생하기 때문에 쉽게 닦을 수 있는 재질의 바닥과 도구가 배치되어야 한다. 식탁에 앉아 혼자 먹기가 가능하므로 또래 영아가 함께하는 소집단으로 친밀한 식사 공간을 구성할 수 있도록 낮은 책상을 이용하고 가능하면 스스로 배식할 수 있도록 낮은 조리대나 급식대를 배치하는 것이 좋다. 영아들이 빈번하게 지나다니거나 활발하게 놀이하는 곳과 떨어진 장소의 책상을 활용하고 간식 전과 후에는 물휴지나 행주로 책상을 깨끗이 닦아 항상 청결한 상태가 유지되도록 유의하여야 한다.

바. 화장실

배변 훈련을 시작하는 영아를 위한 화장실의 물리적 시설은 배설에 대한 긍정적인 감정을 갖게 하는 데에 중요한 역할을 한다. 따라서 밝고 매력적이며, 상쾌한 느낌을 줄 수 있어야 하며 영아가 미끄러지지 않도록 바닥에 미끄럼 방지처리를 함으로써 안정성을 갖추어야 한다. 특히 2세 영아는 일상생활 중 옷 입기, 손 씻기, 배변 등 자조기술이 필요한 부분에서 혼자서 스스로 하려는 경향을 보인다. 영아가 혼자 할 수 있도록 화장실에서 변기를 사용하는 방법, 세면대에서 손 씻는 순서와 방법 등을 사진이나 그림으로 안내해 주면 좋다. 영아의 신체크기에 맞는 변기를 제공함으로써 스스로 할 수 있는 자신감과 독립심을 조장할 수 있어야 한다. 이동용 변기를 사용할 경우에는 항상 변기가 깨끗하게 비워져있어야 한다. 화장실 문은 영아에게 불안과 공포감을 주지 않도록 앞뒤로 움직이거나 격자 모양의 문을 다는 것이 바람직하며 폐쇄장치가 없어야 한다.

② 놀이 영역

가. 신체 영역

다양한 신체활동이 일어날 수 있는 환경을 제공하여 대근육 발달을 돕는 영역이다. 영아들은 움직임에 대한 욕구가 강하고 끊임없이 움직인다. 영아기는 신체 및 운동 기능의 발달과 협응이 급격한 성장을 보이는 시기이므로 일상생활을 통해 자연스럽게 다양한 대근육 활동을 할 수 있는 환경을 구성할 필요가 있다. 영아들은 신체 조절력이 완전하지 않기 때문에 떨어지거나, 미끄러지는 등 안전사고가 빈번히 일어날 수 있으므로 시설의 종류, 높이, 바닥 재질, 모서리 등을 고려하여 설치하도록 한다. 1세 영아들은 걷기 시작하면서 활동의 범위가 넓어지기 시작하나 스스로의 조절력은 충분하게 발달하지 못하기 때문에 안전사고가 일어나기 쉬우므로 공간 구성 안에 이에 대한 배려가 필요하다. 만 2세가 되면 신체의 움직임이 민첩해지고 신체활동을 더 즐기게 되므로 보다 넓은 대근육 활동 영역이 필요하다.

〔그림 5-1〕 신체 영역

나. 언어 영역

영아는 간단한 의미의 언어를 이해하고 말하기를 시작한다. 따라서 이 시기의 영아에게는 다양한 자료를 통해 새로운 어휘를 익히고 자신의 생각과 경험을 다양한 방법으로 표현해 보며, 다양한 듣기 경험을 통해 말하기를 익힐 수 있는 환경을 구성해 주어야 한다. 감각책, 그림책뿐만 아니라 인형이나 그림, 사진 같은 다양한 자료를 준비하여 언어적 상호작용이 빈번하게 일어날 수 있도록 한다. 또한 영아용 책꽂이에 그림책을 비치할 경우에는 글을 모르는 영아의 특성을 고려하여 책의 앞면을 볼 수 있도록 정리하고 책을 읽거나 놀이를 하면서 영아와 교사가 편안한 느낌을 경험하도록 아늑한 분위기의 공간이 될 수 있도록 배려한다. 벽면에는 칠판이나 커다란 전지를 붙여주고 분필, 크레파스, 색연필, 사인펜 등을 비치하여 영아의 끼적거리는 활동을 격려한다. 카세트와 녹음기, 마이크 등을 이용하여 자신의 말소리를 녹음하고 듣는 등의 말하기와 듣기 경험을 확장하도록 한다.

〔그림 5-2〕 언어 영역

다. 감각 및 탐색 영역

영아는 보고, 듣고, 만지고, 냄새 맡고, 맛보는 오감을 이용하여 자신의 환경을 탐색한다. 교사는 영아가 사물을 관찰하고 조작하면서 소근육과 눈의 협응력을 발달시킬 수 있는 놀잇감으로 밝은 색상, 대비가 분명한 것, 단순한 디자인, 두드러지는 특징이 있는 놀잇감을 선별하여 제공하여야 한다. 누워있는 영아에게는 모빌, 딸랑이 등을, 앉거나 이동하기 시작하면서는 쌓기 상자, 통 안에 모양 맞추어 넣기, 작동에 따라 소리 나는 놀잇감 등 그 범위를 넓혀간다. 손과 눈의 협응과 소근육의 발달이 이루어지고 정교해지는 시기로 다양한 조작놀이 경험을 충분히 할 수 있도록 배려한다. 다만 영아들은 작은 조각을 입에 넣는 경우가 많으므로 적당한 크기의 것만을 제공하여야 하며, 입에 넣고 빨기를 빈번하게 하는 발달적 특징이 있으므로 유해한 성분이 없는 재질의 것인지를 확인해야 한다. 또한 동식물에 관심을 가지기 시작하므로 실내에서 기를 수 있는 동물이나 식물, 주변의 다양한 자연물 등을 관찰할 수 있는 공간을 마련해 주어도 좋다.

〔그림 5-3〕 감각 및 탐색영역

라. 역할 및 쌓기 영역

역할 영역은 현실에 존재하는 역할뿐만 아니라 가상의 역할을 놀이로 경험해 봄으로써 자연스럽게 사회성을 기를 수 있게 되는 장소이다. 이 시기는 상징놀이가 크게 확대되는 시기이므로 영아의 창의적 표현 능력을 길러줄 수 있는 다양한 소품을 제공해 주고 충분한 공간을 확보하여야 한다. 쌓기 영역은 활동적인 놀이가 이루어질 수 있도록 충분히 넓은 공간을 확보해야 하고, 소음과 안전사고의 위험을 줄이기 위해 바닥에는 카펫을 깔아주어야 한다. 영아는 쌓기활동을 통해 공간에 대한 지각력뿐 아니라 도형에 대한 이해의 기초를 형성하며 놀이 과정을 통해 긍정적인 상호작용을 형성한다. 따라서 영아의 수를 고려하여 충분한 양의 놀잇감을 비치하는 것이 바람직하며, 블록 등의 놀잇감을 보관하는 교구장 바닥에 밑면의 모양이나 사진을 붙여주어 영아 스스로 정리할 수 있도록 하는 것이 바람직하다.

〔그림 5-4〕 역할 및 쌓기영역

마. 미술 영역

미술 영역은 영아가 다양한 자료를 탐색하고 자유로운 표현활동을 하고 예술작품을 감상할 수 있는 공간이며, 물이 반드시 필요한 공간이다. 따라서 색감을 구별할 수 있는 밝은 곳이면서 세면대나 출입구 가까운 곳에 배치하여야 한다. 영아의 표현 활동은 그리기, 찍기 같은 평면적 조형 활동과 꾸미기, 붙이기, 판화 같은 입체적 조형 활동으로 이루어진다. 다양한 재료를 쓰게 되므로 낮은 책상과 교구장, 작품보관과 전시를 위한 설비를 갖추고 풀, 잡지, 신문, 찰흙, 가위, 손가락 그림물감, 크레용, 색연필, 사인펜 등을 제공해야 한다. 제시되는 자료들은 한 번에 너무 많은 양을 제공하지 않으며, 독성이 없는 것으로 위생적이고 안전한 것이어야 한다.

〔그림 5-5〕 미술영역

바. 음률 영역

음률 영역은 영아가 자신의 욕구에 따라 다양한 악기와 소리를 탐색하고 신체 움직임에 대한 탐색과 시도를 해볼 수 있는 공간이다. 따라서 대근육영역에 인접하여 구성하고 2~3명의 영아가 몸을 자유롭게 움직일 수 있을 만큼의 공간을 확보하며, 바닥에는 카펫을 깔아서 다른 영역을 방해하지 않도록 한다.

〔그림 5-6〕 음률영역

2) 유아를 위한 실내 놀이 환경

(1) 환경구성의 원리

유아기는 신체, 언어, 인지, 사회, 정서, 모든 영역에서 급격한 발달이 이루어지는 시기이므로 그들을 위한 실내 환경은 다양한 놀이를 통한 학습을 촉진할 수 있는 최적의 환경으로 구성되어야 한다. 즉 생활경험에 기초한 구체적인 주제와 활동 등을 반영하여 실내 환경을 구성하되 유아의 심리적 안정, 신체적 안전, 발달적 적합성, 다양성을 고려하여 구성하는 것이 바람직하며 환경구성의 원리는 다음과 같다.

① 유아의 개별성

활동실은 유아를 위한 공간이고 유아가 직접 선택할 수 있다는 느낌을 주도록 환경구성을 하고 유아가 활동할 수 있을 만큼 충분히 넓어야 한다.

② 유아의 연령 및 발달 수준에 적합

환경은 유아의 연령 및 발달 특성에 적합하여야 한다. 예를 들면, 유아의 연령이 낮을수록 일상적이고 개별적인 보살핌을 위한 환경 구성이 필요하고 감각적인 경험의 기회가 많이 포함되는 환경이 제공되어야 한다. 시설 설비와 교구 또한 유아의 연령 및 신체 발달에 적합하여 유아가 성인의 도움 없이 스스로 사용하고 정리할 수 있도록 한다.

③ 유아의 흥미와 욕구

유아에게 매력적이고 교육적으로 의미 있는 활동을 제공하도록 환경을 구성한다. 이를 위해 유아에게 활동선택권을 주는 다양한 흥미 영역을 실내외 공간에 배치할 수 있다.

④ 안전과 위생

청결하고 안전한 환경을 제공하고 적정 온도나 습도를 유지해야 한다.

⑤ 융통성

유아가 장시간 유치원이나 어린이집에 머물 경우, 혼자 놀거나 쉴 수 있는 공간이 필요하며, 일상적인 보살핌이나 낮잠을 위한 물건이나 놀잇감 보관을 위한 저장 공간을 마련한다.

(2) 실내 환경 구성

유아를 위한 실내 환경은 신체적, 인지적, 사회・정서적 발달을 촉진시킬 수 있는 다양한 자극을 제공할 수 있도록 구성되어야 한다. 즉 자유롭고 효율적인 학습을 지원하기 위하여 같은 범주의 교구와 놀잇감을 한데 모아 공간을 구성하고 교사의 철학, 유아의 발달적 특징, 욕구, 개인차, 공간의 크기, 연령, 유아 수 등을 고려하여 조절하도록 한다. 영역의 배치는 공간의 크기, 소음, 채광, 물의 사용 여부 등을 고려하여야 하며 벽에 붙이는 부착물은 유아의 눈높이에 맞추어 게시하며 모든 교재교구는 안전과 위생을 고려해야 한다.

영역별 구성은 크게 네 개의 공간 즉 건조하고 조용한 곳, 활동적이고 건조한 곳, 조용하고 물이 있는 곳, 활동적이고 물이 있는 곳으로 구분할 수 있다(Frost & Kissinger, 1976). 물이 요구되는 공간이나 건조한 공간도 조용한 활동과 활동적인 활동을 할 수 있는 공간구성([그림 5-7] 참조)이 되어야 하므로, 각 공간의 활동 성격을 복합적으로 고려하여 〈표 5-2〉와 같이 활동영역을 구성할 수 있다.

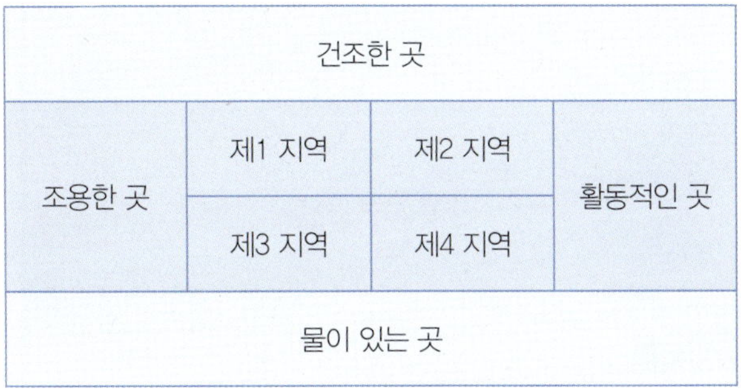

〔그림 5-7〕 활동실 영역구성

〈표 5-2〉 활동실 영역 공간구성

조용하고 건조한 공간	활동적이고 건조한 공간
독서 및 언어활동 영역 수, 과학활동 영역 게임과 소집단 활동 컴퓨터영역	음률활동 영역 시청각 활동 영역 조작놀이 영역 쌓기놀이 영역 소꿉놀이 영역
조용하고 물이 있는 공간	**시끄럽고 물이 있는 공간**
미술활동 영역 요리 영역 간식 영역	물놀이, 모래놀이 영역 목공놀이 영역 실외활동, 물감그림 그리기

영역별로 분리된 실내놀이 공간은 유아들로 하여금 영역별 이동을 용이하게 할 뿐만 아니라 유아의 선택도 용이하게 한다. 영역의 특성에 따라 영역을 교구장, 마스킹 테이프, 깔개 등으로 구분할 수 있다(Gronlund, 2010). [그림 5-8]은 유아를 위한 실내놀이 영역 배치도의 예이다.

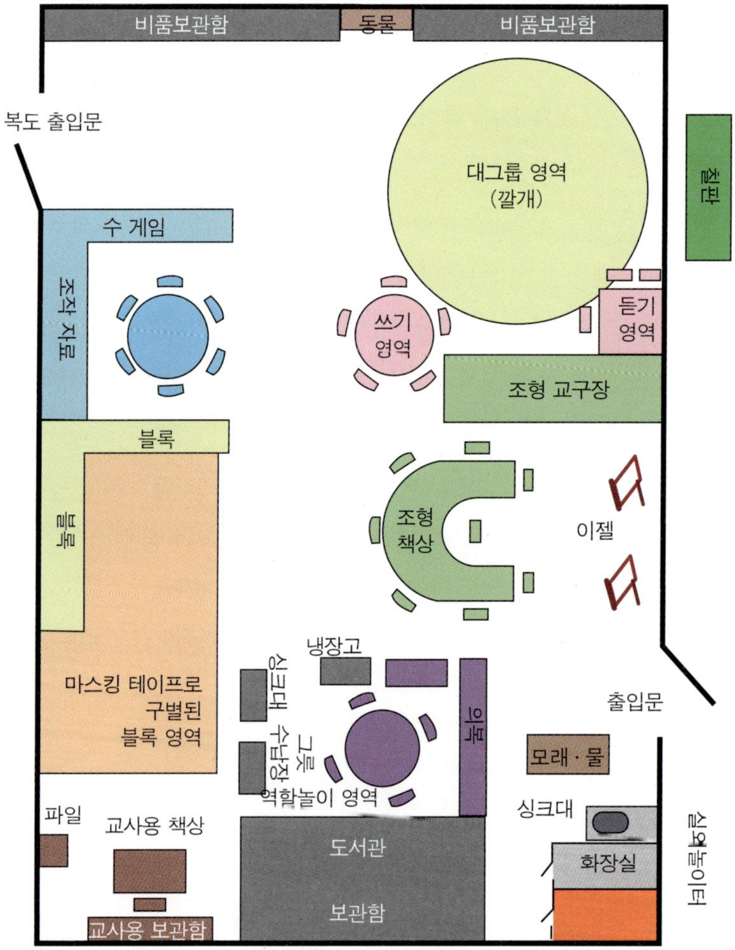

〔그림 5-8〕 유아를 위한 실내놀이 영역 배치도

출처: Gronlund(2010).

일반적으로 실내 환경 구성은 쌓기놀이 영역, 언어 영역, 역할놀이 영역, 수 · 조작 영역, 과학 영역, 음률 영역, 미술 영역 등으로 구분할 수 있다.

① 쌓기놀이 영역

쌓기놀이 영역은 여러 가지 크기와 모양, 재질의 블록과 소품을 이용하여 어떤 사물을 구성하거나 구조물을 쌓아보거나 꾸며보는 등의 과정을 경험하는 공간이다. 소음이 발생하는 영역이므로 언어나 과학 등 정적인 영역과는 떨어져서 배치하는 것이 좋으며 소음방지를 위하여 바닥에 카펫을 깔아 주는 것이 바람직하다. 또한 블록들을 최대한 활용하여 공간지각능력, 구성능력, 측정기술, 원인과 결과에 대한 사고력 등을 확장해 줄 수 있도록 충분한 공간과 놀이시간을 마련해 주어야 한다. 쌓기 놀이를 하는 동안 유아는 수, 형태, 색깔, 공간 관계, 부피, 면적 등에 대한 개념을 형성할 수 있고 상상력과 창의력이 길러진다. 그밖에 눈과 손의 협응력, 대근육 발달과 신체적 긴장 해소, 성취감, 문제해결력도 길러줄 수 있으며, 다양한 구성 활동을 하면서 관찰력, 측정기술, 원인과 결과에 대한 사고력 등을 기를 수 있다. 연령별 영역 구성의 예는 〈표 5-3〉과 같다(교육과학기술부, 2009).

〈표 5-3〉 연령별 쌓기놀이 영역 구성의 예

연령	영역구성	유의점
만 3세	• 블록의 종류를 다양하게 주기보다는 같은 종류의 블록을 충분히 제공함 • 소근육을 많이 사용해야 하는 작은 끼우기 블록보다는 발과 다리의 대근육을 사용하여 구성할 수 있는 적당히 큰 쌓기 블록	• 종이벽돌이 매우 유용 • 놀이의 확장을 위해 동물모형, 사람모형, 자동차모형 등을 제공
만 4세	• 적당한 크기의 쌓기 블록과 함께 중간정도 크기의 끼우기 블록도 함께 제공함 • 3세보다는 블록과 소품의 종류를 다양하게 준비함	• 조금 복잡한 구조물을 만들기 시작하므로 많은 양의 블록이 유용 • 놀이의 확장을 위해 동물모형, 사람모형, 자동차모형 외 다양한 소품을 제공

연령	영역구성	유의점
만 5세	• 다양한 구조물 • 유아들이 직접 제작한 것을 활용가능함	• 단위블록과 공간블록을 많이 활용하며 많은 양의 블록이 유용함 • 다양한 쌓기놀이로 확장하기 위하여 관련사진이나 그림카드를 제공함 • 필요한 소품을 유아 스스로 제작하여 놀이에 활용함 • 쌓기놀이 공간의 높낮이를 조절하여 구성할 수 있도록 책상, 널빤지, 의자 등을 활용함

〔그림 5-9〕 쌓기놀이 영역

② 언어 영역

언어 영역은 듣기, 말하기, 읽기, 쓰기와 관련된 활동을 경험하는 공간이다. 유아는 언어 영역의 활동을 통해 일상생활에 필요한 언어 능력을 향상시키고 올바른 의사소통 능력 및 태도를 기를 수 있다. 언어 영역은 주변의 자극으로부터 격리될 수 있도록 햇빛이 잘 들고 밝고 조용한 공간에 배치하여 유아들이 집중할 수 있도록 하고 아늑한 분위기를 조성하기 위해 책꽂이나 낮은 칸막이로 공간을 분리하여 줄 수 있다. 활동 주제나 유아의 흥미에 따라 다양한 언어활동 자료를 비치하여 듣기, 말하기, 읽기, 쓰기 활동이 고루 이루어지도록 하며, 안락한 의자나 쿠션 등을 두어 편안하게 언어활동에 몰입하도록 한다. 연령별 영역 구성의 예는 〈표 5-4〉와 같다.

〈표 5-4〉 연령별 언어 영역 구성의 예

<table>
<tr><th>연령</th><th>영역 구성</th><th>유의점</th></tr>
<tr><td>만 3세</td><td>• 다양한 그림책을 제공함
• 듣기 활동을 위해 카세트와 테이프, 이어폰을 비치해 주어 동화 듣기나 유아의 목소리를 녹음하여 들어볼 수 있게 함
• 말하기 활동을 위해 융판에 활동 주제 관련 자료를 제시해 주어 유아가 이야기를 재구성하고 확장함</td><td rowspan="3">• 유아의 생각을 교사가 받아 써주어 말이 글로 옮겨지는 과정에 관심을 가지도록 함
• 초기에는 주로 책 보기나 듣기 등의 활동을 계획하고, 점차 읽기나 쓰기를 위한 활동을 구성
• 유아를 위해 적절한 조명 준비</td></tr>
<tr><td>만 4세</td><td>• 짧고 반복되는 단어와 문장이 있는 동시, 동화를 제시함
• 자신과 친구 이름을 코팅, 자석판과 마커펜, 음각글자판과 종이, 모래상자 등을 제공함</td></tr>
<tr><td>만 5세</td><td>• 슬라이드, 주제에 따른 화보 모음책, 잡지류, 사전 등을 제시함
• 주제에 따른 화보 모음책, 잡지류, 사전 등을 제시
• 활동주제와 관련하여 작은 책 만들기 활동도 가능함</td></tr>
</table>

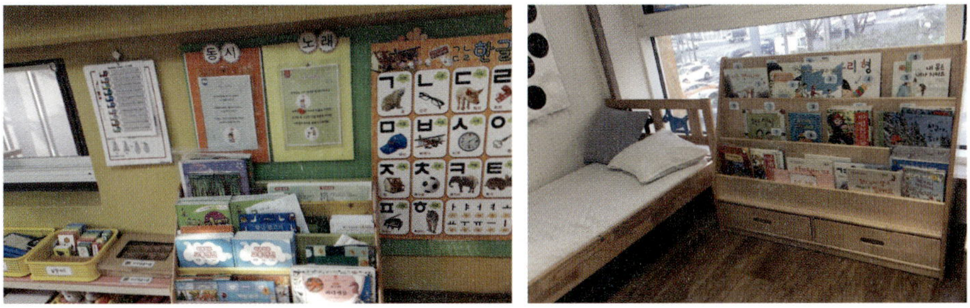

〔그림 5-10〕 언어 영역

③ 역할놀이 영역

역할놀이 영역은 유아가 가족이나 성역할뿐만 아니라 우리 사회의 다양한 직업이나 사회 구성원의 역할을 상상놀이 및 사회 극놀이 등을 통해 경험하는 공간이다. 유아는 역할놀이를 통해 자기중심적인 사고에서 벗어나 자신과 다른 사람의 생각과 감정을 더 잘 알고 적절하게 상호작용할 수 있으며 주변 사람들이나 공동체에서 함께 살아가는 방법을 익힌다. 역할놀이 영역은 동적인 영역에 배치하는 것이 좋으며, 진행되고 있는 생활주제와 관련된 소품을 제공하여 활동이 더욱 흥미롭고 풍부하게 이루어지도록 한다. 연령별 영역 구성의 예는 〈표 5-5〉와 같다.

〈표 5-5〉 연령별 역할놀이 영역 구성의 예

<table>
<tr><th>연령</th><th>영역구성</th><th>유의점</th></tr>
<tr><td>만 3세</td><td>• 실제와 상상을 구별하기 힘든 시기로 실문사진과 실물자료들을 준비하여 역할놀이를 활성화함
• 유아의 일상생활에서 자주 접하는 기관이나 장소를 나타낼 수 있는 소품과 장치를 준비함</td><td rowspan="3">• 쌓기놀이 영역과 가깝게 배치함으로써 놀이의 확장이 이루어질 수 있음
• 모든 자료는 항상 청결하게 관리하고 파손된 자료는 즉시 수선
• 양성평등 교육, 다문화 이해 교육 등이 이루어질 수 있는 장소이므로 관련소품을 제공하여 자연스러운 놀이로 유도함</td></tr>
<tr><td>만 4세</td><td>• 유아 자신의 노력이 들어간 물건에 대한 애착이 강한 시기로 소품을 유아들이 직접 만들어서 놀이에 활용함
• 유아들이 여러 종류의 옷을 입고 자신의 변화를 관찰할 수 있도록 유아용 전신거울을 설치함</td></tr>
<tr><td>만 5세</td><td>• 주제 활동의 전개와 유아들 간의 계획에 따라 병원, 미장원, 음식점, 세탁소, 서점 등의 사회극놀이를 통해 다양한 사회 구성원의 역할을 해볼 수 있도록 함.</td></tr>
</table>

〔그림 5-11〕 역할놀이 영역

④ 수 · 조작 영역

수 · 조작 영역은 여러 가지 물건을 조작해 봄으로써 일대일 대응, 분류, 비교, 서열 등의 수 활동이나 퍼즐 맞추기나 끼워서 구성하기, 간단한 게임 등 논리적 문제해결 등과 관련된 활동을 주로 하는 공간이다. 유아는 수 · 조작 활동을 통해 눈과 손의 협응력과 소근육 발달, 논리 · 수학적 개념 발달, 문제해결력과 집중력을 향상시킬 수 있으며, 문제를 탐색하고 해결해 가는 과정에서 자신감과 자율성을 기를 수 있다. 수 · 조작 영역은 개별적 탐색활동이 많이 이루어지는 곳으로 주의집중이 잘 되도록 조용한 곳에 배치하며, 난이도가 다른 다양한 놀잇감을 준비하여 유아의 발달수준과 흥미에 따른 수 · 조작 활동이 이루어지도록 한다. 연령별 영역 구성의 예는 〈표 5-6〉과 같다.

〈표 5-6〉 수 · 조작 영역 구성의 예

연령	영역구성	유의점
만 3세	• 수 · 조작놀이를 위해 의자와 책상에 앉는 것보다 낮은 책상을 활용 • 크기를 비교할 수 있는 놀잇감, 각종 수세기판, 주사위, 윷, 큰 글자의 시계, 달력, 분류자료제시	

<table>
<tr><th>연령</th><th>영역구성</th><th>유의점</th></tr>
<tr><td>만 4세</td><td>• 개별 놀이와 소집단 놀이를 모두 수용하도록 영역을 구성함
• 수 활동을 위해 색깔이나 형태, 크기가 다른 끼우기 블록, 수 막대 등 구체물을 제시함
• 조작놀이를 위해 5~10조각의 퍼즐류, 일상생활 훈련 자료, 작은 구슬을 숟가락으로 옮기기 등을 제시함</td><td rowspan="2">• 무거운 것은 유아가 안전하게 꺼내 사용할 수 있는 위치
• 자료들을 보관하는 교구장의 바닥에는 자료의 모양이나 사진을 붙여 줌으로써 유아가 스스로 자료를 꺼내고 정리할 수 있도록 함</td></tr>
<tr><td>만 5세</td><td>• 교구와 유아들 간의 상호작용과 전략을 유발하는 그룹게임이나 일대일 게임, 그룹게임 등이 이루어질 수 있도록 다양한 게임판을 제시
• 15~30조각 정도의 퍼즐 맞추기, 바느질하기, 실뜨기, 직조짜기 등 조작활동</td></tr>
</table>

〔그림 5-12〕 수 · 조작 영역

⑤ 과학 영역

과학 영역은 여러 가지 과학 기자재를 활용하여 생물과 무생물, 물질의 성질, 자연현상 등 유아가 접하는 자연환경을 관찰, 실험, 탐구, 감상하는 활동을 하는 공간이다. 과학 영역은 곤충이나 작은 동물, 식물을 기를 경우 조용하고 햇볕이 잘 드는 안정된 장소로 물 공급을 쉽게 받을 수 있도록 수도 가까이에 배치한다. 또한 자석, 현미경, 확대경, 저울, 여러 가지 기계 부품류 등 유아가 만지고 두들기고 발견할 수 있는 탐색활동을 할 수 있도록 하기 위해서는 동적인 영역에 또 하나의 과학 영역을 설치해 주는 것이 바람직하다. 유아는 과학 영역의 활동을 통해 주변의 환경이나 사물, 생명체에 대해 알고 지속적으로 탐색하고, 과학적인 사고를 형성할 수 있다. 연령별 영역 구성의 예는 〈표 5-7〉과 같다.

〈표 5-7〉 과학 영역 구성의 예

연령	영역구성	유의점
만 3세	• 유아가 좋아하는 동물에 대해 자주 이야기할 기회를 제공하고 작은 곤충에서 큰 동물까지 직접 또는 비디오나 사진, 그림책을 통해 자주 경험할 수 있도록 함	• 과학 영역의 교재 · 교구는 계절, 생활 주제, 유아의 흥미에 기초하여 다양한 자연물이나 실물을 제시 • 일회성 실험이나 전시보다 유아가 지속적으로 관찰하고 예측하며, 그 결과를 기록해 볼 수 있도록 기록지를 준비 • 큰 동물을 사육할 경우에는 유아들과 자유롭게 뛰어다닐 수 있는 넓은 공간이나 실내와 실외가 연결되도록 구성 • 생물을 기를 경우 교실에서 충분히 관찰한 후 자연을 소중하게 여기도록 원래 있었던 곳(예: 연못, 공원, 숲 등)으로 보내주는 과정이 필요
만 4세	• 자석, 현미경, 확대경, 기계류, 저울, 낙엽, 씨앗, 개미집, 조개껍데기 등을 계절에 맞게 제시해 주어 유아가 자유롭게 탐색해 볼 수 있게 함	
만 5세	• 직접 경험이 가능하도록 동식물 기르기, 다양한 수집물 관찰하기, 과학적 도구 사용해 보기, 기계와 부품 탐구하고 조립하기 등의 활동을 할 수 있도록 마련하고 기록용지와 쓰기 도구를 제공함	

〔그림 5-13〕 과학 영역

⑥ 음률 영역

음률 영역은 생활주변에서 듣는 다양한 소리에 관심을 가지고 탐색하고 음악을 듣고 노래를 부르고 여러 가지 악기를 다루어 보고 음악에 맞추어 자유롭게 몸을 움직이거나 창의적인 신체 표현 활동을 경험하는 공간이다. 유아는 음률 영역의 활동을 통해 음악적 아름다움의 요소를 찾아보며, 음악이나 움직임과 춤으로 표현하고 음악을 감상하는 능력을 키운다. 음률 영역은 음악에 맞추어 신체를 자유롭게 움직일 수 있는 충분히 넓은 공간이 필요하며, 소음이 많이 나는 영역이므로 다른 영역의 활동에 방해가 되지 않도록 배치하며 바닥에는 카펫을 깔아 안정된 분위기를 조성하며 소음도 줄일 수 있도록 한다. 연령별 영역 구성의 예는 〈표 5-8〉과 같다.

〈표 5-8〉 음률 영역 구성의 예

<table>
<tr><th>연령</th><th>영역구성</th><th>유의점</th></tr>
<tr><td>만 3세</td><td>• 다양한 장르의 음악을 듣고 자유롭게 표현해 보는 활동을 할 수 있도록 하며, 다양한 리듬악기나 유아나 교사가 만든 악기, 소리를 녹음하여 들을 수 있는 녹음기 등을 비치하여 원할 때는 언제나 활용할 수 있도록 함</td><td rowspan="3">• 유아가 소리를 정확히 변별하는 활동을 할 때는 집중할 수 있도록 주변 소리를 차단하는 장치를 하도록 한
• 공연 관람, 지역 인사나 전문가 초대, 비디오 관람 등 다양한 방법으로 움직임과 춤 경험, 음악적 표현 및 감상활동을 하도록 함
• 신체 접촉을 꺼리는 유아가 있으면 강요하지 않도록 하며, 서로 부딪히거나 다치지 않도록 미리 주의를 줌
• 우리나라 전통 악기와 함께 다른 나라의 악기를 다양하게 준비하고, 유아가 쉽게 다룰 수 있는 리듬 악기나 타악기에서 시작하여 점차 멜로디 악기로 확장</td></tr>
<tr><td>만 4세</td><td>• 음악과 함께 몸을 마음대로 움직여 보고 노래를 부르며 여러 가지 악기를 자유롭게 만지고 경험을 해보도록 리듬악기류와 유아들이 직접 만든 마라카스와 수술, 리본막대, 우드블록, 핸드벨, 실로폰, 소고 등을 제시함</td></tr>
<tr><td>만 5세</td><td>• 음악을 들어보고 만들어가는 경험을 할 수 있도록 유아 스스로 조작 가능한 CD플레이어를 제공하며, 그림으로 된 간단한 가사악보를 벽에 부착하여 간단한 연주를 해보도록 함
• 음률 영역에 전신거울을 두어 유아가 자기가 표현하는 모습을 볼 수 있도록 함</td></tr>
</table>

〔그림 5-14〕 음률 영역

⑦ 미술 영역

미술 영역은 자연과 사물의 아름다움을 체험하고 그리기, 만들기, 꾸미기, 구성하기 등의 활동을 하며 자신의 느낌이나 생각을 자유롭게 표현하고 미적 아름다움을 감상하는 경험을 하는 영역이다. 유아는 미술 영역 활동을 통해 미적 아름다움의 요소를 이해하며, 자신의 생각이나 느낌을 표현하면서 성취감을 얻고 정서적인 긴장감도 해소한다. 미술 영역은 조용하고 밝은 곳이 좋으며, 물을 사용할 수 있는 공간과 가까이 배치한다. 연령별 영역 구성의 예는 〈표 5-9〉와 같다.

〈표 5-9〉 미술 영역 구성의 예

연령	영역구성	유의점
만 3세	• 미술 활동이 능숙치 않으므로 다른 유아의 방해를 받지 않고 마음껏 집중을 할 수 있는 충분한 공간과 시간을 마련해 주는 것이 필요함 • 소근육 발달이 잘 이루어지지 않아 미술 영역의 놀잇감이나 재료 사용이 미숙하지만 다양한 내용의 미술 활동이 쉽게 이용할 수 있는 기본 미술 영역 자료를 제시함	• 미술 영역에서 사용하는 물이나 물감 등이 바닥에 떨어질 경우, 유아가 미끄러지는 사고가 발생할 수 있으므로 유의해야 함
만 4세	• 다양한 매체를 이용하여 자신의 생각과 느낌을 표현하는 작업 활동과 함께 작품전시 및 감상활동을 할 수 있도록 재료와 공간을 제공 • 기본 자료 외에도 유아가 관심을 보이거나 새로운 활동이 전개될 때 적절한 자료를 첨가	
만 5세	• 미술 활동의 자료는 모양, 크기나 재질 등이 매우 다양하므로 큰 자료와 작은 자료를 유아가 보기 쉽게 잘 분류해야 함 • 기본 자료는 가능한 한 필요에 따라 유아들이 쉽게 활용할 수 있는 위치에 보관함	

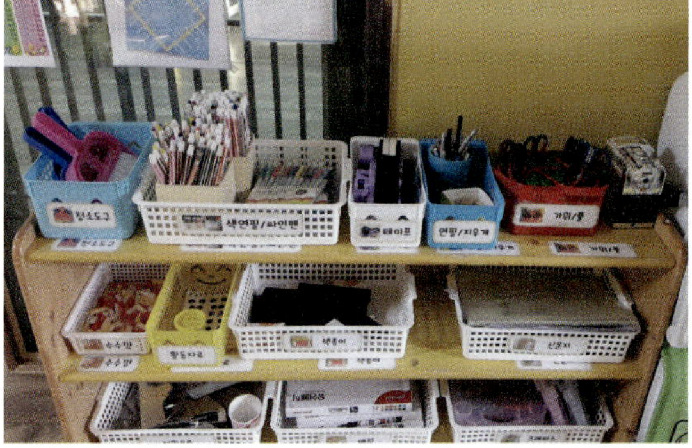

〔그림 5-15〕 미술 영역

3 실외 놀이 환경

1) 영아를 위한 실외 놀이 환경

실외 놀이터는 유아가 날씨의 변화와 자연현상을 감각적으로 경험할 수 있는 공간이다. 영아를 위한 실외 환경은 영아의 신체 크기에 적합한 공간을 확보하고 발달 단계에 따른 지각력과 개별운동을 고려하여 구성한다. 영아가 다양한 바닥 소재와 흥미로운 시야, 소리, 냄새 등을 경험할 수 있도록 배려한다. 실외 환경은 동적인 영역과 정적인 영역을 구분하여 배치한다. 동적인 영역에는 걷기 전 영아를 위한 유모차나 걷기 시작한 경우에는 붕붕차 등 영아의 발달 수준에 맞추어 바깥 놀이를 위한 놀잇감도 준비한다. 또한, 바퀴달린 놀잇감이나 세발자전거 등을 이용하기 위해 단단한 바닥재를 사용하며 미끄럼틀과 그네, 시소 등의 놀잇감을 배치하여 교사와 함께 미끄럼틀과 그네, 시소 등의 놀잇감을 경험할 수도 있도록 한다. 정적인 영역에서는 휴식을 위한 공간과 더불어 영아가 만지고 탐구할 수 있도록 잔디, 모래, 돌, 진흙, 물 등의 탐색 공간을 포함하여 환경을 구성할 수 있다. 놀잇감 보관을 위한 보관창고가 필요할 수도 있다. 외부의 차량이나 사람들로부터 영아를 보호할 수 있도록 배려하고 안전을 위해 놀이 상황을 교사가 한눈에 파악하고 필요 시 도울 수 있도록 공간을 구성하여야 하며 환경 구성원리는 다음과 같다.

첫째, 효율성이 있어야 한다. 고정시설과 이동시설, 동적 활동과 정적 활동, 높은 곳과 낮은 곳의 균형이 있어야 한다.

둘째, 견고성이 있어야 한다. 놀이기구는 튼튼하고 짜임새가 단단해야 한다.

셋째, 안전성이 있어야 한다. 놀이기구의 높이나 경사도는 안전을 고려하여 영아들이 다치지 않도록 하여야 하며 미끄럼틀이나 오름대 등의 놀이기구에는 양옆에 난간을 설치하여 안전성을 확보하여야 한다.

실외 놀이 공간의 영역 구성은 영아들의 실외 놀이 활동의 질을 결정하는 중요한 요소이다. 따라서 영아의 발달 수준을 잘 고려하여 다양한 활동이 풍부하게 이루어질 수 있도록 하여야 하며, 시설물은 유아용을 크기만 축소한 것이 아니라 영아의 발달에 적합하고 안전하게 설계되고 설치되어야 한다. 영아를 위한 실외 놀이 영역은 운동놀이, 물 · 모래 놀이, 자연탐구 및 관찰 영역, 작업 영역, 휴식 영역 등으로 구성할 수 있다.

(1) 운동놀이 영역

운동놀이 영역은 기어오르기, 매달리기, 미끄럼 타기, 자전거 타기 등의 신체활동을 할 수 있는 활동적인 공간으로 조용한 영역과 떨어지도록 배치한다. 추락의 위험이 있는 놀이시설 주변의 바닥은 충격을 흡수할 수 있도록 표면처리하고 탈 것이 다니는 길은 단단하게 처리하여 바퀴가 잘 굴러갈 수 있도록 한다. 낮은 미끄럼틀(양옆에 난간을 설치), 안전망이 있는 그네, 안전다리, 자전거, 끌차, 작은 터널, 큰 공 등을 설치한다.

(2) 물 · 모래놀이 영역

물 · 모래놀이 영역은 다양한 감촉을 경험하고 여러 형태나 모양을 살펴볼 수 있는 공간으로 배수가 잘 되고 수도가 가까우며 햇빛이 잘 비치는 곳에 위치하되 직사광

선을 막을 수 있는 천막을 설치하는 것이 좋다. 플라스틱 삽, 계량 컵, 소꿉놀이용 그릇, 고무로 된 인형, 욕조, 커다란 플라스틱 통, 물에 뜨는 장난감, 물에 가라앉는 물체, 다양한 모양 틀, 모래를 실어 나를 수 있는 장난감차 등을 비치한다.

(3) 자연탐구 및 관찰 영역

자연탐구 및 관찰 영역은 실내의 제한된 활동에서 벗어나 자연환경 및 동・식물을 직접 탐색하고 관찰해 볼 기회를 제공하는 공간이다. 감각적 탐색활동은 영아들에게 가장 중요한 놀이 활동의 하나이기 때문에 시각, 청각, 촉각 등을 활발하게 사용할 수 있도록 한다. 영아가 관심을 갖고 자연의 변화를 잘 탐구하고 관찰할 수 있도록 영아의 눈에 띄고 햇빛이 잘 비치는 장소에 배치한다. 나무, 꽃, 화분, 물뿌리개, 상추, 고추, 당근, 배추, 무, 바람개비, 작은 깃발, 동물(토끼, 병아리 등) 등을 교육자료로 사용할 수 있다.

(4) 작업 영역

작업 영역은 실외에서 접할 수 있는 다양한 환경적 특성을 통해 영아들이 다양한 주제와 활동으로 놀이를 확장시켜 나갈 수 있도록 구성한다. 다양한 미술 재료, 목공놀이 기구 등을 비치한다.

(5) 휴식 영역

실외에서 모든 영아들이 활동적인 놀이를 즐기는 것이 아니기 때문에 다른 영아들이 놀고 있는 모습을 보거나 자연을 감상하면서 시간을 보낼 수 있는 공간이 필요하다. 특히 영아의 경우에는 더욱 실외에서 편안히 쉴 수 있는 조용하고 편안한 공간이 확보되어야 한다. 그러나 실외놀이 공간에 정적 영역은 상대적으로 많이 부족한 편이다. 휴식 영역은 조용한 곳에 위치하도록 하고 간이천막 등을 이용해서 햇빛을 가려 주도록 하는 것이 바람직하다. 편안한 의자나 스펀지 매트, 탁자, 소근육 발달을 도와주는 여러 가지 놀잇감들을 비치할 수 있다.

2) 유아를 위한 실외 놀이 환경

유아는 실외 놀이를 통해 다양한 재료들을 탐색 · 조작하고 실험하는 경험을 하므로 실내 환경과 마찬가지로 실외 환경 역시 유아의 발달과 학습에 매우 중요하다. 실외 환경은 공간적으로 실내와 다른 특징을 지니므로 유아들에게 독특한 경험을 제공한다. 특히 개방된 공간은 실내에서 불가능한 여러 가지 활동이 가능하며, 자연과 더불어 놀이 경험을 더욱 폭넓게 확대시켜주기 때문에 유아의 전인적 성장과 발달에 필수적이다. 이와 관련하여 헤니거(Henniger, 1994)는 창의적인 실외 놀이 공간이 되기 위한 조건을 다음과 같이 제시하였다.

첫째, 재미를 더해주고 유아들의 능력을 더욱 확장시킬 수 있도록 적절한 위험의 기회를 제공해야 한다. 이는 적절한 위험의 기회가 없다면 유아들은 쉽게 놀이 공간에 흥미를 잃고 바람직하지 않은 방법으로 재밋거리를 만들어 내려 하기 때문이다.

둘째, 다양한 흥미와 발달 능력을 가지고 있는 유아들에게 성숙된 도전의 기회가 되어져야 하며, 실외 놀이 공간은 발달학적으로 적절한 기회를 제공하여 유아들의 변화하는 욕구와 능력에 적응할 수 있도록 도와야 한다.

셋째, 다양한 놀이 유형이 나타날 수 있도록 다양한 소품들을 준비해야 한다. 단순한 기능놀이만이 아닌 구성놀이와 상징놀이가 나타날 수 있도록 실외 놀이 블록이나 건축 자재, 그리고 상징놀이를 위한 소품들을 준비해 줌으로써 다양한 놀이 유형이 나타날 수 있도록 해주는 것이 중요하다.

넷째, 유아들이 직접적으로 조작을 해야 한다. 즉 유아들은 놀이를 통해서 자신들의 세계를 이해하기 때문에 직접적으로 조작이 이루어져야만 소품들에 대한 이해와 함께 자신이 살고 있는 세상을 이해하게 된다. 실외에서 사용되는 커다란 시설들은 유아들의 손으로 움직이기가 어려우므로 작은 소품들을 준비해 주는 것이 더욱 더 필요하다. 실외 환경구성은 실내 환경구성과 마찬가지로 정적인 활동과 동적인 활동으로 구분하여 놀이환경을 구성하는 것이 바람직하다.

(1) 환경구성의 원리

① 유아의 흥미와 욕구

실외 환경은 유아들의 전인적 성장 발달을 촉진시키는 복합적인 기능을 수행할 수 있도록 몇 가지 영역으로 구분하여 구성하도록 한다.

② 편이성

실외 놀이는 유아들이 마음껏 뛰어놀 수 있는 장소이며, 날씨의 변화와 자연현상을 감각적으로 느낄 수 있는 곳으로 한 장소에서 다른 장소로 이동하기 편리해야 한다.

③ 안전성

유아가 위험하지 않으면서 모험적이며 도전적인 놀이, 다양하고 창의적인 놀이를 할 수 있도록 실외놀이 시설은 「어린이 놀이시설 안전 관리법」에 따른 시설기준을 적용하여 설치하도록 한다.

④ 다양성

실외 환경은 정적인 영역과 동적인 영역을 분리하여 달리기, 공놀이, 자전거타기, 물 · 모래놀이 등 적극적인 활동은 동적 활동 영역에, 작업하기, 휴식하기, 책읽기 등은 정적인 활동 영역에 배치한다.

(2) 실외 환경 구성

실외 환경 영역은 운동놀이 영역, 모래 · 물놀이 영역, 자연탐구 및 관찰영역, 작업영역, 휴식 영역 및 놀잇감을 보관할 수 있는 보관창고 등으로 구성하며 외부의 차량이나 사람들로부터 유아를 보호할 수 있도록 울타리나 담장으로 둘러싸이도록 하고 전체적인 바깥놀이 활동을 교사가 잘 감독할 수 있도록 구성한다.

① 운동놀이 영역

운동놀이에는 미끄럼이나 그네와 같은 운동놀이 기구를 이용하는 놀이와 공, 막대와 같은 작은 도구나 몸을 활용하는 놀이가 있다. 운동놀이는 유아의 바른 자세 형성과 운동 기능 발달에 기초가 되며 몸의 균형을 유지하고 몸을 조정하여 움직일 수 있는 과정을 경험하게 한다. 운동놀이 영역은 대근육 운동 능력을 기르고 기구를 이용하는 방법을 습득할 수 있도록 하기 위해 기어오르기, 매달리기 등 다양한 운동놀이를 할 수 있는 놀이 시설을 설치한다. 운동놀이 영역은 다른 영역보다 공간을 많이 차지하므로 다른 영역과의 조화를 고려하고 조용한 영역과 떨어진 곳에 배치한다. 연령별 영역 구성의 예는 〈표 5-10〉과 같다.

〈표 5-10〉 운동놀이 영역 구성의 예

연령	영역구성	유의점
만 3세	• 미끄럼이나 오름 틀의 경사가 완만하고 길이가 짧은 것을 제공하며 자전거 등 탈것은 소형으로 제공함	• 활동 공간에 적절한 인원 수, 기구의 견고성, 공간 바닥 등에 대해 정기적으로 안전 점검을 실시해야 함 • 운동놀이 기구 주변 바닥은 모래, 잔디를 깔거나 충격을 흡수할 수 있도록 표면 처리해야 함 • 운동놀이 기구는 유아의 신체 치수에 적합해야 하며, 모서리, 마무리 처리, 칠 등이 안전하게 처리돼야 함
만 4세	• 미끄럼이나 오름 틀은 신체 조건에 적합한 것을 제공하고 신체 조절 능력, 평형감각, 지구력 등을 길러주는 평균대 걷기, 공굴리기, 고무줄 뛰기 등 다양한 운동놀이 기구를 비치함	
만 5세	• 모험놀이를 비치하여 도전적인 놀이를 해보도록 하고, 달리기, 구르기, 균형 잡기, 뛰어내리기 등	

〔그림 5-16〕 운동놀이 영역

② 물 · 모래놀이 영역

물 · 모래놀이 영역은 자연물인 물과 모래를 놀잇감으로 마음대로 가지고 놀이하는 공간이다. 물과 모래는 사용방법이 정해져 있지 않아 부담 없이 마음대로 활동에 몰두하며 이 과정을 통해 성취감과 만족감을 느끼게 되고 동시에 정서적 안정감과 즐거움을 갖게 된다. 또한 집단놀이 형태로 이루어지는 경우가 많아 친구들과 자연스럽게 어울리는 기회를 갖게 한다. 물놀이 영역과 모래놀이 영역은 인접하여 배치하면 놀이를 확장할 수 있다. 물 · 모래놀이 영역은 통행이 빈번하지 않은 곳에 배치하며 햇볕이 잘 들고 배수가 잘 되는 곳이 적합하다. 모래놀이 영역과 가까운 그늘진 곳에 유아가 상상력을 키울 수 있도록 다양한 형태의 구조물이나 놀이집, 테이블, 극화놀이 소품 등을 마련한다. 연령별 영역 구성의 예는 〈표 5-11〉과 같다.

〈표 5-11〉 물 · 모래놀이 영역 구성의 예

연령	영역구성	유의점
만 3세	• 물과 모래를 탐색하는 놀이를 많이 하므로 물과 모래를 그릇에 담기, 손으로 만지기, 모래 모양 찍기 등을 할 수 있도록 다양한 종류의 그릇, 인형, 공 등을 준비함	• 모래가 유실되는 것을 막기 위해 모래밭 가장자리에 고무판(?)을 대거나 테두리를 만들어주고, 유실되는 모래는 1년에 1~2회 보충해야 함 • 모래를 사용하지 않을 때에는 뚜껑을 덮어 모래를 깨끗하게 관리하고 이물질이 들어가지 않도록 하며 주기적으로 소독해야 함 • 실외 공간이 넓은 경우, 연령과 활동 종류에 따라 모래놀이 영역을 별도로 마련해 주는 것이 좋음
만 4세	• 물의 특성을 알아볼 수 있는 다양한 도구를 제공하고 모래를 탐색하는 활동 이외에 소꿉놀이 도구, 인형, 자동차 모형, 자연물 등을 이용하여 여러 가지 놀이로 확장	
만 5세	• 물의 양을 측정할 수 있는 다양한 계량 도구를 비치하고 물과 모래를 이용한 여러 가지 실험을 해볼 수 있도록 교재 및 교구를 준비함	

〔그림 5-17〕 물 · 모래놀이 영역

③ 자연탐구 및 관찰 영역

자연탐구 및 관찰 영역은 식물 기르기 영역과 동물 기르기 영역으로 구성할 수 있다. 동 · 식물을 기르며 유아들은 관찰하고, 조사하고, 실험하는 등의 탐구 과정에 적극적으로 참여함으로써 탐구를 즐기게 되고 아울러, 자연물에 대한 전문적 지식을 얻고 개념을 형성하며 자연에 대한 이해와 정서적 교감을 나누게 된다. 식물 기르기 영역은 햇빛이 잘 들고 물을 사용하기 좋은 곳에 배치한다. 텃밭을 만들 공간이 부족하다면 크고 작은 화분을 이용한다. 식물 기르기 영역은 유아가 직접 씨를 뿌리고 재배하고 수확하는 과정을 통해 식물의 성장과정과 변화를 관찰하고 이해하도록 한다. 또한 유아가 사계절 내내 꽃과 열매를 관찰할 수 있도록 꽃나무와 유실수를 계절별로 적절히 안배하여 심는다. 동물 기르기 영역은 햇빛이 잘 들고 바람이 잘 통하며, 배수가 잘 되는 장소에 배치한다. 자칫 위생상태가 불량해지기 쉬우므로 청소가 용이하도록 만들고 청결하게 관리하여야 한다. 또한 물과 사료 공급이 쉬운 곳에 설치하여 유아가 직접 먹이를 주고 관찰하도록 한다. 연령별 영역 구성의 예는 〈표 5-12〉와 같다.

〈표 5-12〉 자연탐구 및 관찰 영역 구성의 예

연령	영역구성	유의점
만 3세	• 주변의 친숙한 동 · 식물을 관찰하도록 하며, 식물은 토마토, 고추 등 성장 속도가 빠르고 열매가 맺히는 것을 기르도록 함	• 유아 스스로 여러 가지 채소를 직접 심고 가꾸어 먹을 수 있도록 함으로써 건강에 대한 인식을 돕고 식품과 건강 간의 관련성도 배우도록 함
만 4세	• 씨를 뿌리거나 모종을 하여 꽃밭과 텃밭을 가꾸며 식물을 기르도록 하며, 동 · 식물의 성장과정이나 변화를 그림으로 나타낼 수 있도록 관찰 기록 용지를 준비함	
만 5세	• 동 · 식물의 성장에 관련된 책 등의 자료를 제공함. • 자기 몫을 정하여 씨를 뿌리거나 모종을 하고 거름을 주며, 꽃밭과 텃밭을 가꾸어 자신이 기르는 동 · 식물의 성장과정이나 변화를 그림이나 글로 기록할 수 있도록 관찰 기록 용지를 준비함	

④ 작업 영역

작업 영역에는 바깥에서 접할 수 있는 다양한 환경의 특성을 통해 다양한 주제와 활동으로 놀이를 확장하도록 구성한다. 이 영역에서는 물감으로 그림그리기, 큰 블록 쌓기, 목공놀이, 점토놀이 등이 이루어지며 연령별 영역 구성의 예는 〈표 5-13〉과 같다.

〈표 5-13〉 작업 영역 구성의 예

연령	영역구성	유의점
만 3세	• 기본적인 자료를 자주 바꾸어 주도록 하며, 핑거페인팅 재료, 큰 붓, 점토를 제공하여 작업 활동을 자유롭게 표현하며, 즐길 수 있도록 함	• 작업한 활동물을 전시할 수 있는 공간을 마련함 • 다양한 크기의 블록과 목공 테이블, 목공놀이 도구를 제공함
만 4세	• 자연물로 꾸미기, 모래 그림 그리기, 물감 흘려 벽화 꾸미기 등의 미술 활동과 블록으로 구성하기 등의 활동을 제공함	
만 5세	• 다양한 미술 재료 및 자연물을 활용한 놀이, 목공놀이 등 공동 작업에 필요한 자료를 제공함	

⑤ 휴식 영역

휴식 영역은 유아들이 동적 활동 후 휴식을 취하거나 다른 유아들이 놀고 있는 모습을 보며 편안하게 시간을 보낼 수 있는 공간이다. 휴식 영역은 유아들이 편안하게 휴식을 취할 수 있도록 조용한 공간에 위치하여야 하며, 다양한 종류의 나무그늘이나 정자, 지붕이 있는 테라스를 설치하거나 텐트나 비치파라솔 등을 활용하여 그늘을 마련하여 구성한다. 또한 휴식 영역은 활동적이고 소음이 많은 장소에서 유아가 개인적으로 분리될 필요가 있을 때 조용한 곳에서 긴장을 풀 수 있는 곳이어야 한다. 휴식시간은 유아의 연령이나 활동량에 따라 융통성 있게 조절하며 더운 여름이나 추운 겨울에는 실외 온도 조절에 유의한다.

⑥ 보관 창고

보관 창고는 바깥놀이 기구를 정리하고 보관하기 위한 곳으로 놀이기구의 적절한 사용과 보관을 위해 필요하다. 창고는 물이 고이지 않도록 약간 경사진 곳에 위치하는 것이 좋으며, 각종 놀이기구들의 위생 관리를 위해 통풍 및 환기를 시킬 수 있도록 한다.

토의과제

1. 실내 활동실 영역 원리에 따라 3~5세아 교실의 활동영역 배치도를 그려보자.

2. 실외활동 영역에 따라 실외환경 배치도를 그려보자.

chapter 6.

영유아 놀이지도

학습목표

- 놀이지도의 의의에 대해 이해할 수 있다.
- 영유아의 놀이를 촉진시키기 위한 교사의 역할에 대해 이해하고 설명할 수 있다.
- 영유아를 위한 흥미영역별 놀이지도의 개념과 교육적 가치, 놀이지도 방법을 이해하고 수행할 수 있다.
- 영유아가 자신이 원하는 영역의 놀이와 놀이주제를 자발적으로 선택하여 놀이하도록 언어적, 비언어적으로 지원할 수 있다.
- 여러 영역의 놀이 활동이 연계 · 통합되도록 지원할 수 있다.

주요용어

놀이지도

관객, 무대관리자, 공동놀이자, 놀이리더, 비참여, 감독의 역할

환경조절하기, 놀이유지하기, 대화하기, 칭찬하기, 방향제시하기, 참여하기, 시범보이기, 교수하기, 통제 · 명령하기

역할놀이, 쌓기놀이, 운동놀이, 언어놀이, 수 · 조작놀이, 물 · 모래놀이, 과학놀이, 미술놀이, 음률놀이

1 놀이지도의 의의

영유아의 발달에 적합한 놀이지도를 하기 위해서 교사들은 놀이가 무엇인지, 놀이의 중요성은 무엇이고, 영유아에게 유용한 놀이 유형은 무엇인지, 교사의 역할은 무엇인지 등에 대한 이론들에 대해 인식하고 있어야 한다.

다양한 놀이에 대한 이론이 존재하며, 이러한 이론들은 영유아의 놀이를 관찰하고, 이해하고, 지도하는 데 독특하고 다양한 시각을 제공하고 있다. 어떤 이론을 적용하는 것이 유용한가에 대해서는 최근까지도 다양한 의견이 존재하며, 이와 함께 교사의 놀이지도와 개입에 대해서도 찬반논쟁이 계속되고 있는 실정이다.

교사의 놀이개입을 옹호하는 관점에서는 영유아들의 놀이 활동에 대한 적절한 개입이 특정한 놀이기술을 증진시키기 때문에 이것이 놀이 유능성과 연결되어 궁극적으로 영유아의 제 영역의 발달을 촉진시킬 수 있다는 입장이다. 교사의 놀이개입은 영유아의 상상놀이 정도, 창의성, 인지능력, 보존과제, 이야기 해석의 증진과 사회극 놀이에의 자발적 참여, 그룹활동성, 주의력, 놀이지속시간에 영향을 주는 것으로 나타났다. 또한 언어 이해, 언어 유창성, 다른 사람의 견해 고려, 사회적응력, 성인애착, 또래와의 사회적 상호작용, 언어적 상호작용, 충동 조절, 공격성 감소, 갈등 해결, 놀이 확장 등에 바람직한 영향을 주는 것으로 나타났다(박찬옥 외, 2014).

이에 반해 교사의 놀이개입을 반대하는 입장에서는 영유아들이 스스로 놀이 활동을 이끌어 나가야 하며, 성인들은 영유아의 놀이를 방해하지 말아야 한다고 주장한다(Biber, 1984). 영유아들이 자기 주도적인 놀이를 통해 스스로 자신들의 놀이 활동을 계획하고 진행할 때 진정한 놀이의 가치를 맛볼 수 있으며, 개인적인 의미를 지닌 놀이 관심을 다양한 감정으로 표출할 수 있기 때문에 교사는 놀이 중인 영유아들을 관찰하고 평가할 뿐 그 이상의 개입을 통해 영유아들의 놀이를 방해하지 말아야 한다는 것이다(Trawick-Smith & Dziurgot, 2010).

이러한 교사의 놀이개입에 대한 찬반 논쟁은 양쪽 모두 일리가 있다. 교사의 놀이개입이 긍정적인 효과를 가져 올 수도 있고, 부정적인 효과를 미칠 수 있다. 여기서 중요한 것은 교사가 영유아들과 상호작용하는 방식이다. 교사가 놀이에 얼마나 개입하는가보다는 어떻게 개입하는가가 더 중요하다는 측면에서 교사의 바람직한 역할과 효과적인 놀이 개입에 대한 심도 있는 논의가 필요함을 의미한다(유한나, 엄정애, 2014). 교사가 발달에 최적화된 좋은 놀이 환경을 제공하고 영유아들의 놀이를 주의 깊게 관찰하며 민감하고 지지적인 방식으로 상호작용을 한다면 영유아들의 놀이는 확장될 수 있을 것이다. 이를 위해 영유아의 자발적인 놀이, 교사가 인도하는 놀이, 교사가 지도하는 놀이 등의 놀이를 영유아의 발달수준과 흥미를 고려하여 골고루 경험할 수 있도록 균형을 잡아야 한다(이숙재, 2014).

교사의 좋은 개입은 영유아들의 개별적인 놀이 상황을 세심히 관찰하고, 그들의 요구를 파악하는 평가를 하여 교사가 할 개입 수준을 정하고 상호작용을 하지만 영유아들끼리의 놀이가 잘 진행될 때는 조용히 물러나서 독립적인 놀이를 하도록 하는 것이다. 하지만 나쁜 개입의 경우, 놀이에 지나치게 개입하게 되어 영유아들의 상호작용을 변화시키므로 놀이 흐름이 영유아들의 의도대로 되지 않게 만든다(안혜준 외, 2016).

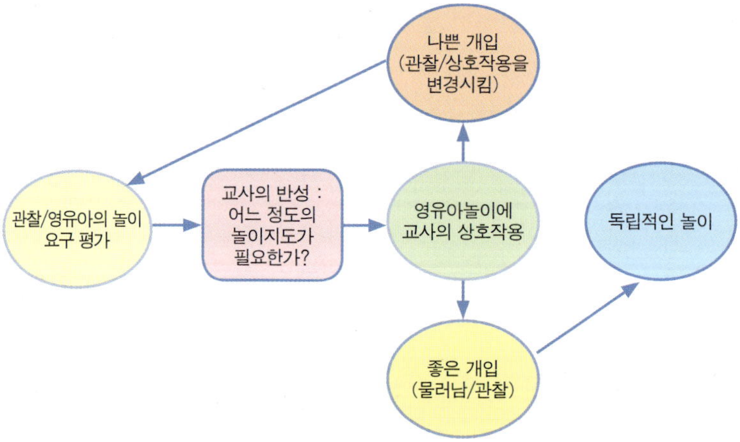

〔그림 6-1〕 교사 개입의 예시

출처: Trawick-Smith & Dziurgot(2010).

놀이에 적절하게 개입을 하기 위해서는 다음과 같은 가이드라인을 염두에 둘 필요가 있다(Frost, Wortham & Reifel, 2012).

첫째, 놀이 중인 영유아들에게 개입하기 이전에 관찰을 한다. 영유아들이 진행 중인 놀이의 유형과 필요한 자료, 교사의 도움 등을 관찰을 통해 파악하여야 한다.

둘째, 교사는 상호작용의 목적을 계획하여야 한다. 영유아들과의 상호작용이 언어 발달을 촉진시키기 위한 것인지, 가상놀이를 풍부하게 하기 위한 것인지 개입의 목적을 분명히 하여야 한다. 만일 개입의 목적이 분명하지 않다면 놀이에 개입하기에 적기가 아닐 수 있음을 유념해야 한다.

셋째, 현재 영유아들이 하고 있는 놀이와 원하는 바에 교사의 상호작용을 맞춰야 한다. 지나치게 많은 지원을 하지 말고, 스스로 놀이할 수 있도록 도와주어야 한다.

넷째, 영유아들의 놀이를 주도하거나 지시하지 않도록 하여야 한다. 영유아의 리드를 따르고 절대로 진행 중인 놀이 주제를 방해해서는 안 된다.

다섯째, 영유아들의 놀이에서 빨리 빠져나온다. 영유아들과 함께 하는 놀이가 즐겁다 할지라도 교사의 역할은 영유아들의 자율적인 놀이를 촉진시키는 것이지 계속적인 놀이 파트너가 되는 것은 아니다.

여섯째, 자신이 개입했던 상호작용의 결과를 관찰하여야 한다. 교사의 개입이 놀이를 풍부하게 했는지, 반대로 놀이를 방해했는지, 어떤 유형의 상호작용이 가장 성공적이었는지를 반성하고 이를 다듬어 보완하도록 한다.

이러한 놀이 지도 가이드라인을 염두에 둘 때 효과적인 놀이지도가 가능해진다.

놀이지도의 의의를 살펴보면 다음과 같다(박찬옥 외, 2014; 유효순, 조정숙, 2004; 지성애, 2000; Johnson, Christie & Yawkey, 1999).

첫째, 놀이지도를 통해 교사와 영유아 간의 친밀한 관계를 형성할 수 있다. 놀이 시 교사와의 긍정적인 상호작용을 통해 다른 어떤 활동시간보다 교사와 친밀감을 형성할 수 있는 좋은 기회가 된다. 교사와 영유아가 함께 하는 놀이는 즐겁고 편안한 분위기를 조성하여 영유아는 교사가 권위적인 대상이 아닌 가까이할 수 있는 친밀한 사람임을 알게 된다.

둘째, 교사가 놀이에 관심을 보이거나 함께 놀이에 참여하면 놀이에 더 집중하여 지속시간이 늘어나게 되고, 놀이가 더 정교해진다. 이때 영유아들은 자신들의 놀이를 교사가 인정하는 것으로 여기지만 관심 없는 태도나 무시하는 태도를 보이면 교사가 자신들의 놀이를 가치 없는 것으로 여기고 있다고 생각한다.

셋째, 놀이지도는 영유아 놀이의 질적 수준을 높일 수 있으며, 놀이를 다양하게 하여 영유아의 인지 · 언어 · 사회 · 정서 발달이 촉진되도록 도움을 줄 수 있다. 놀이지도는 탐색활동을 증가시키고, 놀이과정에서 직접 사물을 관찰하고 다루어보는 경험을 하게 함으로써 물리적 지식을 습득하게 하고 사고능력을 발달하게 하며, 놀이 속에서 영유아는 사회적 일상을 경험하고 읽기와 쓰기를 접하게 되면서 언어와 문해력 발달이 촉진된다. 또한 영유아들의 감정을 자유롭게 표현하게 함으로써 부정적인 감정을 감소시켜주고, 놀이 속에서 자신의 감정을 표현하며, 안정감을 느끼고, 협동심, 공유하기, 협상하기, 리더십 및 문제해결기술을 발달시킬 수 있는 기회를 제공함으로써 영유아들이 다른 사람들과 어울려 지내는 방법을 익히게 된다.

넷째, 놀이지도를 통해 교사는 영유아 놀이의 범위를 확장시키고, 학습효과를 강화시킬 수 있는 놀이자료, 생각과 기술을 제공하여 놀이를 풍부하게 할 수 있다.

2 교사의 역할

영유아의 놀이에 있어서 교사는 영유아의 놀이를 향상시킬 수 있는 매우 중요한 인적자원이다. 교사는 영유아들의 놀이를 풍부하게 하고, 영유아가 단순한 놀이를 반복적으로 하는 것에서 벗어나 발달과 학습을 촉진하는 질 높은 수준의 놀이를 할 수 있도록 돕는 역할을 한다(안혜준 외, 2016). 교사가 영유아의 놀이에 적절하게 참여하여 놀이를 중재할 때 놀이가 활성화되며, 양적 · 질적으로 향상되고, 정교화되므로 영유아가 성공적인 놀이자가 되도록 하는 데 교사는 매우 중요한 변인이 된다(박찬옥 외, 2014). 따라서 교사는 영유아의 놀이를 학습과 교육의 경험으로 연결하여 교육 효과를 증진시키는 데 활용해야 한다(Johnson, Christie & Wardle, 2005).

놀이지도 방법은 학자마다 다른 범주 체제로 구분하고 있다. 대표적인 놀이지도 방법으로 존슨과 크리스티와 와들은 [그림 6-2]에서와 같이 교사의 역할 6가지를 연속선의 형태로 배열하여 설명하고 있다. 최소한의 개입부터 최대한의 개입까지 연속선상에서 비참여자, 관객, 무대관리자, 공동놀이자, 놀이리더, 감독자/방향전환자로 구분하였다.

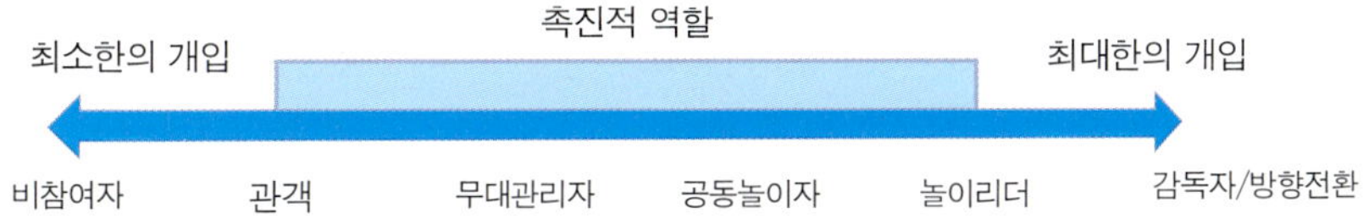

〔그림 6-2〕 교사개입의 연속선

교사가 영유아들의 놀이에 직접 참여해야 하는 경우가 있다. 비고츠키(Vygotsky, 1978)는 영유아의 근접발달지대(ZPD) 내에서 자기 스스로 해낼 수 없는 활동에 참여하여 발달을 이끌어주어야 하지만 성인의 개입은 "상호작용을 유지하는 데 문제가 있는 특정한 유아나 집단에게만 필요하다"고 한 바 있다(Brodrova & Leong, 1998). 교사들은 이미 영유아가 가장하고, 표현하고, 생각을 진행하고 있는 중인데 이를 강화하려고 개입하는 것은 삼가야 한다. 놀이는 사고와 학습을 발전시키려는 것보다는 영유아들이 현재 하고 있는 놀이를 풍부하게 하는 것이 목표가 되어야 한다.

영유아의 놀이를 촉진시키는 교사의 역할을 긍정적인 역할과 부정적인 역할로 나누어 알아보면 다음과 같다.

(1) 긍정적인 역할

① 관객의 역할

관객(onlooker)의 역할은 영유아의 놀이 활동을 감상하는 관중 혹은 구경하는 사람의 역할을 말한다. 영유아들이 놀이하는 영역 밖의 가까운 공간에서 놀이하는 것을 바라보며 고개를 끄덕이거나 엄지손가락을 치켜 올리는 것과 같은 비언어적 표현, '재미있겠네!'와 같은 언어적 표현방식으로 영유아들의 놀이를 인정하고 격려해준다. 영유아의 놀이에 참여하거나 놀이 흐름에 방해를 주는 행동은 하지 않으면서 가끔 짧게 자신의 의견이나 조언을 할 수도 있다. 영유아들의 놀이 활동에 보이는 이러한 교사의 관심은 그들로 하여금 교사가 놀이 활동을 인정하고, 중요하게 여기고 있음을 느끼게 해준다. 관객의 역할을 위해서 필수적인 것은 관찰인데, 관찰은 영유아들의 놀이에 대한 자세한 정보를 제공해 준다. 교사는 관찰을 통해 얻은 정보를 바탕으로 보다 직접적으로 개입해야 할 시기와 적절한 개입의 유형을 판단해서 영유아들의 놀이 흐름을 깨지 않도록 한다.

② 무대관리자의 역할

무대관리자(stage manager)는 영유아들의 놀이 주변에 머물고 놀이에 참여하지는 않으면서 영유아의 놀이 준비를 돕는 데 있어서 적극적인 역할을 하는 것을 말한다. 영유아가 요청하는 자료를 준비해 주고, 영유아의 놀이에 필요한 소품이나 의상, 무대장치 등을 만드는 것을 도와준다. 영유아의 진행 중인 놀이를 확장시켜주기 위해 "비행기 놀이를 하는데 비행기 티켓이나 필요한 소품을 만들면 어떨까?", "승객이 앉는 좌석을 교실에 있는 의자를 가져와서 꾸며보면 어떨까?"와 같이 주제와 관련된 적절한 내용을 제안할 수도 있다.

③ 공동놀이자의 역할

공동놀이자는 실제로 놀이에 참여하여 적극적인 참여자가 되어 영유아들과 동등

한 놀이파트너 역할을 하는 것을 말한다. 이때 중심 역할은 영유아가 맡도록 하고, 교사는 비중이 작은 역할을 맡는 것이 바람직하다. 영유아가 교사를 놀이에 초대하는 경우나 교사가 놀이에 참여하기 어려워하는 영유아, 한 가지 놀이만을 계속하는 영유아를 다양한 놀이에 참여시키는 경우에 교사는 공동놀이자의 역할을 함으로써 영유아들의 적극적인 놀이 참여에 도움을 주게 된다. 이러한 역할은 교사가 놀이 중에 자연스럽게 역할극에 필요한 가작화 전이, 진행 중인 놀이에 자연스럽게 참여하는 방식 등의 또래 상호작용 전략을 보여주는 기회가 된다.

④ 놀이리더의 역할

놀이리더의 역할은 영유아들의 놀이상황에 들어가 함께 놀이하되 공동놀이자보다 적극적인 참여를 하는 것을 말한다. 교사는 영유아들이 진행하는 놀이의 진행에 어려움이 있거나 놀이에 대한 관심과 흥미가 떨어져 놀이가 중단될 위기에 있을 때 새로운 소품이나 "너희들이 있는 공원에 공룡이 나타났어."와 같이 사건의 요소를 첨가함으로써 긴장감을 더해 영유아의 놀이를 정교화하고 관심을 다시 놀이로 돌릴 수 있도록 도와준다.

(2) 부정적인 역할

① 비참여자의 역할

비참여자의 역할은 교사들이 영유아들의 놀이 활동 시간을 자신의 업무시간으로 활용하거나 사담을 나누는 등 놀이 관찰을 하지 않는 것을 말한다.

교사의 놀이 개입이 이처럼 최소화된 경우, 영유아들은 단순한 기능적 놀이나 거친 신체놀이와 같은 활동을 하는 경향을 나타낸다(Enz & Christie, 1997). 사회극놀이의 에피소드가 너무 단순하거나 시끄러운 특성으로 인해 교사는 놀이 행동을 억제하는 비참여자의 역할을 하기도 한다.

② 감독의 역할

감독의 역할은 교사들이 영유아들에게 어떻게 놀이해야 할지 주도권을 쥐고 감시는 하는 것을 말한다. 이때 교사의 놀이 개입과 통제가 지나치게 많아지므로 영유아는 놀이에 흥미를 잃고 놀이를 중단하게 되는 경우가 나타나기도 한다. 이러한 역할은 영유아들로 하여금 모든 것을 교사에 의해 관찰당하는 기분을 들게 해서 창의적이고 자율적인 놀이행동이 위축되거나 자발적인 놀이 참여를 줄어들게 하는 부정적인 상황을 초래하게 된다.

이상에서 살펴본 바와 같이 바람직한 놀이 지도방법은 관객, 무대관리자, 공동놀이자, 놀이리더의 역할의 네 가지 유형이다. 비참여자와 감독의 역할과 같이 교사가 놀이를 방관하거나 놀이에 지나치게 개입할 때 부정적인 영향을 주게 되므로 효과적인 놀이지도를 위해서는 교사의 개입정도가 적당하여야 한다.

또래 놀이에 참여하지 못하는 영유아를 돕기 위한 교사의 전략

• 놀이 권유하기

놀이영역을 소개하여 활동영역을 확대시키고 교실에 친근감 및 정서적 안녕감을 형성하게 하기 위해 관심을 보이는 영역의 놀이를 권유해 준다. 상호작용이 많은 역할이나 쌓기 영역에서 놀이하도록 유도하며 놀이에 대한 관심을 기초로 도와주거나 나눠주는 등의 친사회적 행동을 유발하게 해준다. 또래놀이 영역을 배회해 보거나 따라하도록 권유할 수도 있다.

• 교사와의 친근감 형성하기

대화와 스킨십을 많이 함으로써 유아교육기관과 교사에게 편안함을 느끼며 정서적 안정감을 갖게 한다.

• 또래와 친해질 수 있는 기회 제공하기
또래와 친근감을 형성하기 위해 상호작용하며 함께 놀이할 수 있는 기회를 주고 특정 또래와 친숙해지도록 유도하거나 또래와 짝지어 심부름을 시킬 수 있다.

• 놀이방법 모델링하기
놀이집단에 가입하려는 의사표현방법을 말로 알려줌으로써 의사소통능력을 향상시킬 수 있다. 함께 놀이하며 참여시킴으로써 또래집단 놀이에 친근해지게 할 수도 있다.

출처: 박찬옥 외(2014).

3 영역별 놀이지도 방법

1) 역할놀이 지도

역할놀이란 영유아들이 흥미로운 사건, 상황, 역할, 대상 등을 모방하면서 놀이로 재연해 보는 것을 말한다.

역할놀이의 교육적 가치를 살펴보면 다음과 같다.

① 역할놀이를 함으로써 영유아의 사회성이 발달한다. 또래들과 함께 놀이에 참여하면서 역할과 놀잇감을 나누고 도와주고 협력하고 타협하는 사회적 기술과 다른 사람의 관점에서 세상을 경험하고 조망수용능력과 감정이입 능력이 발달하게 된다.

② 역할놀이는 영유아의 정서발달을 촉진한다. 역할놀이 속에서 자유롭게 놀이를 구성하고 표현해 봄으로써 놀이 속에서 자신의 감정을 투사하게 되고 이를 통해 부정적인 정서를 해소하고 정화하게 된다.

③ 역할놀이는 영유아의 인지발달 향상에 도움을 준다. 놀이에 참여하면서 실제로

경험한 사건이나 인물을 모방하여 놀이하므로 모방에 의한 역할놀이가 영유아의 사고력과 문제해결력을 증진시킨다.

④ 역할놀이는 영유아의 창의력을 증진한다. 영유아의 상상력, 창의력, 자율성에 따라 자유롭게 구성된 놀이에 참여하면서 놀이과정을 새롭게 창조해 보고 적용해 보는 기회를 경험하게 된다.

⑤ 역할놀이는 영유아의 언어능력을 발달시킨다. 또래들과 상호작용을 하면서 자신의 생각과 느낌을 표현하는 의사소통력이 향상된다.

교사가 역할놀이를 촉진시키기 위해 적용할 수 있는 구체적인 지도방법을 살펴보면 다음과 같다.

첫째, 관찰을 통해 영유아의 놀이를 발전시키고 확장시켜야 한다. 관찰이란 단순히 보거나, 주의해서 보기만 하는 수준의 활동이 아니라, 보는 활동을 통해 무엇인가 깨닫게 되거나 알아가는 과정을 말한다(이한영, 2010). 역할놀이에 필요한 놀잇감이나 자료를 적절히 준비하고, 놀이에서 일어나는 상호작용 방식, 영유아가 도움을 청하는 상황 등에 대한 주의 깊은 관심이 필요하다.

● 역할놀이 관찰 항목

- 놀이에 참여하는 영유아
- 놀이에서의 역할
- 놀이확장을 위한 도움과 자료
- 놀이시간
- 상호작용
- 놀이집단
- 동선

둘째, 중재자로서의 역할을 통해 놀이 시작 전에 미리 역할놀이 방법에 대해 알아보면서 역할의 종류를 정하고 인원이나 순서 등을 구체적으로 결정해 보도록 유도함으로써 놀이 중 발생할 수 있는 갈등을 미연에 예방할 수 있다. 각각의 역할을 맡을 사람이 해야 할 말과 행동을 생각해 보도록 상호작용 함으로써 영유아들이 다양하고 유연하게 생각해 볼 수 있는 기회를 마련하고 어울리는 행동을 할 수 있도록 도와줄 수 있다.

교사는 역할놀이에 대한 정확한 이해를 바탕으로 영유아들의 역할놀이를 적극적으로 관찰하여 그들의 역할놀이 수준을 살펴보고, 놀이 상황에 적절한 방법으로 참여하고 개입해야 한다. 교사의 역할놀이 개입 유형은 〈표 6-1〉과 같다.

〈표 6-1〉 교사의 역할놀이 개입유형

개입 유형	내 용
환경조절하기	놀이 자료의 첨가 및 환경의 재구성과 조정하기
놀이유지하기	놀이 진행과정의 보조 및 유지를 위한 도움 주기
대화하기	현재 활동, 흥미, 상황에 관한 영유아와 교사 간 일상 대화하기
칭찬하기	놀이과정이나 행동, 영유아의 성취 결과에 대한 긍정적 강화하기
방향제시하기	놀이의 중단 또는 반복적 활동 시 대안이나 방향 제시하기
참여하기	진행 중인 영유아들의 놀이에 교사가 한 역할이나 위치에서 참여하기
시범 보이기	놀이의 적절한 과정에 대한 실제 실행의 모델 보이기
교수하기	사실, 개념, 과정에 대하여 직접 설명하거나 가르치기
통제 · 명령하기	지시, 명령을 통한 직접적인 행동 요구하기

출처: 신은수(1995).

다음은 역할놀이 영역에서 교사가 개입한 예이다.

지원이는 역할놀이 영역에서 다른 유아들이 가게 놀이를 하고 있는 모습을 물끄러미 바라만 보고 있다. 쳐다만 볼 뿐 같이 활동하려는 시도는 보이지 않는다. 이를 관찰하던 교사가 지원이에게 다가가 개입을 한다.
교사: 지원아, 오늘은 선생님이랑 같이 가서 가게 놀이 해볼래?
지원: (쑥스러운 듯 머리를 긁적이며) 네.
교사는 지원이와 함께 역할영역으로 간다.
이미 은진이가 주인역할을 맡아 먼저 놀이를 시작하고 있다. 교사가 은진이에게 다가간다.
교사: 여기는 어떤 물건을 파는 곳인가요?
은진: 여기요? 과일을 파는 가게예요.
교사: 어떤 과일이 있는데요?
은진: (과일이 있는 곳으로 가서 과일들을 가리키며) 여기 보면 사과, 배, 귤, 포도….
이런 과일이 있어요. 골라보세요.
교사: 근데 이따 계산은 어떻게 하나요?
은진: 저기 우리가 만든 돈으로 하면 돼요.
교사: 지원아, 여기 과일이 많이 있네. 우리 과일 사가지고 가자.
(은진이에게) 어? 근데 이걸 어디다 담나요?
은진: 돈은 저기 있는 지갑에 있는 거 쓰면 되고 이쪽에 있는 장바구니 가져가면 돼요.
지원이가 얼른 가서 아이들이 만들어 놓은 돈이 든 지갑이랑 장바구니를 가져온다.
교사: 지원이가 돈이랑 장바구니를 가져왔구나. 우리 여기다 사고 싶은 과일을 담아 보자.
지원이는 과일을 몇 가지 골라 담는다.
교사: 그 다음에는 뭘 할까?
지원: 계산해야죠.
교사는 지원이와 함께 은진이가 서 있는 계산대 앞으로 가서 과일을 올려 놓는다.
은진: 손님, 3500원입니다.
교사: 네, 여기 있습니다. 돈은 지원이가 낼 거예요.
은진이가 과일을 계산해 주고 지원이가 돈을 지불한다.

출처: 황소영(2011).

주로 혼자놀이를 하고 주변 또래들과 상호작용이 없는 영유아를 관찰한 후, 교사가 놀이에 참여하기를 제안하고, 교사 스스로가 참여자가 되어 다른 또래와의 상호작용하는 방법을 모델링 해주면서 놀이방향을 제시해 주어 놀이에 참여하도록 유도하는 것을 보여주는 예이다.

역할놀이에서 교사의 모델링 또한 매우 중요하다. 따라서 교사는 놀이 상황에 적절한 어휘를 사용하고, 놀이의 내용과 상황에 어울리는 적절한 대화를 이끌어갈 수 있도록 해야 한다. 또한 영유아들의 놀이가 확장되지 못할 경우 자연스럽게 놀이 주제나 상황을 제안할 수도 있다. 하지만 교사가 대화를 주도하거나 역할놀이를 통제하는 것은 역효과를 가져올 수 있으므로 주의하여 중재하도록 한다.

또한 교사는 영유아들이 자기 주도적으로 놀이하면서 또래 간의 상호작용이 활발히 진행되도록 격려하기 위해 놀이에 참여하는 것이므로 놀이 상황에 개입하고 개입을 철회하여 놀이에서 빠져나오는 시점도 중요하다. 영유아들이 놀이의 주체가 되어 주도권을 가지고 놀이에 몰입하게 될 경우 교사는 놀이에 방해가 되지 않도록 점진적으로 놀이에서 빠져나올 수 있어야 한다.

셋째, 역할놀이 주제에 대한 이해를 높이고 심화시키기 위한 도움도 제공되어야 한다. 역할놀이 주제와 관련된 이야기를 나누거나, 관련 동화를 들려주고, 현장견학이나 외부인사 초청을 통해 놀이를 확장시킬 수 있다. 예를 들어, 도서관 놀이를 계획할 경우에 도서관의 하는 일과 일하는 사람들에 대한 이야기 나누기를 하거나 사라 스튜어트의 〈도서관/시공주니어〉과 같은 동화를 읽고, 직접 도서관에 가보거나 도서관에서 일하시는 사서를 초빙하여 수업에 활용하면 도서관 놀이에 대한 아이디어를 얻어 그 경험과 개념의 확장이 놀이에 반영되어 수준 높은 역할놀이로 이어질 수 있게 된다.

넷째, 역할놀이 영역은 영유아들의 신체적 움직임이 많이 일어나는 역동적인 영역이므로 쌓기 놀이나 음률 놀이와 같은 활동적인 영역과 가까이 배치하여 통합된 놀이를 시도할 수 있다. 이때, 공간 크기를 재구성하여 놀이 영역을 확장시켜 줄 필요가 있다. 역할놀이 공간과 다른 흥미 영역의 공간을 결합하여 영역을 재구성함으로써 공간을 최대한 융통성 있고 효율적으로 사용할 수 있게 된다. 예를 들어, 음식점 놀이를 계획할 때, 쌓기 놀이 영역과 통합하여 공간을 확장하여 마련하고 쌓기 영역의 블록을 활용하여 음식점의 인테리어에 활용한다면 공간 활용의 효율성을 극대화할 수 있다.

다섯째, 현재의 놀이가 더 이상 활성화되지 않는다면 새로운 놀이로의 전환을 유도한다. 관찰을 통해 새로운 놀이 주제의 제안이 필요한지 판단하고, 영유아들의 의견을 적극적으로 반영하도록 한다.

2) 쌓기놀이 지도

쌓기놀이란 여러 종류의 크기, 색, 모양, 형태의 블록과 소품을 이용하여 구조물을 창조하는 활동을 말한다. 영유아들은 블록을 이용해 구성물을 만들고 부수는 과정 속에서 다양한 창의적 방법으로 놀이하면서 신체, 언어, 인지, 정서, 사회성 및 창의성 발달 등 전인적 발달을 도모하게 된다.

쌓기놀이의 교육적 가치를 살펴보면 다음과 같다.

① 쌓기놀이는 영유아의 정서발달을 촉진시킨다. 영유아 스스로 구조물을 완성했을 때의 성취감과 만족감을 느끼게 해주며, 이를 통해 긍정적인 자아개념을 형성할 수 있다. 또한 블록을 쌓고 무너뜨리는 과정에서 건설과 파괴의 욕구를 충

족시키고 즐거움을 느낀다.

② 쌓기놀이를 통해 영유아의 사회성이 발달한다. 구조물을 만들 때 친구와 블록을 함께 나누게 되고, 친구의 구조물을 넘어뜨리지 않기 위해 배려하며 조심하면서 친사회적 행동을 배우게 된다. 공동작업의 기회를 통해 협력하는 방법을 습득하게 되고, 목표를 세우고 하나의 구조물을 함께 완성하는 과정에서 또래와 의견을 나누고 서로 다른 의견을 조율하게 되며, 이 과정에서 영유아는 사회적 관계 형성을 경험하게 된다. 또한 문제해결 경험과 사회적 학습을 촉진할 수 있는 의미 있는 장을 제공한다.

③ 쌓기놀이는 영유아의 신체발달을 촉진한다. 블록을 들어보고 쌓아 올리고 운반하여 복잡한 구성물을 만드는 과정을 통해 눈과 손의 협응력, 시각적 인식, 대소근육의 협응력 등 신체적 능력을 발달시킨다.

④ 쌓기놀이는 영유아의 인지발달을 도와준다. 쌓기 놀이를 통해 영유아는 물리적 지식과 조작 기술을 습득하게 되고, 다양한 과학적 개념 및 원리를 경험하게 된다. 또한 수개념, 공간관계, 분류, 측정능력 등의 수학적 개념도 익히게 된다.

⑤ 쌓기놀이는 영유아의 언어발달을 촉진시킨다. 쌓기 놀이를 통해 블록의 형태, 크기, 위치, 상호관계 개념에 필요한 어휘들을 자연스럽게 학습하게 된다. 자신이 계획하는 형태나 작품을 설명하고 완성된 구조물을 소개하는 과정을 통해 언어능력이 증진된다.

⑥ 쌓기놀이는 미적 감각의 발달을 촉진한다. 대칭과 균형, 반복과 통일 등의 조화로운 형태를 만들어가며 영유아의 미적 감각이 향상되고, 주어진 공간에서 건축의 미를 경험하게 된다.

교사가 쌓기놀이를 촉진시키기 위해 적용할 수 있는 구체적인 지도방법을 살펴보면 다음과 같다.

첫째, 영유아를 개별적으로 관찰한다. 교사는 관찰을 통하여 영유아가 쌓기놀이 발달단계 중 어느 단계에 속하는지 알 수 있으며, 중재 여부와 시기, 방법 등을 결정할 수 있다.

● 쌓기놀이 관찰 항목

- 쌓기놀이 구성단계
- 놀이에 참여하는 영유아
- 사용하는 블록의 크기와 모양
- 완성된 구조물에 대한 설명
- 놀이 중 발생한 문제해결 방식

1단계: 블록 나르기
2단계: 블록 쌓아올리기와 바닥에 늘어놓기
3단계: 구조물을 만들기 위해 블록을 연결하기
(폐쇄공간 만들기, 다리 만들기, 디자인 만들기)
4단계: 정교한 구조물 만들기

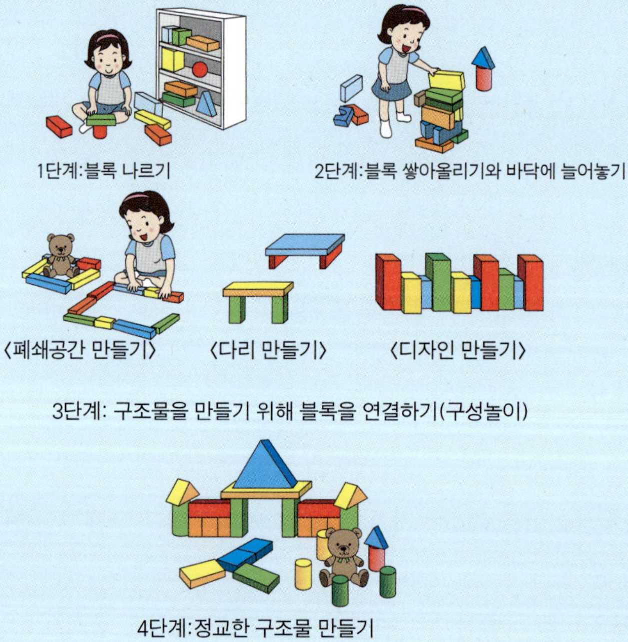

〔그림 6-3〕 쌓기놀이 발달단계

출처: 박찬옥 외(2014).

둘째, 영유아가 쌓기놀이에 관심을 갖고 즐겁게 활동에 참여하도록 도와준다. 영유아들에 따라 놀이에 대한 선호가 매우 다르므로 쌓기놀이에 참여하지 않을 경우에 그 이유가 무엇인지 면밀히 살펴볼 필요가 있다.

● 영유아가 쌓기놀이를 하지 않는 이유

- 새로운 활동을 시도하기가 두렵기 때문에
- 어떻게 해야 할지 방법을 알지 못하기 때문에
- 실패에 대한 두려움이 있을 때
- 쌓기놀이 영역의 소음이 싫을 때
- 다른 놀이에 더 큰 흥미를 느낄 때
- 쌓기놀이는 남아들만 하는 놀이라는 편견을 가질 때

영유아가 쌓기놀이에 쉽게 참여할 수 있도록 하기 위한 방법 중 하나는 교사가 직접 놀이에 참여하는 모습을 보여주는 것이다. 관심은 있으나 직접 놀이 영역에 들어와 또래들과 함께 놀이하기를 주저하는 영유아에게 교사가 함께 놀이에 참여함으로써 쌓기놀이 활동을 제안하는 것이다. 우선 가까이서 교사가 직접 활동에 참여하는 모습을 지켜보게 하고, 관심을 보일 경우 놀이 활동과정을 영유아에게 설명해 준다. 점차 영유아의 반응을 살피면서 교사가 영유아에게 도움을 청해 보기도 하고, 함께 놀이를 하다가 영유아가 편안함을 느끼고 적극적으로 참여하게 되면 점차 독립적으로 구성물을 만들도록 격려하며 혼자 만든 것에 대해 칭찬해 주어 긍정적인 강화를 통해 성취감을 느낄 수 있도록 돕는다.

또한 일반적으로 쌓기놀이에 대한 참여도가 낮은 여아들이 놀이에 참여하도록 하기 위해서 여성 건축가의 작품을 보여주어 쌓기놀이는 남자만 하는 놀이라는 성에 대한 고정관념을 없애 준다. 예를 들어, 동대문 디자인 플라자(DDP)를 건축한 이라크의 여성 건축가 '자하 하디드'의 이야기를 들려주거나 인터넷을 통해 조사해 봄으로써 편견을 갖지 않도록 도와주고, 놀이 평가시간에 여아들이 직접 만든 구조물을 소개하거나 격려하는 기회를 자주 갖도록 함으로써 놀이 참여를 독려할 수 있다.

셋째, 교사는 영유아의 놀이 활동에 함께 참여하며 적절한 중재와 상호작용을 하고, 영유아들 간에 협동이 이루어질 수 있도록 격려해 준다. 상호작용에 앞서 주의 깊은 관찰을 통해 영유아들의 활동상황을 이해하고 자연스럽게 다가가 병행놀이 수준에서 협동 활동 수준까지 참여 정도를 달리하며 중재하도록 한다. 놀이에 필요한 새롭고 다양한 어휘와 확산적 사고를 유발하는 개방형 질문을 사용함으로써 자신의 느낌이나 작품에 대한 생각을 표현할 수 있는 경험을 제공한다. 쌓기놀이 영역에서는 영유아들이 협력함으로써 혼자서는 만들어낼 수 없는 공유된 창조가 가능하므로(Schrage, 1990) 협동작업이 자연스럽고 활발하게 이루어질 수 있도록 다음을 고려할 필요가 있다.

● 쌓기놀이 시 협동적 요소

- 공동 목표의 설정(예: "~할 사람 여기여기 붙어라.", "~하지.")
- 공동 목표 또는 공동 과제에 대한 이전 경험
- 스스로 역할 정하기(예: 내가 찻길 만들게)
- 놀잇감 특성에 따라 놀잇감을 선정하고 활용하는 기술
- 놀이 질서를 유지하기 위한 영유아 간 합의된 규칙(예: 전시한 것을 부수지 않기)

쌓기놀이를 하다보면 종종 의견이 맞지 않아 영유아들 간에 갈등이 일어날 수도 있다. 이를 해결하기 위해 놀이에 필요한 규칙을 논의하고, 공동의 목표를 달성하기 위해 역할을 분담하고 함께 상호작용하면서 영유아들은 과정을 즐기고 결과물을 함께 공유하면서 의미 있는 경험을 하게 된다. 또한 협동과정을 통해 맛보게 된 정서는 활동 그 자체에 적극적으로 흥미를 갖고 지지하게 하는 원동력이 되므로(Moran & John-Steiner, 2003) 공동의 목표 성취를 통해 기쁨, 뿌듯함, 성취감 등을 느낄 수 있도록 협동 활동을 장려할 필요가 있다.

3) 운동놀이 지도

운동놀이란 주로 신체 수단을 사용하거나 신체적 운동반응이 요구되는 놀이이다. 운동놀이의 교육적 가치를 살펴보면 다음과 같다.

① 운동놀이는 영유아의 신체의 발육과 신체기관의 발달을 촉진시킨다. 활발한 전신의 움직임을 유발시키므로 이를 반복함으로써 영유아의 근 조직의 모세혈관과 골격, 근육을 발달시킨다. 내장의 여러 기관이 신체의 각 부분과 함께 움직이므로 혈액순환이 좋아지고 심장, 폐, 소화기관 등의 작용도 활발하게 한다.

② 운동놀이는 운동기능을 향상시킨다. 신체 균형, 민첩성, 신체기관 간의 협응력, 유연성, 순발력, 지구력 등 영유아의 신체 전반에 걸친 운동능력이 향상된다.

③ 운동놀이는 사회성 발달을 돕는다. 운동놀이를 통해 영유아는 협동심, 공동체 의식 등과 같은 사회적 기술과 태도를 발달시킬 수 있다. 또한 영유아가 자신의 신체를 원하는 대로 사용할 수 있다는 확신을 가져 자신감과 긍정적 자아개념을 발달시킨다.

④ 운동놀이는 영유아의 지적 발달을 촉진한다. 영유아는 자신의 신체를 다양하

게 움직이면서 높이, 거리, 방향 및 공간 개념뿐만 아니라 자신과 사물의 관계, 자신과 타인의 관계를 이해할 수 있게 되고 문제 상황 시 해결할 수 있는 능력을 갖게 된다. 더불어 다양하고 창의적인 동작을 신체로 표현할 수 있는 감각도 기르게 된다.

⑤ 운동놀이는 정서발달을 돕는다. 놀이 활동을 통해 얻을 수 있는 자신감, 활동을 수행한 후의 성취감, 만족감을 갖게 되며, 부정적인 감정을 발산하게 된다.

⑥ 운동놀이는 영유아의 안전능력의 증진을 도모한다. 영유아는 위험한 상황에 적절히 대처할 수 있는 능력이 부족한 반면, 호기심이 많아 쉬지 않고 탐색활동을 하므로 위험에 노출되기 쉽다. 운동놀이를 통해 유연하게 몸을 움직여 민첩하게 대처하는 능력과 몸의 균형을 유지하는 능력을 기름으로써 사고에 스스로 대처할 수 있게 된다.

운동놀이 지도를 위한 교사의 역할은 다음과 같다.

첫째, 영유아들의 운동놀이를 관찰한다. 놀이기구의 발달 수준에의 적합성, 충분한 놀이기구의 수, 놀이기구나 설비의 안전성, 견고성을 고려하고, 놀이하면서 또래들 간에 친사회적인 상호작용이 이루어지는지 등을 면밀히 관찰한다.

둘째, 운동발달 능력과 이동 · 비이동 · 조작의 운동기술을 고려하여 영유아들에게 바른 자세와 정확한 행동의 시범을 보여준다.

셋째, 운동놀이를 할 때는 다치는 경우가 종종 발생하므로 늘 유의하여 살피는 습관을 갖도록 한다.

넷째, 운동놀이 중 영유아가 어려움을 느끼거나 활동에 두려움을 느끼면 손을 잡아주거나 보조해 주면서 천천히 적응하도록 도와준다.

〈표 6-2〉 운동기술의 유형

구분	유형
이동기술	걷기, 점프, 뛰기, 갤로핑, 호핑, 슬라이딩, 스킵핑
비이동기술	뻗기, 구부리기, 떨기, 돌리기, 꼬기, 피하기, 떨어뜨리기
조작기술	당기기, 밀기, 들어올리기, 치기, 던지기, 차기, 공굴리기, 튀기기, 잡기

출처: Graham et al.(2004).; Pica(2004).

다섯째, 영유아들의 발달 수준에 맞고 흥미를 유발할 만한 다양한 활동과 기구 설비를 계획하여 제공한다. 게임이나 규칙이 있는 놀이는 단순한 것에서부터 복잡한 형태의 놀이로 계획하는 것이 좋다.

여섯째, 규칙이 있는 대집단 게임을 할 때 교사는 활동을 계획하고, 영유아에게 게임을 소개하며, 게임방법과 규칙을 직접 설명해 주거나 영유아들과의 토론을 통해 게임의 내용을 결정하며, 편을 나누고, 게임도구를 배치하는 등의 활동 전개를 통해 성공적인 실행이 가능하도록 준비한다. 게임 결과를 판정할 때 게임의 목적을 상기시키는 질문을 통해 재미를 위해 실시하는 활동임을 인식시킴으로써 지나친 경쟁이 일어나지 않도록 한다.

일곱째, 영유아의 건강과 안전을 위해 시설의 이상 여부를 미리 점검하고, 이상이 발견되면 즉시 수리하도록 한다. 날씨에 따라 미끄럽거나 위험하지 않은지 놀이 전 미리 살피고 놀이 후 손을 씻도록 하여 늘 위생에 신경을 쓰도록 한다.

4) 언어놀이 지도

영유아의 주변은 온통 음성언어와 문자언어로 가득 차 있다. 가족이나 또래들과 말하고 듣고, 가게간판이나 그림책, 과자봉지에 있는 글자를 읽고, 써보는 생활 속에서 언어와 항상 함께하고 있는 것이다. 언어놀이는 언어 영역과 단위활동에서만 이루어지는 것이 아니며, 다른 놀이 영역에서도 언어는 기본적으로 다루어진다.

언어놀이의 교육적 가치는 다음과 같다.

① 언어놀이는 영유아의 언어발달을 촉진한다. 언어놀이를 통해 영유아는 다른 사람의 말이나 동화 · 동시를 잘 듣고 이해하는 능력과 자신의 생각이나 느낌을 바르게 말로 표현하는 능력과 태도를 기른다. 또한 글자에 관심을 가지고 읽기 · 쓰기의 기초능력 향상을 통해 학습능력도 향상된다.

② 언어놀이는 사회 · 정서발달을 증진시킨다. 영유아들은 교사나 또래들과 책읽기, 이야기꾸미기 등의 활동을 통해 타인과의 관계형성의 즐거움을 알게 된다. 서로의 생각을 나누고 받아들이고 이해하며 함께 하는 다양한 활동을 경험하면서 사회적 기술과 자아존중감 및 자신감 향상이 자연스럽게 이루어진다.

③ 언어놀이는 인지발달에 도움을 준다. 영유아들은 언어교구나 또래와의 상호작용을 통해 확산된 사고력을 기를 수 있다. 특히 그림책 읽기를 통해 다양한 정보를 제공받고, 이야기 꾸미기나 동시 짓기 등을 통해 기억력 및 창의성 발달에 도움을 받게 된다.

언어놀이를 촉진시키기 위한 교사의 역할은 다음과 같다.

첫째, 교사는 발달 수준과 흥미를 고려하여 다양한 언어활동 자료를 준비해 준다. 주변에서 쉽게 접할 수 있는 인쇄물, 교실 내의 게시판, 생일판, 출석표, 놀이 이름표, 영역표시, 지켜야 할 규칙, 달력, 하루 일과표, 활동설명서 등 다양한 언어자료를 비치하도록 한다.

둘째, 하루 일과 중 모든 상황과 공간에서 교사는 언어발달의 모델이 되고 촉진자로서의 역할을 해주어야 한다. 적절한 속도와 정확한 발음, 문장으로 이야기하고, 영유아의 발달수준에 적합한 발문을 해주어야 한다. 또한 상황과 대상에 맞게 존댓말을 적절하게 사용할 수 있도록 지도하는 것도 중요하다.

셋째, 언어활동이 자발적으로 일어날 수 있도록 자연스럽고 편안한 분위기를 조성해 주어야 한다. 문해 발달이 느린 유아가 자발적으로 읽기 및 쓰기 활동에 관심을 갖도록 유도하고, 좌절감을 느끼지 않도록 배려한다.

넷째, 영유아로 하여금 자신의 의사를 자유롭게 표현하고 또래 간의 상호작용이 활발하게 일어날 수 있도록 인형극이나 역할극, 동극과 같은 소집단 활동을 이끌어 준다.

다섯째, 언어놀이에 필요한 말하기, 듣기, 읽기, 쓰기와 관련된 자료가 골고루 제공되도록 활동자료를 충분히 구비하고, 영유아의 수에 따라 충분하게 제공하여 자유롭게 사용할 수 있도록 비치한다.

5) 수 · 조작놀이 지도

수 · 조작 영역에서는 기초적인 수놀이 활동을 하고 퍼즐이나 구슬꿰기와 같이 손과 손가락의 소근육을 사용해서 놀잇감을 맞추고 분류하고 배열하는 등의 놀이와 게임을 한다. 수 · 조작놀이는 사물의 수나 양을 경험하고, 사물의 속성에 따라 분류하거나 조각 퍼즐을 맞추고, 바느질하기, 조작적 게임하기 등 구체적인 활동자료를 통해 경험하고 소그룹활동을 하는 것이다.

수 · 조작놀이가 갖는 교육적 가치는 다음과 같다.

① 수 · 조작놀이는 영유아의 신체발달을 촉진한다. 조작놀이에서 작은 조각들로 이루어진 교구 및 놀잇감들과 상호작용하면서 눈과 손의 협응력을 기를 수 있고, 소근육 운동능력이 발달된다. 또한 시각, 촉각 등 감각기관이 발달하게 된다.

② 수 · 조작놀이를 통해 인지발달이 증진된다. 수놀이에 참여하면서 분류, 서열화, 수개념 등이 발달되고, 조작놀이를 통해 시행착오를 경험하고 새로운 시도를 하면서 비판적 사고력, 탐구력, 관찰력, 집중력, 문제해결 능력 등을 기르게 된다.

③ 수 · 조작놀이는 사회성 발달을 증진시킨다. 또래와 함께 퍼즐을 맞추고 판게임 등을 하면서 규칙을 지키고, 문제해결을 하며, 의견을 나누는 경험을 하게 되는데 이를 통해 서로를 존중하고 이해히는 태도를 갖게 된다.

④ 수 · 조작놀이는 정서발달에 도움을 준다. 교구를 활용하는 방법을 알아나가면서 성취감을 느끼고, 긍정적인 자아개념을 형성할 수 있다.

수 · 조작놀이 지도를 위한 교사의 역할은 다음과 같다.

첫째, 다양한 놀잇감을 활용하여 수학적 개념 지식을 이해하도록 지도한다. 영유아들은 저울, 자 등 다양한 도구와 기계를 활용하면서 수, 공간과 도형, 규칙성 등의 수학적 개념들을 알게 되고, 이를 통해 주변 사물과 자연 현상에 지속적인 호기심을 가지고 탐구기술을 활용하여 탐구하는 태도를 증진시킬 수 있다.

둘째, 또래와 소집단으로 게임이나 퍼즐을 맞추는 활동을 제공함과 동시에 혼자서 교구를 조작하고 탐색할 수 있도록 격려해 주며, 놀이방법을 모르는 영유아들을 위해 시범을 보여준다. 교구와의 상호작용에 너무 몰두하여 또래와의 상호작용이 충분히 이루어지지 않을 경우 또래와의 사회적 상호작용을 통해 놀이할 수 있는 방법을 제안해 준다.

셋째, 영유아의 발달적 개인차를 고려하여 영유아의 발달수준에 적절하게 단순하고 쉬운 활동으로부터 복잡하고 어려운 활동으로 제공하고, 놀잇감도 다양한 수준을 고려하고 제공해 준다.

넷째, 놀이가 끝나고 난 후 원래 있던 자리에 놀잇감을 정리할 수 있도록 지도하며, 이 또한 다양한 준거에 의한 분류 개념을 익힐 수 있는 기회로 활용한다.

6) 물 · 모래놀이 지도

물 · 모래는 실내외에서 가능한 놀이로, 가지고 노는 그 자체가 영유아에게 큰 기쁨을 준다. 물 · 모래는 무형의 성질로 인해 마음대로 변형시키면서 실험할 수 있고 특별한 기술 없이 어떤 영유아도 쉽게 접근할 수 있고 큰 만족감을 준다.

물 · 모래놀이의 교육적 가치는 다음과 같다.

① 물 · 모래놀이는 영유아의 정서발달에 도움을 준다. 물 · 모래는 감촉 그 자체로 영유아에게 정서적 안정감과 즐거움을 주고, 긴장과 불안, 공격적 성향 등을 발산할 수 있도록 해준다.

② 물 · 모래놀이는 신체발달에 도움을 준다. 물과 모래를 이용해 놀이하면서 대 · 소근육이 발달하고 촉감적인 자극을 감지하는 능력을 발달시킨다.

③ 물 · 모래놀이는 인지발달을 촉진시킨다. 물과 모래를 다양한 용기에 담아 측정해 보고, 녹여보고, 채우고, 띄우고, 옮겨보는 활동을 통해 분류 · 서열화와 수개념, 길이 · 무게 · 부피의 측정, 규칙성, 비교, 보존 등과 같은 수 · 과학적 개념을 발달시킨다.

④ 물 · 모래놀이는 사회성 발달을 증진시킨다. 물 · 모래놀이는 주로 집단놀이로 많이 이루어지므로 여러 명의 또래와 상호작용하며 놀이하는 경험을 통해 의사소통능력 및 사회성을 발달시킨다.

물 · 모래놀이 지도를 위한 교사의 역할은 다음과 같다.

첫째, 영유아가 자발적으로 물 · 모래놀이를 하도록 한다. 쉽게 접근하지 못하는 영유아들이 참여하도록 격려하고, 놀이 상황을 관찰하여 필요한 경우에만 적절히 개입한다.

둘째, 놀이를 진행하는 중에 발생하는 문제에 대해 토의한 후 합의하여 규칙을 정한다. 특히 바깥 모래 놀이터에서는 위험하게 삽을 이용하거나 또래에게 모래를 던지는 경우가 종종 발생하므로 주의하도록 하고 모래가 눈에 들어갔을 때 교사에게 도움을 청할 수 있도록 지도한다.

● 모래놀이 영역에서 지켜야 할 규칙

- 물과 모래를 다른 친구에게 튀기거나 뿌리지 않는다.
- 물과 모래를 밖으로 쏟아내지 않는다.
- 놀이도구는 각 놀이 영역에서만 사용하도록 한다.
- 놀이를 한 후 놀이도구를 제자리에 정리한다.
- 물과 모래를 입에 넣지 않는다.
- 놀이 후 깨끗이 손을 씻는다.

셋째, 실험, 게임, 극놀이 등 다양한 놀이가 왕성하게 이루어질 수 있도록 플라스틱 그릇, 페트병, 삽 등 여러 종류의 놀이 용품을 제공한다.

넷째, 청결과 안전에 유의하여 놀이 도구를 사용하여 놀이한다.

다섯째, 개방적인 발문을 통해 영유아의 놀이를 확장하고 발달하도록 도와준다.

7) 과학놀이 지도

과학 영역에서는 영유아가 주변 환경의 사물과 현상에 대해 호기심을 가지고 직접 관찰하거나 실험하고 문제해결을 위한 적극적인 경험을 하게 된다.

과학놀이의 교육적 가치는 다음과 같다.

① 과학놀이는 영유아의 인지발달을 증진시킨다. 주변 환경을 주의 깊게 탐구하는 과학적 방법과 문제해결과정에 대한 기술을 증진시키고 과학적인 탐구활동을 통하여 의문과 호기심을 해결해 보기 위해 관찰 · 비교 · 측정 · 예측해 보려는 과학적 습관과 태도를 기른다. 영유아가 초보적 과학지식, 과학적 사고, 과학기술을 통해 여러 가지 자료를 직접 탐색 · 실험해 보는 기회를 가짐으로써 다양한 과학적 개념을 형성한다.

② 과학놀이는 사회성 발달에 도움을 준다. 또래 간 자신이 관찰한 바를 서로 토론하고 자신의 생각을 표현함으로써 의사소통능력과 문제해결력을 향상시키고 사회적 기술을 증진시킨다.

과학놀이 지도를 위한 교사의 역할은 다음과 같다.

첫째, 교사가 영유아의 흥미와 경험을 사전에 관찰하고 호기심을 자극할 수 있는 과학놀이 자료와 환경을 구성한다. 직접 들여다보고 손으로 직접 조작할 수 있는 활동으로 구성해 준다.

둘째, 교사는 관찰을 통해 영유아들의 이해수준과 흥미를 파악할 수 있고, 관찰을 통해 얻은 정보를 기초로 이후 과학놀이를 계획하도록 한다.

셋째, 과학놀이를 할 때 자유로운 탐색활동과 탐색의 과정에서 발생하는 실수도 존중해 주어 좌절하지 않고 도전의식을 갖도록 도와준다.

넷째, 과학놀이는 자유선택활동 시간이나 과학영역에서만 진행되는 것은 아니다. 하루 일과 중 어떠한 상황과 시간, 장소에서든 통합적으로 이루어지도록 한다.

다섯째, 과학놀이 과정을 통해 형성된 개념이나 활동의 결과에 대해서 그림이나 글로 기록하거나 결과물 전시 등 평가가 다양하게 이루어지도록 한다.

여섯째, 교사는 영유아가 실험하고 관찰할 때 과학적 사고를 돕는 개방형의 질문을 통해 영유아의 사고를 확장하고 탐색 수준을 높이도록 한다.

8) 미술놀이 지도

미술놀이를 통해 영유아들은 자연이나 일상생활, 예술작품에서 아름다움을 발견하고, 다양한 재료를 이용하여 자신의 생각과 느낌을 그리고 칠하고 구성함으로써 탐색, 표현, 감상의 예술 경험을 즐길 수 있다.

미술놀이가 갖는 교육적 가치는 다음과 같다.

① 미술놀이는 영유아의 정서발달을 촉진한다. 영유아들이 원하는 것을 자유롭게 표현함으로써 즐거움을 주고 행복감과 안정감을 주며, 작품을 구성하는 과정과 결과를 통해 만족감을 느낀다.

② 미술작품을 감상하며 미적 심미감이 발달한다. 영유아는 미술놀이를 통해 다양한 작품을 탐색하고 작가들의 의도를 이해하면서 미적 심미감을 발달시키게 된다.

③ 미술놀이는 창의성을 향상시켜준다. 미술자료를 영유아 각자의 생각으로 조작하고 표현하면서 창의성이 발달한다.

④ 미술놀이는 사회성 발달을 돕는다. 또래들과 함께 한정된 재료를 나누고, 협동활동에 참여하면서 차례 지키기, 양보하기, 협동하기 등 사회적 기술을 익힌다.

미술놀이 지도를 위한 교사의 역할은 다음과 같다.

첫째, 미술활동의 결과보다는 과정 자체를 즐길 수 있도록 격려한다. 자신의 감정을 표현함으로써 정서적 긴장을 해소하고 성취감을 느낄 수 있는 경험을 제시한다.

둘째, 영유아의 연령과 발달수준에 따라 미술활동이 편안한 환경에서 이루어질 수 있도록 환경을 제공한다. 공간, 배치, 책상과 의자의 크기, 정리장, 재료와 도구 등을 고려하여 환경을 구성한다.

셋째, 미술재료 외에 재활용용품, 가전제품의 부속, 생활용품 등 다양한 재료를 활용하여 보다 창의적인 활동이 이루어지도록 준비한다.

넷째, 영유아가 스스로 완성한 결과물이 무엇을 표현한 것인지 받아 적어주고, 놀이회상 시간에 자신의 작품을 또래들 앞에서 소개하게 해주고, 작품을 전시해서 성취감과 만족감을 느끼고 긍정적인 자아개념을 형성할 수 있도록 도와준다.

다섯째, 작품의 완성도를 높이려는 의도로 영유아에게 작품을 수정하도록 지시하거나 교사가 직접 수정하지 않도록 한다.

여섯째, 교사의 적절한 개입이 필요하다. 한참 활동에 열중하고 있는 영유아에게 "무엇을 그리고 있니?", "무엇을 만들고 있는 거야?"라는 식의 질문을 던져 집중을 방해하지 않도록 한다. 칭찬과 격려가 필요한 순간에는 활동에 대한 영유아의 노력, 협동의 정도, 미술요소 등에 초점을 두어 상호작용하도록 한다.

9) 음률놀이 지도

음률 영역에서는 노래 부르기, 소리탐색, 음악 감상, 악기탐색 및 연주 등을 비롯하여 음악에 맞추어 신체를 자유롭게 움직여보는 활동이 이루어진다. 음률놀이를 통해 아름다움을 발견하고 음악적 표현을 통해 다양한 방법으로 자신의 생각과 느낌을 표현할 수 있다.

음률놀이가 갖는 교육적 가치는 다음과 같다.

① 음률놀이는 영유아의 감각능력 향상을 도와준다. 다양한 노래 부르기, 음악감상, 악기연주 등을 통해 청감각이 향상되며, 리듬감, 박자감, 심미감 등이 발달한다.

② 음률놀이는 사회성을 촉진한다. 또래들과 함께 음악을 감상하고 재미있고 신나는 노래를 부르고 악기를 다룸으로써 사회적 관계를 증진시킨다.

③ 음률놀이는 창의성 발달을 증진한다. 영유아 자신의 생각이나 느낌을 자유롭게 표현하는 기회를 통해 창의성이 발달한다.

④ 음률놀이는 정서발달을 향상시킨다. 다양한 음악을 들으며 정서적으로 이완될 수 있고, 음악에서 느껴지는 정서를 이해하며 서로의 느낌을 나누는 시간을 통해 공감능력이 증진된다.

음률놀이 지도를 위한 교사의 역할은 다음과 같다.

첫째, 영유아들이 흥미 있어 하는 노래의 가사판이나 색깔이나 악기 표시를 한 악보를 비치해 주어 악보를 보며 리듬악기나 멜로디 악기 연주와 더불어 노래를 불러 보게 한다.

둘째, 영유아들이 자신의 생각이나 느낌을 자유롭게 표현하고 다양한 소리 탐색과 시도를 해볼 수 있도록 허용하는 분위기를 조성해 준다.

셋째, 민요, 동요, 클래식, 영화음악 등 다양한 음악을 골고루 제공하여 감상의 폭을 넓힌다. 직접적인 감상과 함께 감상한 곡을 익히기 위하여 등하원 시간, 자유선택 활동시간 등에 배경음악으로 틀어주어 간접감상도 함께 이루어지도록 한다.

넷째, 다양한 소리 탐색과 실험을 할 수 있도록 여러 가지 악기를 제공해 준다. 또한 미술 영역과 연계하여 폐품을 활용한 악기를 제작하여 노래 부르기와 음악 감상 때 연주하도록 한다.

다섯째, 가사에 여러 등장인물의 말과 행동이 드러나는 노래를 활용하여 노래를 익힌 후 극놀이 소품을 함께 내주어 역할을 맡아 몸짓과 더불어 노래를 부르도록 할 수도 있다.

여섯째, 음률영역에서는 생활주제의 유형과 상황에 따라 교구장, 벽, 탁자 등을 활용하여 음률 교구를 제공해 줄 수 있다.

토의과제

1. 학자들은 놀이지도에 대해 찬성하기도 하고 반대하는 의견을 주장하기도 한다. 영유아들이 놀이할 때 자유롭게 내버려 두어야 한다는 의견과 적절한 놀이지도가 이루어져야 한다는 의견 중 하나를 선택하여 선택한 이유를 논의해 보시오.

2. 수줍음이 많고 내성적인 성격으로 인해 또래들과 어울려 상호작용하며 놀이하는 것을 어려워하는 영유아를 놀이에 참여하도록 하려면 교사는 어떻게 지도하여야 할지 의견을 나눠보시오.

3. 다양한 유형의 영유아 놀이 활동 중 함께 통합하여 제공할 때 보다 나은 효과를 얻을 수 있는 활동들은 무엇인지 생각해 보고 통합할 수 있는 다양한 방법을 제시해 보세요.

chapter 7. 놀이 관찰 · 평가

1. 놀이 관찰·평가의 의의
2. 놀이 관찰·평가방법
3. 놀이 관찰·평가의 결과 활용

학습목표

- 영유아 놀이 관찰 · 평가의 의의를 이해할 수 있다.
- 영유아 놀이 관찰 · 평가의 방법을 이해하고 활용할 수 있다.

주요용어

놀이척도
시간표집법
사건표집법
행동목록법
평정척도법
일화기록법
포트폴리오 평가

1 놀이 관찰 · 평가의 의의

놀이는 영유아의 가장 자연스러운 행동으로 그 자체가 목적이고 생활이며 자발적인 학습이 되어 영유아의 발달과 교육에서 중요한 역할을 담당한다. 일상생활 속에서 이루어지는 영유아들의 자연스러운 놀이 활동을 자세히 관찰하면 선호하는 놀이의 유형, 많이 활용하고 좋아하는 놀잇감과 놀이장소, 즐기는 놀이 주제 및 놀이집단의 구성, 친구, 지속시간 등을 알 수 있다. 이렇게 얻어진 정보를 통해 발달수준을 파악하고 개인차를 알 수 있으며, 그들의 행동을 바르게 이해하며 놀이에 제공할 놀잇감과 환경 등을 계획 준비할 수 있다.

관찰은 영유아에 대해 많이 알고 이해하며 상황을 명확하게 볼 수 있도록 도와주어 앞으로 가능한 활동을 제시해 주며 더 효율적으로 계획하고 잘 준비할 수 있게 한다. 따라서 교사는 정확한 증거와 정보를 수집하는 관찰방법에 대해 아는 것이 중요하다. 관찰이 우연적이며 초점이 없어 관찰이 아닌 놀이 시 그저 바라보는 수준에 그친다면 영유아들의 놀이행동을 이해하기가 어려우며 제대로 된 정보를 얻을 수 없을 것이다. 따라서 관찰목적과 방법을 숙지하여 영유아가 놀이에 참여할 때 객관적인 관찰을 해야 하며, 관찰의 결과는 놀이 계획 시 다시 반영할 수 있어야 한다.

또한 영유아들의 놀이행동을 관찰할 때 교사는 다음과 같은 지침을 염두에 두고 관찰을 해야 한다(Johnson, Christie, & Yawkey, 1999).

첫째, 영유아들의 어떤 측면을 관찰할 것인지를 먼저 결정하고 그 목적에 적합한 관찰방법을 선택한다.

둘째, 필요에 따라 몇 가지 놀이 관찰 및 평가방법을 연합해서 사용할 수 있으며, 다양한 방법으로 평가하여 종합적인 평가가 되도록 한다.

셋째, 영유아가 자신의 모든 능력을 발휘할 수 있는 상황에서 놀이를 관찰하도록 한다.

넷째, 개인 간 평가보다는 개인 내 평가에 중점을 두어 관찰 평가한다.

다섯째, 가능한 한 실내 · 외에서 모두 관찰하도록 한다.

여섯째, 영유아들이 서로를 어느 정도 알고 놀이 환경에 익숙해졌을 때 관찰하도록 한다.

일곱째, 영유아의 놀이행동을 시간을 두고 반복하여 관찰한다.

한편 영유아 평가를 위해서 교사는 평가를 왜 하려고 하는지 그 목적을 분명히 해야 한다. 평가는 일반적으로 영유아의 발달수준과 교 · 보육활동의 개선 방안을 모색하며, 부모와의 의사소통을 위해서 실시하지만 궁극적으로는 이러한 기능을 통해 영유아의 개인적 발달을 도와주어야 한다(교육과학기술부 · 보건복지부 2012). 결국 평가의 목적은 영유아에 대한 이해를 높이고 학습과 발달수준을 평가하여 이를 교육과정의 구성과 개선에 반영함으로써 보다 적합한 경험을 제공하여 영유아가 전인적 성장발달을 할 수 있도록 도와주는 과정이다.

2 놀이 관찰·평가방법

영유아를 관찰 평가하기 위해서는 평가 목적과 평가 대상에 적합하게 어떠한 방법으로 정보를 수집할 수 있을지 평가방법을 결정하는 것이 중요하다. 즉 왜 평가가 필요한지, 무엇을 알고 싶으며 얼마나 구체적으로 알고 싶은지, 자료가 어떻게 사용될 것인지, 누가 그 자료를 보고, 사용할 것인지 등을 고려하여 평가 방법을 결정해야 한다. 또한 평가를 위해 어느 정도의 시간을 사용할 수 있는지, 언제 어디에서 평가를 해야 하는지, 어떤 방법으로 자료를 수집할 것인지와 같은 측면들이 평가의 방법과 도구를 선정하기 위해 고려되어야 한다. 평가에 있어 기본적인 목적과 이와 관련된 세부 사항들이 고려되면, 다양한 평가 방법을 선택할 수 있다. 평가내용에 있어서 반드시 고려해야 할 점은 다음과 같다(교육과학기술부 · 보건복지부, 2012).

첫째, 영유아평가는 모든 발달과 학습 영역에서 영유아의 지식정도와 수행정도를 관찰 · 평가해야 한다. 둘째, 영유아평가는 놀이상황이나 교사가 주도하는 활동에서 유아가 또래나 교사와 상호작용할 때 교구나 자료를 사용할 때 보이는 행동이나 언어, 작품 등을 관찰 · 평가해야 한다. 셋째, 영유아평가는 이전 영유아의 발달에 관한 내용이나 가정환경 등 영유아의 배경에 대한 평가도 이루어져야 한다. 즉 한두 가지

내용의 자료를 수집한다면 영유아들의 전체적인 모습을 정확하게 파악할 수 없기 때문에 평가 목적에 맞는 평가 내용을 다양하게 선정해야 한다.

영유아를 평가하는 기존의 방법은 보호자나 교사를 통해 영유아에 관한 정보를 수집하였는데 이러한 형식의 평가방법은 정보 제공자의 견해가 포함되므로 정확하지 않거나 객관적이라고 보기가 어렵다. 영유아에게는 자연스럽지 않은 검사상황, 복잡한 언어사용, 낯선 질의 응답형식이 영유아의 능력을 충분히 발휘하는 것에 방해가 된다. 즉 영유아가 자연스러운 환경 속에서 즐거움을 느끼면서 놀이를 할 때, 자신의 발달 능력을 가장 높은 수준으로 이끌어 가게 된다. 따라서 표준화된 평가를 대신해서 놀이를 통해 나타나는 영유아의 최적의 발달 수준을 관찰할 수 있고 융통성을 가지고 그들을 관찰할 수 있다. 본 장에서는 관찰·평가방법을 크게 시간표집법과 사건표집법, 행동목록법, 평정척도법, 일화기록법, 사진 및 영상자료를 통한 평가, 포트폴리오평가로 나누어서 살펴보도록 한다.

1) 시간표집법

시간표집법은 미리 선정된 행동을 정해진 짧은 시간 동안 빈도수를 기록하기 위해 이용된다. 즉 영유아의 특정 행동을 정해진 시간 동안 일정한 시간 간격으로 반복적으로 관찰하여 행동의 출현빈도를 기록하는 방법이다. 교사는 어떤 행동이 관찰될지, 행동을 어떻게 기록할지, 시간범위를 어떻게 할지를 미리 결정해야 하며 관찰하는 시간은 일반적으로 5~10분 이내로 하는 것이 보통이다. 시간표집법은 서술적 관찰방법에 비해 시간과 노력이 덜 들고 효율적으로 관찰할 수 있으며, 신뢰도와 객관성, 대표성이 높고 기록과 수량화가 용이하다. 따라서 관찰 대상 영유아들의 놀이를 방해하지 않고서도 기록과 채점이 가능하여 행동수정 프로그램을 작성하거나 평정척도와 같은 측정도구를 만드는 데 기초자료로 활용하기에 적합하다. 놀이행동을 관찰할 수 있는 시간표집법의 대표적인 척도로는 Piaget/Parten 척도, Howes의 또래놀이척도, Smilansky의 사회적 역할놀이 관찰척도 등이 있다.

(1) Piaget/Parten척도

Rubin, Maioni, & Hornung(1976)은 Parten(1933)의 사회놀이 단계와 Smilansky(1968)의 인지놀이 단계를 조합하여 사회/인지놀이 활동을 관찰할 수 있도록 Piaget/Parten척도를 고안하였다. 이 척도는 사회놀이나 인지놀이 중 어느 한 분야의 놀이 발달에 비중을 두고 평가하기보다는 사회 · 인지놀이 발달을 동시에 관찰 · 평가할 수 있으며, 비교적 사용방법이 간단하고 쉽다. 이 척도는 사회놀이 분류 중 연합놀이와 협동놀이를 집단놀이라는 한 개의 범주로 통합하고 인지놀이의 범주는 기능놀이, 구성놀이, 극놀이, 규칙이 있는 게임으로 분류하여 사회 · 인지놀이를 통해 행동을 관찰할 수 있도록 구성하였다. 또한 12개의 놀이행동범주와 놀이행동에 포함시킬 수 없는 비놀이 활동을 관찰할 수 있도록 구성되어 있으며 구체적으로 살펴보면 〈표 7-1〉과 같다.

〈표 7-1〉 Piaget/Parten 척도 관찰기록지

인지놀이 / 사회놀이	기능놀이	구성놀이	역할놀이	규칙 있는 게임
혼자놀이	Ⓕ 공던져넣기 Ⓗ 펴즐맞추기			
병행놀이	Ⓑ 자동차 굴리기		Ⓐ 미장원놀이	
집단놀이				Ⓔ 비석치기
비놀이활동	비참여적 행동/쳐다보는 행동/전환			활동
	Ⓖ 주위배회			Ⓒ 금붕어먹이주기 Ⓓ 책읽기

출처: Johnson et al.(1999).

Piaget/Parten척도 관찰기록지의 목록정의를 살펴보면 다음과 같다.

- 인지적 놀이(cognitive play)

- 기능놀이: 사물을 가지고 혹은 사물없이 운동의 움직임을 계속 반복하는 놀이
- 구성놀이: 적목, 레고블록, 모래, 점토, 물감 등의 재료를 가지고 무엇인가를 만들고 구성하는 놀이
- 역할놀이: 상상하여 ~하는 체하는 행동을 하는 것으로 신체를 이용한 가상전환

과 사물을 이용한 가상전환을 포함하는 놀이
- 규칙이 있는 게임: 규칙을 정하고 그 규칙에 의해 하는 놀이

• 사회적 놀이(Social play)
- 혼자놀이: 사물과 함께 혹은 사물 없이 혼자 하는 놀이
- 병행놀이: 다른 영유아들과 아주 근접한 거리에서 하든가 비슷한 활동에 참여하는 놀이
- 집단놀이: 다른 영유아들과 함께 사회적 상호작용을 하면서 하는 놀이

• 비놀이활동(Non play)
- 비참여적 행동: 놀이를 하지 않고 순간적으로 흥미 있는 것을 쳐다보고 흥미로운 일이 발생하지 않으면 자신의 몸을 이용하여 놀거나 의자에 오르내리거나 주위를 두리번거리거나 교사를 따르거나 또는 한 장소에 앉아서 주의를 흘긋 보는 등의 행동
- 쳐다보는 행동: 집단 내에서 다른 영유아들이 하는 것을 관찰하는 것에 많은 시간의 보내며 언어적 상호작용을 하기도 하지만 신체적으로 그들과 상호작용하거나 연합하지는 않는 행동
- 전환: 한 활동에서 다른 활동으로 옮겨가는 행동

• 활동(activity): 학술적 활동과 교사가 분담하여 준 과업을 수행하는 것으로 놀이가 아닌 다른 활동으로서 책읽기, 금붕어 먹이주기, 색칠하기, 컴퓨터하기 등

Piaget/Parten 척도의 사용방법은 다음과 같다.

첫째, 교사는 Piaget/Parten 척도의 행동 관찰 목록들에 대한 개념 정의에 숙달해야 한다.

둘째, 영유아의 놀이행동을 관찰 기록할 수 있는 Piaget/Parten 척도의 관찰기록지가 준비되어야 한다.

셋째, 조직적인 관찰이 이루어지도록 자료수집을 위한 놀이행동의 관찰과정을 계획해야 한다. Piaget/Parten 척도는 한 관찰사례의 관찰시간을 15초로 하는 것을 추천한다. 이유는 15초 동안 교사는 영유아의 놀이행동 유형을 충분히 판단할 수 있을 뿐 아니라 15초의 관찰시간 동안 영유아가 다른 유형의 놀이행동을 할 수 있는 확률이 낮기 때문이다(지성애, 1998).

(2) Howes의 또래놀이척도(Peer Play Inventory)

Howes(1980)의 또래놀이척도(〈표 7-2〉 참조)는 Piaget/Parten 척도가 영유아들이 놀이에 참여하는 동안 나타나는 사회성을 측정하는 데 제한점이 있음을 파악하고 사회적 놀이 유형에 속하는 평행놀이에 초점을 맞춰 영유아의 사회적 놀이를 세분화하여 측정할 수 있게 개발한 것이다. 이 척도는 영유아의 사회적 놀이를 상호성과 상호작용의 복잡성에 따라 분류하였으며 영유아들의 사회놀이 행동을 좀 더 세부적으로 관찰할 수 있도록 고안되었다.

〈표 7-2〉 Howes의 또래놀이척도

성명: 관찰날짜:

시간	혼자 놀이	단순 평행 놀이 1단계	상호 인식 평행 놀이 2단계	단순 사회 놀이 3단계	보완/상호 놀이 4단계	보완/상호적 사회 놀이 5단계	비놀이 행동	몰입하지 않은 행동	교사 참여 (Y/N)	놀이 영역

영유아들이 서로 유사한 놀이는 하지만 서로 주의를 기울이지 않는 단순평행놀이, 사회적 상호작용이나 대화는 하지 않지만 유사한 놀이를 하면서 서로를 인식하고 눈도 맞추는 등 상호인식 평행놀이, 한 명 이상의 또래와 언어와 제스처 등으로 사회적 상호작용하는 단순 사회적 놀이, 사회적 상호작용 없이 서로 인식하여 같은 활동 안에서 함께 놀이하는 보완적 사회놀이, 사회적 상호작용이 있으며 같은 활동에서 서로 협력하는 보완 및 상호적 사회놀이로 분류하였으며 목록의 정의를 구체적으로 정리하면 〈표 7-3〉과 같다.

〈표 7-3〉 Howes의 또래놀이 척도의 놀이행동 관찰목록정의

놀이 단계	놀이행동	정 의
1단계	단순 평행놀이	영유아들이 서로 근접한 곳에서 비슷한 놀이에 참여하고 있으나 서로 눈을 마주치는 등의 어떠한 사회적 행동도 하지 않는다.
2단계	상호 인식 평행놀이	영유아들이 비슷한 활동에 참여하고 가끔 눈을 맞추거나 다른 영유아를 의식하기는 하지만 사회적 관계는 아루어지지 않는다. 가끔 다른 영유아의 놀이행동을 모방하기도 한다.
3단계	단순 사회놀이	영유아들이 유사한 놀이활동을 하면서 사회적 상호작용을 하지만 협동활동은 일어나지 않는다.
4단계	보완/ 상호놀이	보완적인 상호활동을 통해 서로를 의식하고 관심을 보이지만 사회적 상호작용은 하지 않는다.
5단계	보완/상호적 사회놀이	4단계의 놀이활동과 같이 보완 및 상호적 활동을 하면서 3단계에서 나타나는 사회적 상호작용도 일어난다.

Howes의 또래놀이척도의 사용방법은 다음과 같다(지성애, 1998).

첫째, 한 사례당 관찰시간은 15초로, 첫 번째 관찰 대상 영유아의 첫 번째 관찰사례는 관찰기록지의 가로 첫 번째 칸에 표시한다. 두 번째 관찰 대상 영유아는 두 번째 관찰기록지의 첫 번째 칸에 기록한다. 다시 첫 번째 영유아를 관찰할 경우 첫 번째 영유아의 관찰기록지 두 번째 칸에 기록한다.

둘째, 15초 동안 영유아의 놀이행동을 관찰행동목록에 따라 평가한 다음 기록한다.

셋째, 놀이행동을 관찰, 기록한 다음 각 관찰행동목록의 총 합계를 계산한다.

(3) Smilansky의 사회적 역할놀이척도(Sociodramatic Play Inventory: SPI)

스밀란스키(Smilansky, 1968)는 놀이가 창의력과 지적발달에 중요한 역할을 담당한다고 했으며 피아제(Piaget)의 인지놀이 유형을 재조직하고 인지놀이 유형 중 사회적 역할놀이를 체계적으로 평가할 수 있는 '사회적 역할놀이 척도'를 개발하였다(지성애, 2007). 스밀란스키(Smilansky)의 사회적 역할놀이척도(〈표 7-4〉 참조)는 구성놀이를 22~24개월경에 나타나는 독립된 단계로 보고 이 단계에서 영아는 다양한 놀이자료들을 사용하며 기능놀이가 창조적이고 의도적인 놀이로 변한다고 하였다. 스밀란스키(Smilansky)는 상징놀이에서 가장 발전된 놀이형태로 사회극 놀이를 제시하였는데 이것은 상징놀이에서 가장 발달된 형태로서 수준 높은 사회적 놀이를 위해서는 영유아들이 서로 다른 역할을 모방할 때 현실적인요소와 비현실적인 요소가 내포되어야 한다. 규칙 있는 게임은 즐거운 놀이활동에 포함되고 규칙을 수용하는 복잡한 인지작용이 요구되는 놀이로서, 영유아들이 구체적 조작기에 이르게 되고 점점 사회적인 존재가 되어가면서 그들의 환경에서 한계를 지각하게 되고 그들의 역할에서의 한계를 배울 수 있게 된다. 즉 이러한 과정에서 규칙에 의해 제한되는 새로운 놀이형태가 나타나게 된다는 것이다. 이렇게 게임을 통해 영유아들은 정해진 놀이규칙을 지키고 규칙을 변경하기 위해서 친구들의 동의를 얻어야 하며 친구들 간의 합의만 이루어진다면 독특한 규칙을 설정하는 등의 경험을 하게 되는데 이러한 경험을 통해 영유아는 규칙을 올바르게 이해하게 되고 적절하게 적용할 수 있으며 주어진 범위 내에서 자신의 행동을 통제할 수 있게 된다.

〈표 7-4〉 Smilansky 의 사회적 역할놀이 척도 관찰기록지

관찰날짜:

성명	역할 이행	가상전환			사회적 상호작용	언어적 의사소통		지속성
		사물	행동	상황		메타커뮤니케이션	가상커뮤니케이션	

Smilansky 척도 관찰기록지의 목록정의를 살펴보면 다음과 같다(박찬옥 외, 2014).

- 모방적 역할 이행: 영유아가 역할을 수행하고 역할에 적절한 언어적 표현과 행동을 수반하는 것
- 가상전환: 영유아가 사물, 행동 상황을 가상

- 사물의 가상: 한 사물을 다른 사물로 대치하거나 가상의 사물을 창조하기 위해 언어를 사용
- 행동의 가상: 행동을 통해 가상을 나타내거나 가상적 행동을 언어로 표현
- 상황의 가상: 언어적 표현을 통해 상황을 가상

- 사회적 상호작용: 동일한 놀이 주제를 가지고 두 명 이상의 영유아들이 상호작용
- 언어적 의사소통: 놀이 주제에 대한 언어적 의사소통의 교환

- 메타커뮤니케이션: 이 메시지는 실제 상황이 아니라 놀이 상황에서의 메시지임을 인식하는 영유아의 이해와 표현

- 가상커뮤니케이션: 가상의 놀이 상황에서의 의사소통으로 놀이 상황에서 맡은 역할을 적절하게 이행할 때 사용
- 놀이의 지속성: 놀이를 지속하는 능력은 영유아의 발달과 관계가 있음(영아는 5분 정도, 유아는 10분 정도)

스밀란스키(Smilansky)의 사회적 역할놀이척도의 사용방법은 다음과 같다(지성애 외, 2015).

첫째, 스밀란스키의 사회적 역할놀이 척도는 영유아의 사회적 역할놀이의 지속성을 관찰 평가하는 것이기에 적어도 5분에서 10분 정도의 시간이 소요된다. 따라서 한 번에 여러 영유아를 관찰할 수 없고 놀이에 참여한 2~3명 정도의 유아를 관찰할 수 있다.

둘째, 사회적 역할놀이는 집단으로 이루어지므로 놀이 중 일어나는 사건에 집중하고 놀이에 참여한 각 영유아당 대략 1분씩 할당하여 집중 관찰한 다음 관찰지에 기록하고 다른 영유아를 관찰한다.

셋째, 한 번의 관찰로 영유아의 사회적 역할놀이 행동을 파악할 수 없으므로 자신의 관찰목적에 따라 적절한 관찰횟수를 정한다.

넷째, 사회적 역할놀이는 대부분이 3세 이후에 나타나므로 2~3세 유아들의 경우 SPI의 관찰행동목록이 다 나타나지 않는다 해도 발달적 특성에 기인한 것이므로 걱정할 필요는 없다.

2) 사건표집법

사건표집법은 예측 가능한 기간 동안 일어난 행동의 유무보다는 어떤 행동이 특정 배경에서 일어났을 때 사용하는 방법이다. 즉 특정한 영유아에게 적절하게 도움을 주기 위해서 어떤 행동이 일어난 원인이 무엇인지를 알아내기 위해 활용할 수 있다. 결국 사건표집법은 보통 행동의 원인과 결과를 밝히기 위해 사용하게 되므로 관찰자는 관찰하고자 하는 행동이나 사건의 성격에 대해 충분히 이해하고 있어야 한다. 사건표집법은 크게 빈도사건표집법과 ABC서술식 사건표집법으로 구분할 수 있다.

(1) 빈도사건표집법

빈도사건표집법은 문제행동이나 상황이 얼마나 자주 일어나는지를 알아보기 위해 그 행동이 발생할 때마다 기록하는 방법이다. 이 방법은 교사가 도표를 가지고 미리 정해진 범주의 행동이 일어날 때마다 기록하기 때문에 편리하고 단순하며 자료를 쉽게 수량화하고 분석할 수 있어 광범위하게 여러 가지 주제를 갖고 관찰할 수 있다. 그러나 어떤 행동이나 사건이 얼마나 자주 일어나는가에만 관심을 가지므로 행동의 원인을 알아내는 데는 적합하지 않다. 빈도사건표집법의 예는 〈표 7-5〉와 같다.

〈표 7-5〉 빈도사건표집법의 예

관찰유아: 김○○ 생년월일: 2008. 2. 24 성 별 : 남
관 찰 자: 이○○ 관 찰 일 : 2012. 8. 20 관찰일 현재 유아의 연령 : 4년 7월
관찰행동: 분류행동

분류	동일성		유사성		재분류		비고
성공 · 실수 영역	성공	실수	성공	실수	성공	실수	
적목 영역	V		V		V		적목블록
미술 영역	V		V			V	가위로 오리기
언어 영역	V			V		V	받침없는 단어카드
과학 영역	V		V		V		물에 뜨는 것 가라앉는 것
수 영역	V		V		V		수를 읽고 수에 맞게 비즈 놓아보기
블록 영역	V		V		V		종이블록 〈빨강 · 파랑 · 노랑〉
기타							
계	6		5	1	4	2	

요약 :
- ○○이는 그림을 그리고 그림의 모양을 따라 오리기를 할 수 있다.
- ○○이는 물체를 물에 놓아보고 물에 뜨는 것과 가라앉는 것을 분류할 수 있다.
- ○○이는 수를 정확하게 읽고 수에 맞게 수세기를 하며 양을 정확하게 놓아볼 수 있다.
- ○○이는 종이블록의 색을 구분하여 분류하면서 같은 색깔끼리 모아 구성하여 놀이할 수 있다.

지침 :
- 유아가 위의 활동영역에서 분류행동을 보였을 때 해당하는 란에 V자로 표시한다.
- 영역을 더 줄이거나 늘리거나 관찰하고 싶은 영역을 선택하여 선택적으로 관찰할 수도 있다.

(2) ABC 서술식 사건표집법

ABC서술식 사건표집법은 교사가 관심을 갖는 특정한 행동이나 사건을 관찰대상 행동으로 정하여 교실에서 관찰 대상 행동이 발생하였을 때 행동(Behavior: B)을 기술할 뿐만 아니라 관찰대상 행동 전에 발생한 사건(Antecedent event: A)과 관찰대상 행동 발생 이후에 나타난 일들(Consequence: C)을 자세히 기록하여 기술하는 방법이다(〈표 7-6〉 참조). 이 방법은 원인-결과 유형의 관찰법이기 때문에 교사는 영유아의 문제해결에 도움이 되는 단서를 찾을 수 있다. 단순히 행동의 출현 여부만 알려주는 것이 아니라 어떤 상황에서 그런 행동이 출현되는가를 관찰할 수 있다. 즉 전형적으로 영유아의 적절치 못한 행동에 사용되기 때문에 행동원인을 결정하고 문제를 이야기하는 데 매우 유용하다. 그러나 시간과 노력이 많이 들고 뚜렷한 관찰의 초점을 가지고 영유아의 행동을 보게 되므로 교사가 마음속으로 어떤 결론을 내리고 관찰하게 되면 교사의 주관적인 관점이 내포될 수 있으며 수량화할 수 없을 가능성이 있다.

〈표 7-6〉 ABC 서술식 사건표집법의 예

관찰대상	최○○(남)	관찰자	김○○
생년월일	2010	관찰일시	2016. 02.10
관찰행동	특정 영유아 선호 행동		
시간			
09:10 등원	언어영역에서 아무것도 하지 않고 혼자 앉는다.	현준이가 등원하여 교실로 들어와 교사에게 인사를 했다. 언어영역에 있던 선우가 뛰어나와 현준이를 안는다. 현준이도 서로 껴안는다.	쌓기 영역 카펫으로 가서 선우는 현준의 무릎에 얼굴을 파묻는다. 현준이는 머리를 쓰다듬어 주었다. 선우의 머리를 쓰다듬으며 윤호, 기호와 이야기를 나눈다.
09:15 모이기	현준과 함께 매직퍼즐을 수조작 영역에서 맞춘다. 모이는 신호가 울리자 매직 퍼즐을 정리한다.	현준이와 윤호가 먼저 의자를 가지고 와서 대집단 영역에 앉았다. 현준이 다음 윤호가 앉으려 하자 선우가 의자를 빨리 가져와 현준이 옆 자리에 의자를 가져다 놓고 앉는다.	의자를 가져다 놓고 앉아 오늘의 일과를 알아보고 동극 준비에 대해 이야기를 나누었다. 선우는 동극의 역할을 맡고 현준이는 의자번호와 안내를 맡는다.

10:15 동극 준비 하고 모이기	동극을 준비하는 역할을 나누어 각 모둠이 맡은 역할을 준비하였다. 선우는 동극을 준비하고 현준이는 의자번호 만들기를 한다.	동극 준비가 끝나고 카펫에 동그랗게 모이기를 하였다. 선우는 현준이 옆에 앉았다가 앉지 못한 친구를 위해 자리를 넓혀주다가 현준이와 선우 사이에 철이가 앉게 되었다. 다리를 뒤로 접어 앉아 현준이를 바라본다.	동극 역할을 맡은 영유아들이 녹음한 동화 이야기를 함께 들어보았다. 선우는 동화를 듣고 웃으며 옆에 앉은 현준이를 부르며 "재미있지? 하하하" 웃는다
10:40 놀이계획	바느질 영역에서 계획을 시작하지 않고 주의를 두리번 거린다.	현준이가 우유팩을 정리하고 놀이계획지를 가지고 수조작영역으로 가서 앉았다. 바느질 영역에 있던 선우가 다시 일어나 수조작영역으로 갔는데 자리가 없자 다시 바느질 영역으로 와서 놀이계획을 한다.	현준이와 동시에 놀이계획을 끝내고 놀이계획지를 가져다 놓은 뒤 놀이 이름표를 가지고 놀이 컴퓨터 영역으로 가서 놀이를 시작한다.

출처: 교육과학기술부(2009).

3) 행동목록법(behavior checklist)

행동목록법은 관찰하기 전에 미리 관찰하고자 하는 행동 목록을 작성하여 특정한 행동이 발생하는지 아닌지를 파악하는 관찰방법이다. 즉 교사가 단순히 어떤 행동이나 발달 특성이 나타나는지 알아보고 싶을 때 쓰이는 관찰방법으로 행동의 출현 빈도나 질적 특성에 관한 자료수집이 주요관심이 아닐 때 사용된다(이정환, 박은혜, 2009). 이 방법은 일화기록법과는 달리 어느 정도 구조화된 관찰법으로서 교사는 관찰할 행동 목록을 사전에 준비하여, 각 행동의 출현 여부를 관찰한 뒤에 '예, 아니오' 또는 '관찰됨, 관찰되지 않음' 등으로 표기하며, 관찰하고자 하는 대상의 현재 상태를 평가하고자 할 때 주로 사용된다. 즉 어느 한 시점에서 어떤 행동의 출현 유무에 주로 관심이 있을 때 교사가 특정 연령 집단 영유아들의 전체적인 발달특징을 이해하는 데 도움이 된다. 영유아의 장점과 단점을 보고할 목적으로 행동목록법을 사용하기보다 정상적인 발달의 안내자로 사용하여야 하며 유의점은 다음과 같다.

첫째, 행동목록표 작성 시 관찰목록은 직접 관찰이 가능한 구체적인 행동들로 기술해야 하며 문항 중복이 없어야 한다.

둘째, 기록결과를 활용하려면 반복하여 기록된 결과에 기초하여야 한다.

셋째, 체크리스트는 작업표본이나 오디오테이프, 일화기록 등과 함께 사용한다.

넷째, 한 번에 단 한 명의 영유아를 대상으로 관찰이 이루어져야 한다.

다음은 행동목록법의 예이다.

〈표 7-7〉 행동목록법의 예

활동유형에 따른 개인 발달 평가표

기　관 :
관찰유아 :　　　　　　　　생년월일 :　년　월　일
관 찰 자 :　　　　　　　　관 찰 일 :　년　월　일

다음의 행동이 관찰되면 '예', 관찰되지 않으면 '아니오'에 표시하시오.

〈등원 및 귀가〉	예	아니오	비고
1. 신발을 혼자 신고, 벗을 수 있다.			
2. 옷을 바르게 입고 있다.			
3. 옷을 혼자 입고 벗을 수 있다.			
4. 등원 시 기분이 좋다.			
5. 부모와 쉽게 떨어질 수 있다.			
6. 자기 사물함의 위치를 알고 있다.			
7. 교사와 친구들과 인사를 나눈다.			

4) 평정척도법(Rating Scales)

평정척도는 행동이 어느 정도까지 나타나는지의 질적 판단을 하기 위해 사용하는 방법으로 체계적 절차를 사용하여 평가된 특성이나 일련의 특성으로 구성되어 있다. 평정척도법은 단시간에 많은 정보를 수집하고 교사가 편리한 시간에 기록이 가능하다는 점과 특별한 교육 없이 활용가능하다는 장점이 있다. 단점으로 교사가 기대하는 항목을 모두 개발하기가 어렵다는 점과 교사의 편견이 개입할 가능성이 높다는 점이 있다. 평정척도에서의 기록은 흔히 관찰과 동시에 이루어지지 않으며 관찰을 충분히 한 후에 관찰결과에 대한 종합적인 판단을 요구한다(황해익, 송연숙, 정혜영, 유수경, 2013). 따라서 이러한 판단을 내리는 과정에서 교사의 개인적인 편견이나 오류가 포함되지 않도록 유의해야 한다(황해익, 최혜진, 정예영, 권유선, 2015). 평정척도의 관찰지침은 다음과 같다(이정환, 박은혜, 2009; 전남련 외, 2009; 황해익, 2009; 황해익, 송연숙, 정혜영, 유수경, 2013).

첫째, 평정척도에 포함된 문항은 가능한 한 명확하고 간결하게 표현되어야 한다. 문항에서 가치판단적인 단어는 사용해서는 안 된다.

둘째, 사용할 평정척도의 유형을 정한다. 흔히 사용되는 평정척도에는 기술평정척도, 숫자평정척도, 도식평정척도가 있다. 기술평정척도는 행동의 한 차원을 연속성 있는 몇 개의 범주로 나누어 기술하는 형태인 반면에, 숫자평정척도는 평정하려는 행동의 특성을 나타내는 숫자를 할당한다. 도식평정척도는 기술적인 유목에 직선을 첨가시킨 형태로 교사가 판단을 내리는 데 도움이 될 수 있다.

셋째, 평정단계를 결정한다. 일반적으로 3단계 척도에서부터 7단계 척도까지 많이 사용되는데 평정단계의 수는 평정대상이 되는 특성, 평정이 이루어지는 상황이나 조건, 평정자의 훈련 여부 등에 따라서 결정된다.

넷째, 관찰양식 작성 시 척도의 한편에 '관찰 못함'이라는 칸을 만들어 두는 것이 좋다. 이는 교사가 관찰하지 못하는 문항을 무리하게 평정하도록 만들기보다는 판단을 보류할 수 있도록 해준다.

다섯째, 평정하는 과정에서 개인적인 편견이나 오류가 개입되지 않도록 주의해야 한다. 이를 위해 교사는 평정을 하기 전 그 누구에게도 영유아에 대한 의견을 물어보아서는 안 되며 영유아에 대해 교사 스스로가 가지고 있는 선입견이나 전반적인 인상에 영향을 받지 않도록 해야 한다.

여섯째, 각 문항을 평정할 때의 판단은 특정행동에 대한 질적인 특성이나 발생빈도에 관해 충분히 관찰한 결과를 바탕으로 종합적으로 이루어져야 한다.

〈표 7-8〉 평정척도법의 예 1

<table>
<tr><td colspan="2">불충분</td><td colspan="2">최소</td><td colspan="2">충분</td><td>우수함</td></tr>
<tr><td>1</td><td>2</td><td>3</td><td>4</td><td>5</td><td>6</td><td>7</td></tr>
<tr><td>1.1극놀이를 위한 재료가 되어 있지 않음</td><td></td><td></td><td></td><td>5.1 정장을 포함해서 여러 가지 극놀이 재료들이 있음
5.2 하루에 충분히 놀 만큼의 재료가 있음</td><td></td><td>7.1 다양한 주제로 놀이 재료가 바뀜(예: 직장, 여가, 상상을 위한 소도구상자)
7.2 다양한 것들을 표현하기 위해 소도구가 제공됨(예: 다양한 문화를 표현함, 장애인이 사용하는 도구 등)</td></tr>
<tr><td colspan="7"></td></tr>
<tr><td colspan="4">질문:
(7.1) 영유아들이 사용할 수 있는 또 따른 극놀이 영역이 있는가?</td><td colspan="3">(7.2) 실외나 더 넓은 실내공간에서 극놀이를 위한 소도구를 사용한 적이 있는가?</td></tr>
</table>

출처: 조윤경, 김경애(2014).

〈표 7-9〉 평정척도법의 예 2

관찰대상		관찰자				
생년월일		관찰일시				
문항	내용	5점척도				
〈인지놀이〉						
1	놀이를 계획하여 목표지향적 놀이를 한다.					
2	놀이를 위한 충분한 탐색을 한다.					
3	놀잇감에 적합한 특성을 인식한다.					
4	놀이가 전개되는 상황에 대해 이해한다.					
5	놀이에서 나타나는 문제의 원인을 파악하여 해결하고자 한다.					
6	놀이 도중 잘못된 것을 스스로 바꾸고 재시도해 본다.					
7	놀이 시 한 역할을 하면서 동시에 다른 역할도 잘 수행한다.					
〈사회놀이〉						
1	교사의 개입없이 4~5명의 유아와 함께 협동놀이를 할 수 있다.					
2	놀이 자료를 함께 공유하면서 놀이한다.					
3	놀이상대 또래를 돕고 놀잇감을 서로 교환하고 차례를 지키는 행동이 놀이에서 자주 발생한다.					
4	놀이 규칙을 만들어서 또래에게 제시하기도 하며 규칙을 지키면서 놀이한다.					
5	다른 또래와 놀이 내용(각본 혹은 이야기)을 수용하고 놀이상대에 동조한다.					
6	이미 활동을 시작한 놀이 그룹에 합류할 수 있다.					
7	혼자 놀고 싶을 때 적절한 장소를 선택할 수 있다.					
8	놀이를 지속하기 위해서 방해 요소를 해결한다.					

관찰대상			관찰자			
생년월일			관찰일시			
문항	내용	5점척도				
〈정서놀이〉						
1	놀이결과에 집착하지 않고 놀이를 즐긴다.					
2	놀잇감을 좋아하고 소중하게 다룬다.					
3	놀이 상대방의 감정을 공감한다.					
4	놀이 참여 시 안정감을 유지하는 편이다.					
5	놀이 참여 시 다른 사람의 감정을 파악한다.					
6	놀이 참여 시 자기 감정을 조절하는 편이다.					
7	놀이 시 발생한 갈등상황을 해결하고 적응한다.					
8	놀이하는 동안 화, 기쁨, 슬픔을 표현한다.					
〈운동놀이〉						
1	신체움직임과 활동 동선, 속도와 빠르기를 조절하여 놀이를 잘하는 편이다.					
2	자신의 감정과 생각을 자유롭게 신체로 표현한다.					
3	놀이 상황에 맞는 신체 움직임을 역동적으로 한다.					
4	놀이 상대의 동작을 보고 정확하게 따라하며 놀이를 할 수 있다.					
5	놀이 시 두 가지 이상의 신체 움직임을 자유롭게 한다.					
6	눈과 손, 그리고 소근육과 협응력이 뛰어나 조작놀이를 잘하는 편이다.					
7	개임 시 사물을 정확하게 던질 수 있는 편이다.					
8	역할놀이 시 자신이 맡은 역할에 맞는 몸짓을 한다.					
9	다양한 놀이기구를 사용한다.					

관찰대상		관찰자				
생년월일		관찰일시				
문항	내용	5점척도				
〈비놀이〉						
1	애완동물(금붕어, 강아지), 식물 돌보는 등의 활동을 놀이보다 더 좋아하는 편이다.					
2	교사에게 자주 책을 읽어달라고 한다.					
3	무관심하게 다른 또래의 놀이를 쳐다본다.					
4	한 가지 놀이에 몰입하지 못하고 이리저리 방황한다.					

출처: 지성애(2007).

5) 일화기록법

일화기록법이란 영유아의 특성을 이해하기 위하여 그들에게 나타나는 구체적인 행동사례나 어떤 사건에 관련된 관찰기록을 상세히 기록하는 방법으로 영유아의 놀이능력 및 전반적인 발달 상태를 반영한다. 일화기록법은 교사의 관찰 및 기록능력에 따라 영유아 행동 및 발달에 대한 해석과 판단이 좌우되기 때문에 교사의 역할이 중요하며 관찰 기록 중에서 가장 비형식적으로 사용되는 방법이다. 교사는 모든 영유아에 대해 1년에 걸쳐 꾸준히 일화기록을 수집한다. 일화기록은 영유아의 놀이 상황에서 발달적 수준과 변화를 관찰하는 데 효과적이다. 또한 일화기록을 통해 영유아가 여러 영역을 골고루 경험하는지, 한두 영역에만 집중적으로 참여하는지를 알 수 있다.

일화기록법으로는 놀이가 진행되는 동안 현재형으로 기록하는 노트식(note) 일화기록과 놀이가 끝난 후 회상하면서 과거형으로 기록하는 비네트식(vinett) 일화기록 방법이 있다. 일화기록법의 경우 교사의 편견이 들어갈 수 있으며 교사가 일화기록에 익숙하지 않을 경우 정확하게 기록하기만 해서 정작 활용되지 못할 수도 있다는 단점이 있다. 그러나 일화기록법은 직접 관찰의 형태로서는 다양하게 적용할 수 있는 방법이며 다음과 같은 특징을 갖는다(Goodwin & Driscoll, 1980).

첫째, 일화기록법은 직접적인 관찰의 결과물이다.

둘째, 일화기록법은 즉각적이고 정확하며 구체적인 사건의 기술이다.

셋째, 일화기록법은 행동에 대한 정황을 담고 있다.

넷째, 사건에 대한 해석은 사건과 분리하여 기록한다.

다섯째, 일화기록법은 아이들의 전형적인 행동과 특별한 행동에 모두 초점을 맞추고 있다.

구체적인 일화기록 방법과 그 예는 다음과 같다.

〈표 7-10〉 일화기록법의 예

- 관찰아동: 박○○, 정○○
- 연령 및 성별: 3세 10개월(여), 4세 1개월(남)
- 관찰자: 김민정
- 장 면: 아침 등원 후 자유선택놀이
- 기 록: 박○○이와 정○○이가 역할영역에서 엄마놀이를 하고 있다. 정○○이가 "박○○아, 밥 먹자. 깨끗하게 손 씻고 와야지"하고 말하자 박○○이는 "네 엄마"하면서 손씻는 시늉을 한다. 박○○이가 손을 다 씻더니 손을 번쩍들고 정○○을 보며 환하게 웃는다. 정○○은 모형으로 만든 국, 밥, 반찬 접시를 예쁘게 놓고 박○○에게 "자, 이제 밥 먹자."라고 말하자 박○○는 "싫어 싫어, 나 혼자서 먹기 싫어, 엄마가 먹여줘야지"라고 말한다.

6) 사진 및 영상자료를 통한 평가

사진 및 영상자료를 통한 평가는 자연스럽게 일어났다가 사라지는 상호작용이나 짧은 놀이의 순간들도 기록 작업의 대상이 될 수 있다는 장점이 있다. 즉 직관적이고 순간적 상황을 담아낼 수 있는 것은 이러한 평가의 가장 큰 장점이다(김경철, 박현진, 2005). 미리 예상하지 못했던 우연히 일어난 상황들도 사진을 통해 흔적을 남김으로 해서 일상적인 경험이 더욱 확장되고 발전될 수 있다(오문자, 2010). 한 예로 유아교육기관에서 평가를 위해 사진을 활용할 때 사진은 평가를 위한 자료를 수집하고 기록하는 방법적 목적으로 활용될 수 있다. 이러한 사진을 활용한 평가 기록은 다양한 상황과 결과에 대한 내용을 담을 수 있고 자연스러운 혹은 우연한 상황을 수집하고 기록할 수 있다. 평가를 위해 수집된 사진은 단순히 사실적인 순간을 기록하는 것에 그치는 것이 아니라 영유아의 기억을 불러일으키고, 이야기를 이끌어내는 의사소통의 수단이 되며 반성적 사고를 하게 한다(이진희, 2014). 사진 이외에 녹음, 녹화 등도 모두 각각의 장점을 갖고 있으며 이러한 장비들의 활용은 교사들이 관찰과 평가를 위해 들이는 노력과 시간을 줄여준다.

7) 포트폴리오 평가

포트폴리오(portfolio)평가는 한 가지 또는 그 이상의 영역에서 긴 시간에 걸친 영유아의 노력, 진보, 성취를 설명하는 작품 모음이다. 영유아의 작품 수집은 내용선택에서 영유아의 참여, 수집판단의 준거, 영유아의 가치 판단 준거를 포함해야 한다. 또한 개별 학습자의 학습과정에서 내용과 의미를 창출하고 시간의 경과에 따른 변화과정의 기술에 기초한 반성적 사고를 지원한다. 포트폴리오 평가는 기존의 평가방식인 상대평가, 표준화 검사의 선택형 평가문항 구성의 제한점, 지필검사가 지니는 한계점 등을 극복하고 기존의 형식적인 평가와는 달리 과정을 중심으로 하기에 시간의 경과에 따른 영유아들의 발달적 변화에 초점을 맞출 수 있다. 또한 영유아가 글을 알지 못하는 한계점으로 생기는 문제점, 검사자와의 친숙도나 평가받는 시간의 집중도, 심리상태 등 주변의 여건이 평가에 미칠 수 있는 영향 등의 단점을 보완할 수 있는 평가이다. 따라서 교사는 영유아에게 그들의 발달진행과정과 흥미를 반영하는 매개물로서 포트폴리오를 이용할 수 있고 부모도 교사와 공유할 수 있으며 앞으로의 계획과 목표에 대해 함께 의논할 수도 있다. 또한 포트폴리오 평가는 융통성이 있고 조정이 가능하며 영유아의 작품을 많이 활용해 영유아의 발달과 학습에 대한 많은 내용을 포함할 수 있으며 시간의 흐름에 따른 영유아의 다양한 평가가 가능하다. 이러한 포트폴리오 평가의 특성을 정리하면 다음과 같다.

첫째, 영유아 포트폴리오 평가는 모으는 과정이 중요하다. 과정에 대한 평가이기에 비형식적인 관찰이나 질문 등 대안적 방법을 통해 다양하게 평가할 수 있으며 그렇기에 결과와 과정 모든 측면을 통합한 평가이다.

둘째, 영유아 포트폴리오 평가는 과정에 대한 평가이기에 특정한 평가 시간이 아닌 교육 · 보육활동 중에 평가가 자연스럽게 이루어질 수 있다.

셋째, 영유아 포트폴리오 평가는 영유아 개개인을 관찰한 기록, 사진 자료들을 모으기 때문에 개별 수업 목표를 적용시키기가 쉽다.

넷째, 영유아 포트폴리오 평가는 영유아의 강점을 명확하게 드러내준다. 표준화 검사가 정상 발달에 미치지 못하는 영유아를 선별하는 것에 목적을 두었다면 영유아 포트폴리오 평가는 영유아가 무엇을 잘하는지 알아 강점을 격려해 줄 수 있고 교사가 비계를 설정해 주어야 할 부분들을 알 수 있게 한다.

포트폴리오에 실제 포함되는 내용은 다음과 같다(이정환 · 박은혜, 1996; 이영석 · 이정화, 2000; 황해익 2009).

〈표 7-11〉 포트폴리오를 위한 영역별 작업표본의 예

영 역	내 용
(1) 신 체 및 표 현 영 역	1. 율동, 실외놀이, 게임 등의 시간에 영유아의 움직임을 체계적으로 관찰한 기록 2. 영유아들이 제일 좋아하는 게임, 운동 등의 실외 활동에 대한 자기 보고 3. 노래나 비디오 테이프를 보면서 율동이나, 손유희 등을 따라하는 것을 기록한 것 4. 손유희, 점토, 조작놀이, 쓰기 도구 등을 사용할 때 체계적으로 관찰한 기록 5. 영유아가 가위질한 여러 가지의 샘플들 6. 긁적거리기, 글자나 숫자를 쓴 것의 예 7. 실 끼우기, 바느질한 것의 샘플들 8. 학기 초와 학기 말에 각각 자기를 그린 자화상 9. 신발끈, 단추나 지퍼 잠그기 등을 관찰한 것 10. 책상 위에서 만든 레고, 패턴 블록 등의 작품의 예를 사진이나 비디오로 녹화한 자료들 11. 평소와 다르거나 독특하게 만든 쌓기물이나 프로젝트 12. 신체를 이용하여 다양한 모양을 창의적 동작으로 표현한 것들
(2) 탐 구 영 역	1. 도표나 그림으로 정보를 표현할 수 있는 영유아의 능력을 보여주는 작품의 예 2. 영유아가 활동한 여러 가지의 퍼즐, 해결된 문제들, 그리고 어떻게 해결했는가를 보여주는 예나 체계적인 관찰 기록 3. 분류, 패턴, 서열, 상징부호의 사용, 순서, 수 개념 등의 기본적인 사고과정을 수행하는 영유아들의 능력을 보여주는 예들 4. 프로젝트 접근법으로 얻어진 보고서, 전시한 것, 그림, 모델 등의 결과물들 5. 영유아가 가장 좋아하는 게임이나 퍼즐 등의 예 6. 영유아가 문제를 해결할 때 조언해 준 힌트들의 예 7. 요리활동을 할 때 요리 재료를 재거나 세기를 할 때의 사진 8. 사물의 변화 혹은 일이 진행되는 순서에 대한 이해를 나타내는 자기보고나 유도된 반응들 9. 영유아들이 교실이나 놀이터에서 기록해 놓은 차트들(물주기, 햇빛의 길이 등) 10. 수학적 탐구, 적용 활동에 대한 보고서나 공동 혹은 개인 프로젝트 등에 대한 글쓰기 11. 과학이나 수 영역에의 참여 정도 등에 대한 기록 12. 이야기 나누기나 관련 활동에서 모방이나 독특한 생각을 제시한 기록들
(3) 언 어 영 역	1. 영유아의 의사소통 능력을 보여주는 증거에 대한 교사의 체계적인 관찰기록 2. 영유아의 이해력, 개념, 어휘에 대한 증거 3. 영유아가 책을 읽거나 보는 데 보내는 시간 4. 집이나 학교에서 영유아가 읽은 동화책의 목록 5. 영유아가 선호하는 도서의 목록 6. 인쇄물의 기증에 대한 영유아들의 이해(지도, 글자, 신문, 목록, 책 등) 7. 문해 경험으로서의 영유아들이 써놓은 글의 샘플

영 역	내 용
(3) 언 어 영 역	8. 영유아의 책읽기 · 동극 · 이야기 나누기, 주말발표 등을 사진이나 비디오로 남겨놓은 것 9. 영유아들이 자기 자신의 일이나 활동에 대하여 쓴 글이나 코멘트 10. 동화나 음악을 듣고 그린 그림이나 묘사들, 다양한 언어활동을 한 것들 11. 영유아들이 쓰거나 혹은 받아쓰기를 한 동화를 읽은 것을 녹음한 테이프 12. 역할놀이(병원놀이, 우체국놀이)에서 영유아들의 문자언어 활동 샘플들
(4) 사회성 영 역	1. 또래와 상호작용하는 것에 대한 체계적인 관찰 기록 2. 영유아의 긍정적 또는 부정적 친구관계에 대한 교사의 관찰과 기록 3. 소집단 프로젝트를 할 때 협동을 잘하는지의 여부 4. 중요한 사회적 활동이나 놀이에 참여하고 있는 영유아의 사진 5. 또래와 다양한 활동참여에서 요구되는 기여도와 참여도에 대한 견본 6. 영유아의 독특함, 개별적 스타일, 성격, 흉내, 성향에 대한 증거 7. 사회적 문제를 해결하는 능력 8. 다른 사람과의 관계에서 주도권을 쥐는지 혹은 주로 추종자의 역할을 하는지의 여부 9. 자아개념에 대한 영유아의 자기보고와 표현에 대한 견본 10. 다양한 형태의 활동을 하는 동안 나타나는 영유아의 동기단계에 대한 자기 보고와 조직적인 관찰 11. 부모면담을 통해 얻은 자료 12. 사회성의 특정한 발달과 사회생활 주제 영역에 대한 지식과 기술

출처: 황해익(2009).

3 놀이 관찰 · 평가의 결과 활용

영유아의 놀이를 관찰하고 평가하는 것은 그들의 발달수준과 교육목표 성취여부를 파악하고 교육활동의 개선방안을 모색하므로 개별 영유아의 전인적인 발달을 도와주는 것을 목적으로 한다(교육과학기술부 · 보건복지부, 2012). 또한 놀이의 평가는 영유아의 발달정도, 교육프로그램 효과, 교사와의 상호작용 효과, 개인의 강점 등을 평가함으로써 개별 유아의 발달을 최적화하는 과정이라고 볼 수 있다(황해익, 2009). 이러한 과정을 거쳐 수집된 자료는 자료가 주는 정보의 의미를 정확하게 파악하고 정보를 어떻게 사용할지를 결정해야 하며, 평가의 계획단계에서부터 평가목적에 따라 결과를 어떻게 활용할지에 대한 계획을 세우는 것이 필요하다(황해익 외, 2014). 이러한 놀이관찰평가의 결과활용들을 구체적으로 정리해 보면 다음과 같다(오성삼, 구병두, 1996; 연세대학교 어린이생활지도연구원, 1995; McAfee & Leong, 1997).

첫째, 영유아의 영역별 발달 상황을 기술하고 개인 내 차이를 이해할 수 있다. 즉 영유아별로 발달이 진보된 영역과 발달이 덜 된 영역을 파악할 수 있다. 따라서 영유아 개개인의 전인적인 성장과 발달을 이해하고 도와주며 유아교육의 목표가 얼마나 성취되었는가의 여부를 밝혀 유아교육활동의 전반적인 과정을 개선하기 위하여 활용될 수 있다.

둘째, 영유아 간의 개인차를 발견하여 한 집단의 영유아들이 나타내는 발달 수준 범위를 파악할 수 있다.

셋째, 영유아의 발달 수준과 요구에 적합한 보육내용과 경험을 계획할 수 있다. 즉 영유아의 이해를 위한 자료 수집이 가능하여 그들의 생활지도와 학습지도에 있어서 기초가 되는 자료를 제공해 주고 효율적인 영유아 행동 지도를 위해 활용될 수 있다.

넷째, 처음과 나중의 영유아 행동의 비교를 통해 그들이 발달한 증거를 가짐으로써 교사의 사기를 진작시킬 수 있다.

다섯째, 특별한 도움이나 도전이 필요한 영유아를 발견하고 개별적으로 놀이 시 문제와 걱정거리를 해결하는 데 도움을 줄 수 있다.

여섯째, 부모에게 자녀의 발달 수준 및 변화를 보고함으로써 영유아에 대한 부모의 이해를 증진시키고, 그들을 도울 수 있는 방안에 대해 부모와 협의할 수 있다. 즉 부모에게 필요한 이해자료를 제공하는 기능을 하며 영유아에 대한 관찰평가 결과를 부모에게 제공하여 부모는 자녀에 대한 이해를 높이고 가정에서도 자녀의 능력에 맞는 지도를 실시함으로써 유아교육의 효과를 증대시킬 수 있다.

일곱째, 정보나 재정적 보조를 해주는 기관에게 보고할 때 가치 있는 자료가 될 수 있다.

관찰 결과에 대하여 강화를 체계적으로 사용하면 영유아의 학습 동기를 유발할 수 있다.

토의과제

1. 놀이관찰 방법 중 한 가지를 선택한 후 그 준거를 활용하여 관찰할 수 있는 다양한 활동목록을 작성해 보자.

2. 포트폴리오 평가를 놀이지도에 활용하고자 할 경우 제기될 수 있는 문제점과 그 해결 방법을 찾아보자.

Part 02 실제편

08 영아기 놀이 활동의 실제

1. 신체놀이
2. 탐색놀이
3. 말놀이
4. 상징놀이
5. 표현놀이

09 유아기 놀이 활동의 실제

1. 역할놀이
2. 쌓기놀이
3. 언어놀이
4. 수 · 조작놀이
5. 과학놀이
6. 음률놀이
7. 미술놀이
8. 집단게임
9. 실외놀이

chapter 8. 영아기 놀이 활동의 실제

1. 신체놀이

활동 1-1 터널을 통과해요

활동대상 만 0~1세

활동목표 터널에 관심을 갖고 터닐을 통과해 본다.
자연탐구>탐구하는 태도 기르기>탐색 시도하기
터널을 통과하면서 다양한 신체 움직임을 시도한다.
신체운동 · 건강>신체활동에 참여하기>몸 움직임 즐기기

활동자료 터널

터널 교구 제작 방법

① 가로 60cm 세로 2m 길이의 비닐 주머니를 준비한다.

② 비닐 주머니 겉 부분을 영아들과 함께 꾸며 본다.

③ 비닐 주머니 앞 뒤 부분에 백업을 둘러 비닐을 고정시킨다.

활동방법

❶ 터널을 탐색한다.

여기에 뭐가 있어?

기다란 비닐이 있구나.

여기를 지나가 볼까?

❷ 터널을 통과해 본다.

비닐 속을 지나가 볼까?

○○이는 걸어서(기어서) 지나가는구나.

또 어떻게 지나가 볼까요?

❸ 활동이 끝난 후 간단한 스트레칭을 하며 마무리한다.

팔, 다리를 쭉쭉 펴볼까?

선생님을 따라 몸을 움직여볼까?

확장활동

- 다양한 방법을 시도하여 터널을 통과해 본다.
- 터널 속으로 장난감을 통과해 보며 놀이해 본다.

활동 1-2

통통통 풍선을 쳐요

활동대상 만 0~1세

활동목표 신체부분을 이용하여 매달린 풍선을 쳐본다.
신체운동>신체조절과 기본운동하기>소근육 조절하기
사물의 움직임에 관심을 가진다.
자연탐구>탐구하는 태도 기르기>탐색시도하기

활동자료 풍선, 긴 빨래줄, 리본끈(10cm)

활동방법

1. 빨랫줄에 매달린 풍선을 탐색한다.
   여기 풍선이 매달려 있네.
   빨간 풍선, 노랑 풍선... 풍선이 많이 매달려 있네.
2. 매달린 풍선을 손으로 잡거나 발로 쳐서 움직여본다.
   ○○이는 파란 풍선을 손으로 잡아 보았구나.
   발로 풍선을 통통 쳐볼까?
   와! 풍선이 흔들흔들 움직인다~
3. 다양한 신체 부분으로 풍선 놀이를 해본다.
   머리로 통통~ 손바닥으로 톡톡~
   ○○이는 손바닥으로 풍선을 쳐보았구나.
   머리로 발로 손으로 쳐보니 풍선이 움직이는구나.

확장활동

- 긴 빨랫줄에 풍선이 아닌 영아들이 좋아하는 놀잇감을 매달아 놀이해 본다.
  (가볍고 부드러운 작은 인형이나 스펀지 공 등)

활동 1-3 동물처럼 움직여요

활동대상 만 1~2세

활동목표 동물처럼 움직이기를 즐긴다.
예술경험>예술적 표현하기>모방행동 즐기기
동물을 흉내 내어 다양하게 움직인다.
신체운동>신체활동에 참여하기>몸 움직임 즐기기

활동자료 동물그림 카드, 동물 모자, 경쾌한 음악, 카세트

활동방법

❶ 동물 그림카드를 살펴본다.

여기에 무슨 동물그림이 있니?
토끼랑 호랑이가 무엇을 하고 있지?

❷ 동물 모자를 바구니에 담아 두고 영아들이 호기심을 보이면 동물 모자를 쓴다.

○○야, 바구니에 무엇이 있니?
동물 모자가 있구나.
모자를 쓰고 놀이해 볼까?
어떤 동물 모자를 써볼까?
○○이는 강아지 모자를 썼구나.
○○이는 호랑이 모자를 썼구나.

❸ 동물 모자를 쓰고 자유롭게 동물 흉내를 내며 몸을 움직여본다.

강아지는 어떻게 움직일까?
○○이는 강아지처럼 뛰고 있네.
강아지 소리도 내면서 뛰어볼까?

호랑이는 어떻게 움직일까?
어흥! 어흥! 호랑이 소리도 내는구나.

확장활동

- 동물 모자를 실외활동에 비치하여 영아들이 동물 먹이 주기, 동물 먹이 먹기 등의 놀이를 해볼 수 있게 한다.(자연물로 동물 먹이 주기)

참고사항

- 자연물을 이용하여 먹는 흉내를 낼 때 영아들이 실제로 자연물을 입에 넣거나 먹지 않도록 주의한다.

활동 1-4 선생님처럼 해봐요 이렇게~

활동대상 만 0~2세

활동목표 자신의 몸을 다양하게 움직여본다.
신체운동＞신체조절과 기본운동하기＞대근육 조절하기
선생님의 움직임을 보고 신체를 움직인다.
예술경험＞예술적 표현하기＞움직임으로 반응하기

활동자료 선생님의 재미있는 움직임
* 사진을 참고하여 다양한 움직임을 익숙한 선생님 사진으로 준비하여 제시하도록 한다.

활동방법

❶ 선생님이 신체 움직이는 것을 보여준다.
선생님은 이렇게 다리를 올려보았어.
(영아들에게 움직임을 보여주며) 선생님이 이번에는 엉덩이를 들어볼 거야.
○○이도 선생님처럼 엉덩이를 올려보았구나.

❷ 영아들이 자유롭게 신체 움직임을 해볼 수 있도록 한다.
○○이는 엎드려서 두 다리를 올려보았구나.
○○이는 팔을 하늘 높이 쭉 올려보았구나.
(영아들이 새로운 동작을 할 때마다 반응하고 격려해 준다.)

❸ 교사가 움직이는 사진을 보여주며 따라해 보도록 한다.

선생님은 여기 사진처럼 발바닥을 붙이고 앉았어.

○○이도 발바닥을 붙이고 앉아보았구나.

이번에는 어떤 사진처럼 따라해 볼까?

확장활동

- 다양한 신체 움직임을 해본 후 영아체조, 영아요가, 몸짓놀이 등 더욱 활발하게 신체를 움직일 수 있는 활동을 해본다.

참고사항

- 영아가 동작을 시도해 보는 것에 중점을 두고 격려를 하며 활동한다.

활동 1-5

손전등 불빛을 따라가요

활동대상 만 0~1세

활동목표 손전등 불빛에 관심을 갖는다.
자연탐구>탐구하는 태도 기르기>탐색 시도하기
손전등 불빛을 따라 걷기, 기어가기의 이동운동을 시도한다.
신체운동>감각과 신체인식하기>감각적 자극에 반응하기

활동자료 망막커튼, 손전등

활동방법

❶ 손전등을 제공하여 영아가 관심을 보이는지 탐색의 시간을 갖는다.

❷ 손전등에 관심을 보이면 교사와 함께 탐색해 본다.

이건 손전등이라고 하는 거야.
여기를 누르면 어떻게 될까?
함께 눌러볼까? 어! 불빛이 생겼네~
캄캄한 곳에서 손전등을 켜면 밝게 해줄 수 있단다.

❸ 교실의 조명을 살짝 어둡게 하고 손전등을 켜서 불빛놀이를 한다.

여기 좀 봐~ 하얀 동그라미가 생겼어.
불빛에 관심을 보이면 영아의 신체에 불빛을 비추어본다.
○○이 손에 발에 불빛이 있네.
이번에는 불빛이 어디로 가는지 볼까?

❹ 손전등 불빛을 따라 걸어보고 불빛을 잡아보도록 한다.

불빛이 어디로 가나? 따라가 볼까?
선생님처럼 기어서 가볼까? 선생님처럼 걸어서 가볼까?

움직이는 불빛을 잡아볼까? 불빛이 어디 있지? 잡아봐라~

확장활동

- 불빛에 익숙해지면 그림자놀이로 확장하여 활동해 본다.

참고사항

- 영아의 눈에 손전등의 불빛을 비추지 않도록 주의한다.
- 어두운 곳에서 활동을 하다보니 영아들의 불안감을 증폭시키지 않을 정도의 적당한 활동시간을 계획한다.

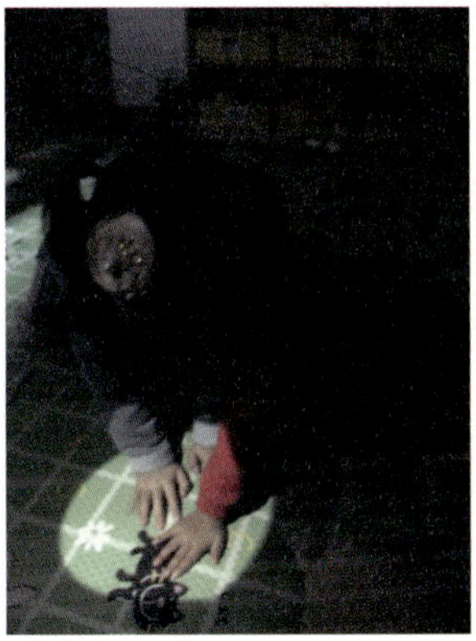

활동 1-6

하늘에서 종이 눈이 펑펑

활동대상 만 1~2세

활동목표 다양한 재질의 종이를 탐색한다.
자연탐구>탐구하는 태도 기르기>탐색 시도하기
활동에 적극적으로 참여하여 신체의 움직임을 인식한다.
신체운동>신체활동에 참여하기>신체활동에 참여하기

활동자료 여러 가지 종이(신문지, 전지, 휴지 등),여러 가지 종이 조각, 바구니

활동방법

1. 준비된 여러 가지 종이를 찢고 뭉치면서 자유롭게 탐색해 본다.
   여기에 여러 가지 종이가 있네.
   이렇게 종이를 찢어보니 어떤 모양이 되었니? 어떤 소리가 나지?
   이번에는 휴지도 찢어볼까?
   만져보니 어때? 와~ 정말 부드럽구나.
2. 찢은 종이와 교사가 미리 준비한 작은 종이 조각을 섞어 뿌리면서 자유롭게 놀이한다.
   ○○이는 신문지를 바구니에 담아 쏟았구나.
   ○○이는 휴지를 찢어서 머리에 뿌려보네.
   ○○이가 뿌린 신문지 눈은 다리에 떨어졌네.
   보들보들 하얀 휴지 눈 위에 한번 누워도 볼까?
   바구니에 종이 눈을 가득 담아 쏟아볼까?

③ 영아들과 함께 놀이한 종이 조각과 휴지를 정리하며 마무리한다.

얘들아, 눈이 그쳤나봐.

바닥에 떨어진 눈을 모아서 치워볼까?

우와~ ○○이는 종이 눈을 가득 담아 비닐봉지 속에 정리해 주는구나.

함께 눈을 치우니 정말 깨끗해졌구나.

확장활동

• 다양한 종류의 자료를 이용하여 눈 놀이를 해본다.(하얀 솜이나 색솜을 미리 뭉쳐서 준비)

참고사항

• 영아들이 활발하게 움직일 수 있는 공간을 충분히 확보한 후 활동하여 안전사고가 발생하지 않도록 한다.

2 탐색놀이

활동 2-1

깍두기를 만들어요

활동대상 만 1~2세

활동목표 도구를 활용하여 야채를 썰어본다.
다양한 재료를 이용하여 김치를 만들어본다.
자연탐구 > 과학적 탐구하기 > 생활도구 사용하기

활동자료 무 사진, 길게 자른 무, 길게 자른 당근, 파, 고춧가루
소금, 설탕, 간마늘, 비닐팩, 플라스틱 칼, 도마 또는 일회용접시

활동방법

1. 사진을 보며 야채를 살펴본다.
   무, 당근, 파가 있구나.
   자르지 않았을 때 모양은 어떻게 생겼을까?
2. 길게 자른 무와 당근, 파를 플라스틱 칼을 이용하여 잘라본다.
   칼을 앞뒤로 쓱싹쓱싹 움직여볼까?
   네모 모양으로 작게 잘라주자.
   파도 작게 잘라보자.
3. 비닐팩에 자른 야채를 넣어 깍두기를 만들어 볼 수 있도록 한다.
   자른 야채를 비닐에 넣어보자.
   소금을 한 스푼 넣고, 설탕과 고춧가루, 마늘을 넣어보자.
   비닐팩을 꼭 잡고 세게 흔들어주자~
   어떻게 되었니?
   맛있는 깍두기가 되었구나.

활동 2-2

미끌미끌 미역을 만져요

활동대상 만 0~1세

활동목표 미역을 다양한 방법으로 탐색한다.
자연탐구 > 탐구하는 태도 기르기 > 탐색시도하기

활동자료 물에 불린 미역, 책상에 깔 비닐, 유성매직, 볼

활동방법

① 물에 불린 미역을 만지며 탐색한다.

손으로 만져보자.
느낌이 어떠니? 미끌미끌 미끄럽구나.
냄새도 맡아보자 .
어디에 살까?

② 비닐에 유성매직을 사용하여 바다 속을 표현해 볼 수 있도록 한다.

바다 속에는 무엇이 살고 있을까?
그림으로 그려보자.
물고기, 조개, 꽃게 등
미역도 살고 있어요.

③ 미역을 올려 바다 속을 완성해 본다.

확장활동

- 미역이 움직이는 모습을 몸으로 표현하면서 놀이해 본다.

활동 2-3

계란으로 조물조물

활동대상 만 1~2세

활동목표 삶은 계란의 촉감을 느낀다.
자연탐구>탐구하는 태도 기르기>탐색 시도하기
삶은 계란으로 촉감놀이를 해본다.
자연탐구>탐구하는 태도 기르기>반복적 탐색 즐기기

활동자료 삶은 계란, 마요네즈, 빵칼, 비닐봉지

활동방법

1. 삶은 계란을 다양한 방법으로 탐색한다.
   이게 무엇일까?
   삶은 계란이구나. 어떻게 생겼니?
   어떤 색깔이니?
   이것은 무엇이니?
   하얀색 마요네즈구나.
   손으로 만져볼까? 냄새를 맡아볼까?
2. 삶은 계란을 빵칼로 자른 후 봉지 속에 넣고 마요네즈와 섞어본다.
   칼로 계란을 작게 잘라볼까?
   ○○이는 길쭉하게 잘랐구나.
   계란과 마요네즈를 섞어볼까?
   섞은 것을 봉지에 넣고 만져보니 어떤 느낌이니?
   선생님이랑 조물조물 만져볼까?

확장활동

- 영아와 탐색했던 계란을 이용한 요리 활동을 계획하여 실행해 본다.

참고사항

- 영아가 재료의 느낌을 충분히 탐색하고 느낄 수 있도록 기다려준다.

활동 2-4

손수건 과일 물 들여요

활동대상 만 1~2세

활동목표 과일을 끓인 물을 탐색해 본다.
자연탐구 > 탐구하는 태도 기르기 > 반복적 탐색 즐기기
과일을 이용하여 물들이기 활동에 관심을 갖고 즐겁게 참여한다.
예술경험 > 예술적 표현하기 > 자발적으로 미술활동에 참여하기

활동자료 계절과일(포도, 감, 귤 등 계절과 관련된 과일)을 끓인 물, 하얀색 손수건, 책상에 깔 비닐 또는 신문

활동방법

❶ 활동재료를 살펴보고 탐색해 본다.

이것은 무엇일까?
이 과일을 뜨겁게 끓이니깐 이런 물이 생겼네.
어떤 색깔이니?
이것으로 무엇을 해볼까?

❷ 과일 물들이기 활동을 해본다.

활동방법

❶ 냄비에 과일 껍질을 넣고 끓인다.
❷ 과일 끓인 물을 식힌다.
❸ 과일 끓인 물을 통에 담는다.
❹ 손수건의 부분 부분을 모아 쥐고 실로 묶는다.
❺ 과일물이 담긴 물에 손수건을 넣고 오랜 시간 조물락 거린다.
❻ 손수건을 묶었던 실을 풀고 염색된 모양을 탐색한다.
❼ 손수건을 말린다.

확장활동

- 과일껍질을 손수건이나 티셔츠에 놓고 두드려서 물을 들일 수 있다.

참고사항

- 교사가 미리 과일 물을 끓여 준비한다.

활동 2-5 상자 안에 무엇이 있을까?

활동대상 만 1~2세

활동목표 상자 속 물건을 넣고 빼며 탐색해 본다.
자연탐구>탐구하는 태도 기르기>호기심 가지기

활동자료 비밀상자, 놀잇감, 놀잇감 사진

활동방법

❶ 비밀상자를 제공하고 영아가 자유롭게 탐색할 수 있도록 한다.

❷ 비밀상자에 관심을 보이면 상호작용을 한다.

○○야, 상자 안에 무엇이 있을까? 한 번 흔들어볼까?

○○야, 가운데 구멍이 있네. 이 속에 무엇이 숨어 있을까?

❸ 상자 안에 손을 넣고 무엇이 있는지 탐색하고 확인하며 촉감을 표현해 본다.

상자 안에 어떤 느낌이 나니?

보들보들 말랑말랑하구나.

딱딱하고 거칠거칠하구나.

상자 안에 있는 물건이 무엇인지 확인해 볼까?

와!! 진짜 자동차가 있었네.

확장활동

- 상자 속에 다양한 물건을 넣고 오감으로 탐색할 수 있도록 해본다.

참고사항

- 탐색하여도 위험하지 않은 안전한 놀잇감으로 제공한다.

3. 말놀이

활동 3-1 크게 쿵쿵, 작게 살금살금 움직여요

활동대상 만 1~2세

활동목표 선생님의 말을 듣고 움직여본다.
의사소통 > 듣기 > 경험과 관련된 말 듣고 알기
소리와 움직임의 강약을 시도한다.
자연탐구 > 수학적 탐구하기 > 차이를 지각하기

활동자료 작은 발자국 5~6개, 큰 발자국 5~6개

활동방법

❶ 큰 발자국과 작은 발자국 그림을 살펴본다.

여기에 발자국 그림이 붙어 있네.
작은 발자국 위에 ○○이 발을 올려볼까?
○○발자국이랑 똑같이 생겼네.
큰 발자국 위에 □□이 발자국을 올려볼까?
□□이 발보다 더 큰 발자국이구나.

❷ 큰 발자국을 따라 몸을 크게 움직이며 큰 걸음으로 움직여볼 수 있도록 한다.

큰 발자국을 따라 쿵쿵쿵 크게 움직여볼까?
(쿵쿵쿵 크게 걷는 모습을 보여주며) ○○이도 크게 쿵쿵쿵 걷고 있구나.
몸을 크게 움직여 걸어볼까?
두 발을 모아 쿵쿵쿵 뛰어볼까?

❸ 작은 발자국을 따라 몸을 작게 움직이며 작은 걸음으로 움직여볼 수 있도록 한다.

작은 발자국을 따라 살금살금 걸어볼까?

(살금살금 걷는 모습을 보여주며) ○○이도 살금살금 걸어볼까?

몸을 작게 해서 걸어볼까?

몸을 점점 작게 하면서 살금살금 움직여볼까?

확장활동

- 영아들이 몸을 크게, 작게 움직일 수 있는 강약의 음높이가 있는 음악을 제공하여 음악에 맞춰 움직여볼 수 있도록 격려해 본다.

참고사항

- 영아들의 움직임과 동선을 고려하여 안전하게 발자국 그림을 붙여준다.

활동 3-2 움직이면서 그려요

활동대상 만 1~2세

활동목표 끼적이기를 반복하여 즐긴다.
의사소통 > 쓰기 > 끼적이기
넓은 공간에서 움직이며 끼적인다.
신체운동 > 신체조절과 기본운동하기 > 대근육 조절하기

활동자료 큰 종이, 끼적이기 도구(영아들이 사용할 수 있는 크레파스, 색연필 등), 테이프

활동방법

❶ 끼적이기 도구를 탐색한다.

여기에 여러 가지 색깔이 있네.
이것은 무엇일까?
여러 가지 색깔의 크레파스 중에 어떤 색이 마음에 드니?
어떤 색으로 그림을 그려볼까?

❷ 벽과 바닥에 붙여 놓은 종이에 자유롭게 움직이며 끼적여본다.

○○야 여기에 무엇이 붙어 있나?
우와, 종이가 붙어 있네.
○○이는 빨간색 연필로 길게 그려보았구나.
□□이는 기어가면서 벽에 그림을 그리고 있구나.
여기에 여러 가지 색깔의 긴 줄이 생겼어.

확장활동

- 끼적이기가 익숙해지면 영아들이 스티커를 붙여 꾸미기를 하거나 확장된 활동이 연계되어 이루어질 수 있도록 돕는다.

참고사항

- 영아들이 자유롭게 끼적이기를 할 수 있도록 종이를 벽과 바닥에 길게 크게 이어서 미리 붙여 놓는다.
- 대소근육의 조절이 미숙하므로 종이 밖으로 끼적이기를 하여도 허용해 주고 격려해 주며, 영아들의 움직임과 동선을 고려하여 넓게, 길게 종이를 붙여 제시한다.

활동 3-3 선생님과 보는 재미있는 그림책

활동대상 만 0~1세

활동목표 그림책에 관심을 갖고 살펴본다.
의사소통 > 읽기 > 그림책과 환경 인쇄물에 관심 가지기
그림책 속의 그림과 사물의 이름을 말해 본다.
의사소통 > 말하기 > 표정, 몸짓, 말소리로 말하기

활동자료 다양한 그림책

활동방법

1. 영아를 무릎이나 옆에 앉히고 함께 그림책을 살펴본다.
   ○○이는 어떤 그림책을 보고 싶어요?
   그림책 속에 무엇이 있나?
   선생님과 함께 그림책을 살펴볼까요?
2. 그림책 장면을 보면서 그림책 속 장면이나 사물의 이름을 말해 보면서 대화를 나눈다.
   ○○야, 그림책 속에 무슨 그림이 있니?
   (예: 아기돼지 삼형제 그림책을 보면서) 돼지가 무엇을 하고 있지?
   늑대가 무엇을 하고 있지?
   돼지 집은 어떻게 되었을까?

확장활동

- 영아가 익숙한 그림책의 장면을 스캔하여 영아들의 눈높이에 붙여주어 자유롭게 그림책 장면을 보면서 회상하고 이야기할 수 있도록 한다.

참고사항

- 영아들의 발달과 연령에 맞춘 그림책을 선별하여 준다.

활동 3-4

마이크로 노래해요

활동대상 만 0~1세

활동목표 마이크를 이용하여 다양한 소리를 내어본다.
의사소통>말하기>발성과 발음으로 소리 내기
여러 방법으로 내는 말소리를 들어본다.
의사소통>듣기>운율이 있는 말 듣기

활동자료 마이크

활동방법

1. 교사와 마이크를 탐색하며 대화를 나눈다.
   이것은 무엇일까?
   마이크에 입을 대고 말해 볼까?
   ○○이 목소리가 어떻게 들리니?
2. 교사가 마이크를 입에 대고 다양한 소리와 말소리를 내면 영아가 들어본다.
   선생님이 입에 마이크를 대고 소리를 내어 볼게요.
   곰 세 마리가 한 집에 있어~ 아빠 곰~~
   선생님 목소리가 어떻게 들리니?
   ○○이도 마이크에 입을 대고 노래를 해볼까?

확장활동

- 종이컵 전화기, 고깔 등 다양한 방법으로 영아들이 말놀이를 할 수 있도록 확장해 본다.

참고사항

- 한 명의 영아가 사용한 마이크를 여러 영아가 함께 사용하지 않도록 하고 사용한 마이크는 청결과 위생에 주의하여 제시한다.

활동 3-5

비밀 상자 속 그림카드

활동대상 만 0~1세

활동목표 다양한 그림카드를 보고 어떤 물건인지 알아본다.
자연탐구>탐구하는 태도 기르기>탐색 시도하기

활동자료 상자, 여러 물건의 그림과 이름이 적힌 그림카드

활동방법

① 상자를 보며 영아와 만져보고 난 후, 상자 속에 무엇이 있는지 만져본다.
(상자를 만지며) 이것은 무엇일까?
상자 속에는 무엇이 들어 있을까?

② 상자의 조그만 구멍에 눈을 대고 무엇이 들어 있는지 살펴본다.
○○야, 무엇이 보이니?
상자 속에 무엇이 들어 있을까?

③ 상자 속에 들어 있는 그림카드를 꺼내어본다.
무엇이 들어 있나 꺼내어볼까?
(상자에서 그림카드를 꺼내며) 이것은 무엇일까? 어떤 그림이 있나?
(그림카드를 꺼내 교사가 어떤 물건인지 명칭을 이야기하며)
사과~ 바나나~ 여러 가지 과일 그림이 있구나. 선생님 따라 말해 볼까?

④ 선생님과 함께 말놀이를 반복하여 해본다.

확장활동

- 그림카드 대신 영아에게 익숙한 놀잇감을 넣어 소리를 탐색해 보는 활동을 해 볼 수 있다.

참고사항

- 영아가 쉽게 말할 수 있는 단어의 그림으로 카드를 만들어 영아들이 스스로 '빠방', '멍멍' 등 그림을 보고 말할 수 있도록 한다.

4. 상징놀이(역할놀이)

활동 4-1 아기인형 응가해요

활동대상 만 0~1세

활동목표 배변에 관심을 갖는다.
기본생활＞건강하게 생활하기＞건강한 일상생활하기
인형으로 응가놀이를 한다.
예술경험＞예술적 표현하기＞모방행동 즐기기

활동자료 인형, 이동식 아기 변기

활동방법

❶ 변기에 대해 탐색한다.
무엇을 하는 것일까?
변기가 의자처럼 생겼구나?
아기가 응가가 하고 싶은가 봐.
어떻게 해야 할까?

❷ 올바른 변기 사용법에 대해 알려주고 놀이할 수 있도록 한다.
바지를 내려요. 변기 위에 인형을 앉혀 볼까?
"응~가" 힘을 주었더니 응가가 나오는구나.
물을 내려주자.
깨끗이 손도 씻어줄까?

❸ 변기에 거부감이 들지 않도록 즐겁게 놀이할 수 있도록 하고 변기에 관심이 있는 영아들에게 앉아볼 수 있도록 한다.

확장활동

- 블록을 이용하여 변기를 만들어본다.

활동 4-2

밀가루 반죽으로 요리해요

활동대상 만 0~1세

활동목표 밀가루 반죽을 탐색한다.
자연탐구＞탐구하는 태도 기르기＞탐색 시도하기
반죽을 이용하여 음식모형을 만들어본다.
예술경험＞예술적 표현하기＞단순한 미술활동 경험하기

활동자료 밀가루반죽, 소꿉놀이 세트, 포크, 플라스틱 칼, 순가락 등 소품

활동방법

❶ 밀가루 반죽을 탐색한다.
말랑말랑 반죽을 콕콕 눌러보고 두드려볼까?
당겼더니 쭉쭉 늘어나는구나? 떼어보자.
세게 당겼더니 떨어졌네.
두 손으로 동글동글 굴려보자.
빵처럼 둥근 모양이 되었네~

❷ 반죽을 굴리거나 밀며 여러 가지 모양을 만들어본다.
손가락을 펴고 손바닥으로 쭉쭉 밀었더니 기다란 모양이 되었네~
무엇을 만들어볼까?
플라스틱 칼로 잘라보자.

❸ 반죽을 그릇에 담아 놀이한다.

확장활동

- 밀가루 반죽 모형으로 친구와 나눠먹는 놀이를 해본다.

주의사항

- 밀가루 반죽을 먹지 않도록 주의하며 놀이한다.

활동 4-3

가방 들고 시장가요

활동대상 만 1~2세

활동목표 놀잇감을 여러 가지 방법으로 사용해 본다.
자연탐구 > 탐구하는 태도 기르기 > 탐색 시도하기
시장가는 놀이를 흉내내 본다.
예술경험 > 예술적 표현하기 > 모방행동 즐기기

활동자료 다양한 가방, 소꿉놀이 세트, 장난감

활동방법

❶ 가방을 탐색한다.
무엇을 할 수 있을까?
가방을 열고 닫아보자.

❷ 가방을 들고 걸어볼 수 있도록 하고 시장놀이 하는 모습을 교사가 보여주며 모방할 수 있도록 한다.
가방을 들고 걸어가 볼까?
선생님은 과일과 아스크림을 사야겠다.
좋아하는 물건을 골라서 가방에 넣어볼까?
어떤 물건을 골랐니?

❸ 친구와 시장놀이를 함께 해볼 수 있도록 한다.

확장활동

- 시장에서 본 물건들을 기억하고 표현해 본다.
- 물건을 쏟거나 다시 담는 놀이를 해본다.

활동 4-4

개구리가 되어요

활동대상 만 0~1세

활동목표 개구리의 움직임을 안다.
신체운동>신체조절과 기본운동하기>신체 균형잡기
개구리 흉내를 낸다.
신체운동>신체조절과 기본운동하기>기본운동하기

활동자료 개구리 사진, 파리그림, 개구리 머리띠, 파리채

교구 제작 방법
① 부직포에 개구리 사진을 붙여준 후 고무줄을 끼워 머리띠를 만든다.
② 파리채에 벨크로를 붙여준다.
③ 코팅한 파리 그림에 벨크로를 붙여 파리채에 붙을 수 있도록 한다.

활동방법

1. 개구리 사진을 탐색한다.
2. 개구리가 내는 소리와 움직임에 관심을 가지도록 한다.
   개구리는 어떻게 뛸까?
   어떤 것을 먹을까?
   개굴 개굴 소리를 낼 수 있어.
3. 개구리가 되어 파리를 잡아본다.

확장활동

- 동물 모자를 이용하여 여러 가지 동물 흉내를 내어 본다.

활동 4-5

엄마, 아빠 신발을 신어요

활동대상 만 0~1세

활동목표 같은 신발을 찾아본다.
자연탐구 > 탐구하는 태도 기르기 > 사물에 관심가지기
신발을 신고 놀이한다.
예술경험 > 예술적 표현하기 > 모방행동 즐기기

활동자료 엄마 신발, 아빠 신발

활동방법

1. 신발을 살펴본다.
   ○○가 신은 신발과 똑같은 신발은 어디 있을까?
2. 신발을 신고 걸어보며 자유롭게 놀이한다.
   엄마 신발을 신고 어디 갈 거니?
   아빠신발을 신었구나.

확장활동

- 엄마, 아빠 의상을 이용하여 놀이해 본다.

활동 4-6

우유팩 기차놀이

활동대상 만 0~1세

활동목표 우유팩을 기차처럼 길게 연결해 본다.
신체운동＞신체조절과 기본운동하기＞소근육조절하기
우유팩을 이용하여 기차놀이를 한다.
신체운동＞신체조절과 기본운동하기＞기본운동하기

활동자료 우유팩, 부직포, 벨크로

교구 제작 방법

① 우유팩의 윗부분은 잘라낸 후 우유팩을 부직포로 감싸준다.
② 부직포로 감싸준 우유팩에 벨크로를 붙여준다.
③ 벨크로가 잘 붙을 수 있도록 벨크로 앞면과 뒷면을 교대로 붙여준다.
④ 가장 앞쪽의 우유팩에 눈과 입을 붙여주고 우유팩 옆면에 바퀴를 붙여준다.

활동방법

❶ 우유팩 기차를 탐색한다.
우유팩을 붙여 주었더니 기다란 기차가 되었구나.
우유팩을 붙였다가 세게 당기면 떼어지는구나.

❷ 우유팩 기차를 길게 연결해 보고 놀이해 볼 수 있도록 한다.
기다란 기차가 달려갑니다. 칙칙, 폭폭~
기차에 어떤 것을 넣어볼까?
기차타고 어디로 갈까?

활동 4-7

목욕놀이 해요

활동대상 만 0~1세

활동목표 목욕용품을 탐색한다.
자연탐구 > 탐구하는 태도 기르기 > 탐색 시도하기
목욕을 시키며 모방놀이를 한다.
예술경험 > 예술적 표현하기 > 모방행동 즐기기
기본생활 > 건강하게 생활하기 > 몸을 깨끗이 하기

활동자료 인형, 스펀지, 목욕타올, 샤워기 모형, 로션 빈 통, 손수건

활동방법

❶ 목욕용품을 탐색해 본다.
샤워 스펀지로 몸을 깨끗이 씻어줄까?
샴푸통을 꾹꾹 눌러 보았니?

❷ 목욕용품으로 자유롭게 놀이한다.
팔과 다리를 깨끗이 씻어주자.
머리를 감겨볼까?
뽀글뽀글 거품이 나는구나.
깨끗이 수건으로 닦아주자.

확장활동

- 블록으로 목욕탕을 만들어 목욕탕 놀이를 해본다.

5. 표현놀이

활동 5-1

나뭇잎 액자 만들기

활동대상 만 1세

활동목표 나뭇잎 모양을 탐색해 본다.
자연탐구>탐구하는 태도 기르기>사물에 관심가지기
나뭇잎을 이용하여 액자를 꾸며본다.
예술경험>예술적 표현하기>단순한 미술 경험하기

활동자료 다양한 나뭇잎, 시트지, 우드락

교구 제작 방법

① 가로 20cm 세로 20m 길이의 시트지와 우드락을 준비한다.
② 시트지 접착면 위에 나뭇잎을 올려 영아들과 함께 꾸며본다.
③ 꾸며진 나뭇잎 시트지를 뒤집은 후 우드락에 붙여 고정시킨다.

활동방법

1. 다양한 나뭇잎 모양을 살펴본다.
   나뭇잎이 어떤 색이니?
   어떤 모양이니?
2. 시트지 접착면 위에 나뭇잎을 자유롭게 붙여본다.
   ○○는 어떤 색의 나뭇잎을 먼저 붙여볼까?
   나뭇잎을 붙였더니 어떻게 되었니?

❸ 나뭇잎을 붙여 꾸며진 시트지를 뒤집어 우드락에 붙여 고정시킨다.

나뭇잎을 톡톡톡 두드려 붙여볼까?

톡톡톡 두드려 주었더니 멋진 액자가 되었구나~

주의사항

- 영아들이 시트지 접착면을 손바닥으로 누르지 않도록 주의한다.

활동 5-2

물감놀이(데칼코마니)

활동대상 만 2세

활동목표 물감을 짜서 데칼코마니 활동을 한다.
예술경험＞예술적 표현하기＞단순한 미술경험하기
펴서 나온 데칼코마니를 탐색한다.
예술경험＞예술 감상하기＞아름다움 즐기기

활동자료 천연물감, 종이

활동방법

❶ 다양한 물감을 살펴본다.
다양한 색의 물감이 있구나.
좋아하는 색은 무엇이니?

❷ 물감 짜는 것을 도와준다.
○○는 어떤 색의 물감을 짜볼까?
물감을 눌러보니 어떻게 되었니?

❸ 종이를 반 접어서 편 후 나온 그림을 탐색한다.
종이를 펴보면 어떤 모양이 나올까?
종이를 펴보니 어떤 모양이 나왔니?
○○가 멋진 작품을 만들었구나~

확장활동

- 영아들이 만든 작품을 전시하고 감상해 본다.

활동 5-3

야채도장을 찍어요

활동대상 만 0세

활동목표 야채 모양에 관심을 가진다.
예술경험 > 예술적 표현하기 > 단순한 미술 경험하기
야채도장을 찍으며 미술활동을 즐긴다.
예술경험 > 아름다움 찾아보기 > 예술적 요소에 호기심 가지기

활동자료 여러 가지 야채, 물감, 도화지, 종이접시

교구 제작 방법

① 야채를 깨끗이 씻는다.
② 다양한 모양의 야채를 영아들이 잡기 편한 크기로 자른다.

활동방법

1. 야채를 탐색한다.
   야채의 이름이 뭘까?
   어떤 색이니?
   감자, 당근, 파프리카 등 다양한 야채도장들이 있구나.
2. 야채도장 찍기놀이를 한다.
   ○○는 어떤 도장을 찍고 싶니?
   좋아하는 물감을 찾아 찍어볼까?
   동그라미 모양이 되었구나~
3. 영아가 자유롭게 찍어볼 수 있도록 격려한다.
   ○○가 혼자서도 도장놀이를 잘하는구나!

확장활동

- 영아들이 찍은 도장 위에 눈을 그려 동물 모양을 만들어본다.

주의사항

- 물감이 묻은 야채를 입에 넣지 않도록 한다.

활동 5-4

물풀로 그림을 그려요

활동대상 만 2세

활동목표 물풀을 이용하여 그림을 그려본다.
예술경험 > 예술적 표현하기 > 자발적으로 미술활동하기
물풀로 그려지는 그림에 관심을 갖는다.
예술경험 > 아름다움 찾아보기 > 예술적 요소 탐색하기

활동자료 물풀, 물감, 도화지

교구 제작 방법
① 물풀에 물감을 넣어 다양한 색물풀을 만든다.
② 여러 가지 색의 물풀을 준비한다.

활동방법

1. 물풀의 사용 방법을 알아본다.
   어떻게 하면 그림이 그려질까요?
   문질문질 꾹꾹 눌러주었더니 색물풀이 나왔구나.
2. 물풀을 이용하여 그림을 그려본다.
   둥글둥글 동그라미가 되었구나.
   지렁이처럼 길어졌네~
   또 어떤 모양을 만들어볼까?
3. 영아가 자유롭게 표현해 볼 수 있도록 격려한다.
   톡톡톡 물풀을 두드려 주었더니 꽃모양이 나왔구나.
   멋진 작품이 만들어졌구나~

확장활동

- 물풀 그림 위에 색종이를 붙여 다양한 모양을 만들어본다.

활동 5-5 얼음으로 그림을 그려요

활동대상 만 2세

활동목표 얼음을 탐색해 본다.
자연탐구>탐구하는 태도 기르기>호기심 가지기
얼음을 이용하여 그림을 그려본다.
예술경험>예술적 표현하기>자발적으로 미술활동하기

활동자료 얼음, 물감, 면봉, 종이접시, 도화지

교구 제작 방법
① 얼음을 얼린다.
② 물감을 종이접시 위에 짜놓고 면봉을 이용하여 그림을 그려본다.

활동방법

❶ 얼음을 살펴본다
만지면 어떤 느낌일까?
미끌 미끌 미끄럽구나~

❷ 종이접시의 물감을 면봉으로 찍어 모양을 그려본다.
콕콕콕 찍어보자.
어떤 모양을 그렸니?
다른 색도 사용하여 그려보자.

❸ 얼음으로 물감 위를 문지르며 그림을 그려본다.
물감이 어떻게 변했니?
색이 합쳐지면 어떤 색으로 변할까?

멋진 그림이 그려졌구나!

확장활동

- 얼음이 녹는 과정을 살펴보고 이야기나누기 해본다.

주의사항

- 얼음을 입에 넣지 않도록 한다.
- 영아들이 너무 오랫동안 얼음을 만지지 않도록 주의한다.

활동 5-6

비닐 나비 모빌

활동대상 만 1~2세

활동목표 나비의 생김새에 관심을 가진다.
자연탐구＞과학적 탐구하기＞주변 동식물에 관심 가지기
다양한 재료를 이용하여 나비모빌을 만들어본다.
예술경험＞예술적 표현하기＞자발적으로 미술활동하기

활동자료 나비사진이나 그림, 투명비닐, 스팽글, 색종이, 뿅뿅이, 모루

교구 제작 방법

① 투명 비닐에 작게 자른 색종이, 스팽글, 뿅뿅이를 넣는다.
② 비닐을 테이프로 붙여준다.
③ 비닐 중앙에 모루로 묶어주고 모루 끝부분을 나비모양으로 만들어준다.

활동방법

1. 나비의 생김새를 살펴본다.
   어떻게 생겼니?
   양쪽에 날개가 있어서 날 수 있구나~
2. 색종이를 가위로 자르거나 찢어볼 수 있도록 한다.
   색종이를 싹뚝싹뚝 작게 잘라보자~
   어떤 색의 색종이를 잘랐니?
   여러 가지 색의 색종이를 잘라보자.
3. 투명비닐에 색종이, 스팽글, 뿅뿅이를 넣어본다.
   색종이와 뿅뿅이 스팽글을 차례로 넣어보자.
   어떻게 변했니?
4. 비닐을 테이프로 붙이고 모루를 사용하여 묶어준다.
   묶어주었더니 날개가 생겼구나~ 멋진 나비가 되었네.

확장활동

- 비닐의 한쪽만 묶어 눈을 그려준 후 물고기를 만들어본다.

chapter 9. 유아기 놀이 활동의 실제

1. 역할놀이

활동 1-1 교통경찰관이 되어요!

활동대상 만 3세

활동목표 교통경찰관의 역할에 관심을 가진다.
사회관계 > 다른 사람과 더불어 생활하기 > 친구와 사이좋게 지내기
친구와 함께 하는 극놀이에 즐겁게 참여한다.
예술경험 > 예술적 표현하기 > 극놀이로 표현하기

활동자료 교통경찰관이 하는 일 그림자료, 호루라기, 경찰역할 의상

활동방법

1. 그림 자료를 보며, 교통경찰관이 하는 일에 대해 이야기 나눈다.

   교통경찰관이 하는 일은 무엇일까요?
   그림을 보니 무엇을 하고 있는 것 같나요?
   교통경찰관에게 필요한 물건은 무엇일까요?
   교통경찰관이 있어서 좋은 점은 무엇일까요?
   교통경찰관이 없다면 어떤 일이 생기게 될까요?

❷ 교통경찰관 놀이에 필요한 소품을 준비한다.

교통경찰관이 되어 놀이해 볼까요?

어떤 소품이 필요할까요?

여기에 무엇이 준비되어 있나요?

❸ 놀이에 필요한 역할을 정한다.

교통경찰관 놀이를 하려면 어떤 역할이 있어야 할까요?

각 역할에 따라 어떤 말을 하면 좋을까요?

❹ 교통경찰관 놀이를 한다.

❺ 놀이해 본 소감을 이야기 나눈다.

교통경찰관이 되어본 느낌이 어땠나요?

놀이를 하면서 재미있었던 점은 무엇인가요?

어렵거나 힘들었던 점은 없었나요?

확장활동

❶ 사전 활동으로 우리동네 경찰서로 견학을 다녀온다.

활동 1-2

미용실에서 놀이하기

활동대상 만 4세

활동목표 미용실에 가본 경험에 대해 이야기 나눈다.
사회관계>다른 사람과 더불어 생활하기>공동체에서 화목하게 지내기
역할을 나누어 즐겁게 극놀이에 참여한다.
예술경험>예술적 표현하기>극놀이로 표현하기
미용사가 하는 일에 관심을 가진다.
사회관계>사회에 관심 갖기>지역사회에 관심 갖고 이해하기

활동자료 여러 가지 미용용품 (고데기, 헤어롤, 빗, 드라이기, 샴푸, 린스, 앞치마, 다 쓴 화장품), 대야, 화장대, 의자

활동방법

1. 우리동네 미용실에 가본 경험을 떠올린다.
   미용실에 가본 적이 있나요?
   그곳에서 사람들이 무엇을 하고 있었나요?
   미용실에는 어떤 사람들이 있을까요?
   미용실에는 어떤 물건들이 있을까요?
2. 미용실 놀이를 계획하고 필요한 소품과 역할을 이야기한다.
   미용실 놀이를 할 때 무엇이 있어야 할까요?
   어떤 역할이 필요할까요?

❸ 미용실 이름을 짓고 미용실을 꾸민다.

미용실의 이름을 뭐라고 하면 좋을까요?

손님이 기다리는 곳은 어디로 할까요?

어디에서 머리를 할까요?

거울과 소품들은 어디에 놓으면 좋을까요?

❹ 미용실 놀이를 한다.

❺ 놀이를 마치고 활동을 평가한다.

미용실 놀이를 해보니 어땠나요?

더 필요한 소품이 있었나요?

어떤 역할을 맡아 놀이했나요?

머리 모양을 바꾸고 난 기분은 어떤가요?

확장활동

❶ 미용실 놀이 후 필요한 물품을 미술영역에서 꾸며본다(미용실 간판, 가격표 등).

❷ 유아들이 서로 바꾸어 준 머리를 사진을 찍어주어 게시하거나 사진첩을 만들어본다.

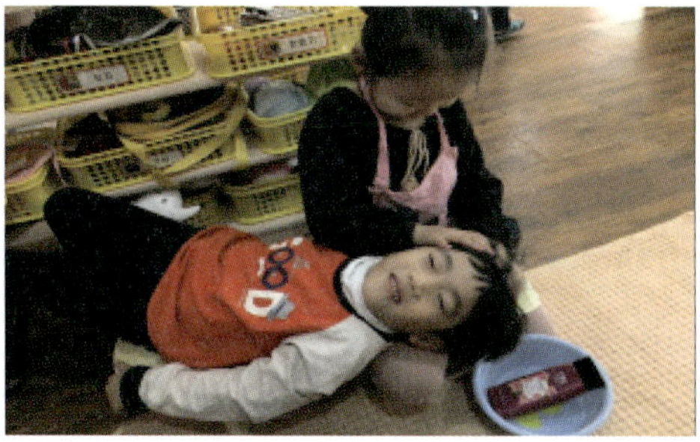

활동 1-3

자장자장 아기 돌보기

활동대상 만 4세

활동목표 아기를 돌보는 방법에 대해 알아본다.
역할을 나누어 직접 아기를 돌보는 경험을 해본다.
사회관계>가족을 소중히 여기기>가족과 화목하게 지내기
아기를 사랑하고 아끼는 마음을 갖는다.
사회관계>다른 사람과 더불어 생활하기>친구와 사이좋게 지내기

활동자료 유아들의 아기 때 사진, 아기 인형, 가방, 담요, 포대기, 젖병, 딸랑이, 촉감책, 여러 가지 목욕 도구, 자장가 음원, 역할 목걸이

활동방법

1. 벽면에 게시된 유아들의 아기 때 사진을 탐색해 본다.
   자장가를 들으며 아기를 돌보았던 경험이 있는 친구가 있나요?
   아기와 무엇을 하며 놀이했는지 이야기해 볼까요?
   아기를 돌보았을 때 기분이 어땠나요?
2. 아기를 돌보는 방법을 이야기한다.
   아기가 울 때는 어떻게 해야 하는지 경험해 보거나 생각나는 대로 이야기해 보세요.
   아기를 재울 때는 어떻게 해야 할지 경험해 본 적 있나요?
   아기의 기저귀를 갈아 줄 때는 어떻게 해야 할지 생각해 보세요.
   아기는 어떻게 재워야 할지 생각해 보고 소품을 찾아볼까요?
3. 친구들과 역할을 정해본다.

4 할아버지, 할머니, 엄마, 아빠, 언니, 오빠, 아기 등 역할 목걸이를 걸어 역할을 나누어본다.

친구와 함께 아기 인형과 물품을 이용하여 놀이해 보세요.

역할을 바꾸어서 놀이해 볼까요?

5 아기를 돌볼 때 어려운 점은 무엇이었는지 회상해 본다.

확장활동

1 아기를 잘 재우려면 어떻게 해야 할지 다음 놀이 때 오늘 경험을 생각해 보고 필요한 준비물이 있거나 만들 수 있는 소품은 미술영역에서 만들어보기를 제안한다.

활동 1-4 기상 캐스터가 되어요

활동대상 만 5세

활동목표 봄의 날씨에 관심을 갖고 알아본다.
자연탐구 > 과학적 탐구하기 > 자연현상 알아보기
다양한 봄 날씨의 특징을 알고 다양한 방법으로 표현한다.
역할을 정하여 봄 날씨를 알리는 기상캐스터 놀이를 경험한다 .
예술경험 > 예술적 표현하기 > 극놀이로 표현하기

활동자료 마이크, 봄 일기예보 사진, 기상캐스터 동영상과 사진, 손가락 모양 막대, 동영상이 녹음되는 카메라, 일기예보 사진, 일기예보

활동방법

❶ 짧은 기상캐스터 동영상을 본다.

우리원에 올 때에 날씨가 어땠는지 이야기해 줄래요?
(짧은 기상캐스터 동영상을 보여주면서) 이제 선생님이 봄의 날씨를 알려주는 동영상을 보여줄 건데 어떤 동영상인지 같이 보고 이야기 나눠볼까요?
동영상을 잘 보았나요?
어떤 계절 날씨를 말해 주었나요?

❷ '봄 날씨를 알리는 기상캐스터' 놀이를 할 것을 알려준다.

우리가 보았던 날씨를 알려주는 방송처럼 우리도 날씨를 알려주는 사람이 되어서 역할 놀이를 해보면 어떨까요?

❸ '봄 날씨를 알리는 기상캐스터' 역할 놀이를 하기 위해 준비한 재료를 탐색한다.

친구들이 생각할 때에는 '봄 날씨를 알리는 기상캐스터'를 하기 위해서는 어떤 재료들이 있어야 할 것 같나요?

(마이크를 보여주면서) 이것이 무엇일까요?

④ '봄 날씨를 알리는 기상캐스터' 역할 놀이를 하기 위해 역할을 정한다.

어떤 친구와 '봄 날씨를 알리는 기상캐스터' 역할 놀이를 하고 싶나요?

⑤ '봄 날씨를 알리는 기상캐스터' 역할 놀이를 한다.

확장활동

① '봄 날씨를 알리는 기상캐스터' 활동을 영상으로 담아 친구들에게 보여주며, 역할놀이 경험을 함께 공유하는 것도 확장활동의 하나로 진행할 수 있다.

주의사항

① 일기예보 그림을 보면서 여러 가지 날씨 기호나 표시가 생소하지 않도록 유아들에게 미리 과학영역에서 탐색하도록 안내하면 좋다. 어려워서 기상캐스터 놀이를 못하는 일이 없도록 미리 여러 가지 날씨 기호를 전시한다.

활동 1-5

동물 병원 놀이 하기

활동대상 만 5세

활동목표 다양한 애완동물의 종류에 관심을 가진다.
자연탐구 > 과학적 탐구하기 > 생명체와 자연환경 알아보기
애완동물을 다룰 때 어떤 주의를 해야 하는지 안다.
의사소통 > 말하기 > 느낌, 생각, 경험 말하기
친구들과 함께 동물병원 놀이를 경험한다.
예술경험 > 예술적 표현하기 > 극놀이로 표현하기

활동자료 애완동물 목걸이 또는 머리띠, 병원 놀이세트, 의사가운, 동물병원 간판, 애완동물 머리띠

활동방법

❶ 동물병원에 가본 적이 있는지 유아와 이야기 나눈다.
동물병원에는 어떤 사람들이 있나요?
동물병원에는 어떤 동물들이 있었나요?

❷ 준비된 역할 놀이 재료를 탐색한다.
어떤 재료들이 있는지 함께 볼까요?
의사가운은 왜 필요할까요?

❸ 역할을 친구와 협력하여 나누도록 안내한다.
누가 의사가 되어볼까요?
그럼 누가 강아지가 되어볼래요?

❹ 사이좋게 동물병원 놀이를 한다.

❺ 놀이가 끝나면 정리하고 다른 영역에 가도록 안내한다.

확장활동

❶ 역할 놀이에 필요한 소품들을 미술 영역에서 만들어볼 수 있다.

2) 쌓기놀이

활동 2-1

가을 산책길

활동대상 만 3세

활동목표 가을 날씨에 따른 산책길 모습의 변화에 관심을 가진다.
자연탐구>과학적 탐구하기>자연현상 알아보기
친구들과 함께 다양한 블록과 소품으로 산책길을 구성해 본다.
사회관계>다른 사람과 더불어 생활하기>친구와 사이좋게 지내기

활동자료 여름 산책길, 가을 산책길 사진, 벽돌 블록, 원형 블록, 소품(나무모형, 의자, 자연물 등)

활동방법

1. 산책을 해본 경험에 대해 이야기 나눈다.
   산책을 해본 적이 있나요?
   산책하면서 무엇을 보았나요?
   산책할 때 기분이 어땠나요?
2. 여름 산책길, 가을 산책길 사진을 보며 비교해 본다.
   선생님이 두 가지 모습이 담긴 산책길 사진을 가져왔어요. 함께 볼까요?
   두 사진의 같은 점은 무엇인가요?
   다른 점은 무엇인가요?
3. 가을 산책길을 어떻게 구성할지 계획한다.
   가을 산책길을 만들어보면 어떨까요?
   산책길을 만들기 위해 무엇이 필요할까요?

❹ 친구들과 함께 블록과 소품을 사용해 가을 산책길을 구성한다.

산책길은 어떤 블록으로 만들면 좋을까요?

구부러진 길은 어떻게 표현해 볼까요?

산책길에 무엇을 더 만들면 좋을까요?

❺ 완성된 산책길에 친구와 함께 걸어본다.

친구와 함께 산책길을 걸어볼까요?

걸어가면 무엇이 나올까요?

활동 2-2

부릉부릉 자동차길 만들기

활동대상 만 3세

활동목표 자동차가 다니는 길에 관심을 갖는다.
다양한 블록과 재료로 자동차가 다니는 길을 구성한다.
자연탐구 > 수학적 탐구하기 > 공간과 도형의 기초개념 알아보기
친구들과 협력하여 즐겁게 활동에 참여한다.
사회관계 > 다른 사람과 더불어 생활하기 > 친구와 사이좋게 지내기

활동자료 소형 자동차, 단위 블록, 여러 가지 소품(어린이집, 동네의 여러 가지 기관들, 집, 나무, 사람 등)

활동방법

1. 사진을 보며 자동차가 다니는 길에 대해 이야기 나눈다.
   사진 속의 장소가 어디인 것 같나요?
   자동차가 다니는 길의 바닥에 무엇이 그려져 있나요?
   자동찻길 주변에 무엇이 있나요?
   횡단보도에는 무엇이 있나요?
   신호등은 어디에 있나요?
2. 우리 교실에 자동찻길을 만들어 보자고 제안한다.
   쌓기 영역에 자동찻길을 만들어볼까요?
   자동찻길을 만들고 싶은 친구들 모두 모여보세요.
3. 어떤 블록과 소품을 이용해 어떤 방법으로 자동찻길을 만들지 계획한다.
   쌓기 영역에 어떤 블록들이 있나요?
   어떤 블록을 이용해서 자동찻길을 만들면 좋을까요?

자동찻길 주변에 무엇을 놓을까요?

자동찻길 주변에 나무는 무엇으로 할까요?

④ 친구들과 함께 자동찻길을 구성한다.

먼저 무엇을 만들까요?

자동찻길을 어디에서 어디까지 만들까요?

기다란 종이 블록으로 자동찻길을 만들어보세요.

횡단보도는 어디로 할까요?

신호등은 어디에 놓을까요?

⑤ 친구들과 함께 만든 자동찻길을 감상한다.

친구들과 함께 만든 자동찻길을 볼까요?

어떤 부분이 가장 마음에 드나요?

⑥ 자동찻길에서 자유롭게 놀이한다.

친구들과 함께 만든 자동찻길에서 어떤 놀이를 할까요?

⑦ 활동을 회상하고 평가한다.

무엇을 만들었나요?

누구와 함께 만들었나요?

어떤 블록들을 이용해서 자동찻길을 만들었나요?

블록으로 자동찻길을 만들며 어떤 점이 즐거웠나요?

아쉽거나 속상한 점은 없었나요?

확장활동

① 역할 놀이 영역과 연계하여 자동찻길 놀이를 할 수 있다.

② 미술 영역에서 재활용품을 이용해 자동차를 만들어볼 수 있다.

활동 2-3

블록으로 만드는 나의 몸

활동대상 만 4세

활동목표 내 몸의 신체 각 부분에 관심을 갖는다.
신체운동 · 건강>신체인식하기>신체를 인식하고 움직이기
다양한 블록을 활용하여 내 몸을 구성할 수 있다.
사회관계>나를 알고 존중하기>나를 알고 소중히 여기기

활동자료 다양한 종류의 블록(벽돌 블록, 우레탄 블록, 나무 블록, 레고 블록 등)

활동방법

1. 나의 몸으로 다양한 동작을 만든다.
   어떤 동작을 하고 있나요?
   우리의 몸은 어떻게 움직이나요?
2. 블록을 이용해 우리 몸을 어떻게 구성하면 좋을지 이야기 나눈다.
   블록을 이용해서 우리의 몸을 어떻게 만들 수 있을까요?
   어떤 블록으로 만들 수 있을까요?
3. 유아가 선택한 블록을 사용하여 우리의 몸을 다양한 방법으로 만든다.
   친구의 몸을 따라 블록을 놓아볼까요?
   여러 가지 동작에 따라 블록을 구성하여 볼까요?
   블록을 뼈대로 생각하고 구성할 수 있을까요?
   ○○가 한 동작을 블록으로 어떻게 표현하면 좋을까요?
4. 유아들의 동작과 블록으로 구성한 몸을 찍어 쌓기 놀이 영역에 전시한다.
   이 블록은 어떤 동작을 표현한 것일까요?
   또 다른 방법으로 표현할 수 있을까요?

여러분도 이 모습처럼 해볼 수 있을까요?

다른 블록으로도 만들 수 있을까요?

⑤ 블록을 제자리에 정리해 보며 마무리한다.

확장활동

① 블록으로 만드는 내 몸 사진을 활용하여 신체표현 활동을 할 수 있다.

3. 언어놀이

활동 3-1 이름을 지어 주세요

활동대상 만 3세

활동목표 여러 동물의 종류를 탐색하고 동물의 이름을 지어본다.
의사소통>말하기>느낌, 생각, 경험 말하기
의사소통>쓰기>쓰기에 관심 가지기
동물의 특징에 대해 관심을 갖는다.
자연탐구>과학적 탐구하기>생명체와 자연환경 알아보기

활동자료 활동지, 가위, 풀, 연필, 지우개

활동방법

❶ 내가 좋아하는 동물에 대해 소개하고 동물의 특징에 대해 이야기 나눈다.
여러분은 어떤 동물을 좋아하나요?
집에서 기르는 동물이 있나요?
집에서 기르는 동물의 이름은 무엇인가요?
왜 그런 이름을 지었나요?

❷ 우리 원에 있는 동물들의 이름을 떠올려본다.
우리 원에는 어떤 동물들이 있나요?
그 동물의 이름은 무엇일까요?
이름이 없는 동물은 우리가 이름을 지어줄까요?

❹ 언어영역에서 유아들이 자유롭게 활동지를 한다.

❺ 친구들에게 자신이 지은 동물의 이름을 소개한다.

확장활동

❶ '내가 애완동물을 키운다면'이라는 주제로 미술 영역에서 그림을 그려볼 수 있다.

주의사항

❶ 유아들이 동물들에게 관심을 가지고 사랑하는 마음을 가질 수 있도록 돕는다.

활동 3-2

내 몸이 하는 일 수수께끼

활동대상 만 3세

활동목표 신체 각 부분의 명칭과 역할에 관심을 가진다.
의사소통>말하기>낱말과 문장으로 말하기
의사소통>쓰기>쓰기에 관심 가지기
수수께끼 놀이를 통해 사고력을 기른다.
자연탐구>탐구하는 태도 기르기>탐구기술 활용하기

활동자료 신체 부위 그림카드, 내 몸이 하는 일 - 신체부위카드.

활동방법

1. 신체 각 부분을 살펴보며, 이야기 나눈다.
   손은 무엇을 할 때 사용할까요?
2. 신체 각 부분 그림카드를 보며, 부위에 관련된 설명을 한다.
   이곳은 어느 신체 부분인가요?
   어떻게 설명할 수 있을까요?
3. 문제를 내는 유아와 맞히는 유아로 나누어 신체 그림카드를 이용하여 수수께끼 놀이를 한다.
   누가 수수께끼를 내볼까요?
   문제를 맞힐 사람은 누가 하면 좋을까요?
5. 수수께끼 활동이 익숙해지면 여러 명의 유아가 함께 수수께끼를 푼다.
6. 내 몸이 하는 일 수수께끼 놀이를 한다.
7. 유아들이 직접 수수께끼가 적혀 있는 카드를 만들어본다.
   수수께끼 질문은 어떻게 적으면 좋을까?
   답은 어떤 식으로 적을까?
8. 직접 만든 수수께끼 카드를 사용해서 수수께끼 놀이를 해본다.

활동 3-3

다양한 민속놀이

활동대상 만 3세

활동목표 우리나라 전통놀이와 악기에 대해 관심을 갖는다.
예술경험>아름다움 찾아보기>음악적 요소 탐색하기
전통놀이 이름을 알고 읽어보는 경험을 한다.
의사소통>읽기>읽기에 흥미 가지기

활동자료 전통놀이와 악기 그림 자료

활동방법

❶ 자신이 알고 있는 전통놀이의 종류에 대해 이야기 나눈다.
알고 있는 전통놀이가 있나요?

❷ 좋아하는 전통놀이의 종류와 이유에 대해 이야기 나눈다.
○○는 어떤 전통놀이를 좋아하나요?
그 이유는 무엇인가요?

❸ 자신이 좋아하는 전통놀이를 글과 그림으로 표현해 보기로 한다.
내가 좋아하는 전통놀이를 그림으로 그려볼까요?
어떤 놀이인지 글자로 써볼까요?
잘 모르는 글자가 있으면 선생님이 알려줄게요.

❹ 자신이 표현한 전통놀이를 소개해 본다.
내가 좋아하는 전통놀이를 소개해 줄 수 있나요?
다른 친구들에게도 소개해 줄까요?

❺ 유아들이 활동한 결과물을 게시하고 감상한다.
친구들이 어떤 전통놀이를 표현했는지 볼까요?
나와 같은 놀이를 표현한 친구가 있나요?

확장활동

❶ 다양한 전통놀이 방법을 알아보고 친구들과 함께 전통놀이 활동을 경험해 본다.

활동 3-4

대중 교통수단 글자 베끼기

활동대상 만 3세

활동목표 다양한 대중 교통수단의 종류를 알아보고 이름에 관심을 가진다.
자연탐구 > 탐구하는 태도 기르기 > 호기심을 유지하고 확장하기
글자의 생김새와 구조에 관심을 가지고 글씨를 써보는 경험을 한다.
의사소통 > 읽기 > 읽기에 흥미 가지기
의사소통 > 쓰기 > 쓰기에 관심 가지기

활동자료 대중교통수단 사진과 낱말 카드(사포로 되어 있음), 얇은 종이, 색연필

활동방법

❶ 대중교통수단에 대한 경험을 이야기 나눈다.

버스를 타 본 적이 있나요?
누구와 함께 버스를 탔나요?
버스를 타면 무엇을 내야 하나요? 무엇을 찍어야 하나요?
버스를 타고 어디에 갔나요?

❷ 사포로 된 글자를 손가락으로 따라가며 읽어본다.

무슨 글자인 것 같나요?
손가락으로 글자를 만져볼까요?
느낌이 어떤가요?
손가락으로 글자를 따라가면서 함께 읽어볼까요?

❸ 그림과 글자를 비교하며 살펴본다.

❹ 글자 사포 위에 종이를 올려놓고 색연필로 베낀다.

글자 위에 종이를 올려놓고 색연필로 문지르면 어떻게 될까요?

내가 좋아하는 색깔 색연필로 문질러보세요.

어떤 색깔 글자가 나타났나요?

나타난 색깔 글자를 함께 읽어볼까요?

❺ 활동을 회상하고 평가한다.

어떤 활동을 했나요?

색연필로 글자를 문지를 때 어떤 느낌이 들었나요?

나타난 색깔 글자를 보니 기분이 어땠나요?

활동을 하며 어떤 점이 즐거웠나요?

어려운 점은 없었나요?

확장활동

❶ 글자를 베껴낸 종이들을 묶어 '여러 가지 대중 교통수단 글자 책'을 만들어본다.

❷ 글자 모양과 구조에 익숙해지면 글자를 직접 따라서 써본다.

활동 3-5

신문에서 글자 찾기

활동대상 만 4세

활동목표 신문에서 찾은 글자에 대해 이야기 나눈다.
의사소통>듣기>낱말과 문장 듣고 이해하기
신문을 활용한 언어활동에 즐겁게 참여한다.
의사소통>말하기>느낌, 생각, 경험 말하기
의사소통>읽기>읽기에 흥미 가지기
글자에 관심을 갖고 써본다.
의사소통>쓰기>쓰기에 관심 가지기

활동자료 여름용품 그림자료와 단어책(수영복, 모자, 선글라스, 선풍기, 부채 등), 신문지, 신문에서 여름용품 글자 찾기 활동지, 가위, 풀, 쓰기 도구

활동방법

1. 신문에서 친숙한 글자를 찾아 읽어본다.
   (신문을 제시하며) 이것은 무엇일까요?
   신문을 본 적이 있나요?
   신문에서 내가 아는 글자를 찾아볼까요?
   신문에서 찾은 글자를 읽어볼까요?
2. 그림자료에 적힌 '여름용품 글자'를 읽어본다.
   어떤 그림이 보이나요?
   어떤 글자가 적혀있나요?

❸ 활동방법을 알아본다.

1) 신문에서 여름용품 관련 글자를 찾는다.

2) 신문에서 찾은 여름용품 글자를 가위로 오린다.

3) 오린 글자를 활동지에 붙인다.

4) 활동지에 붙인 글자를 보며 따라 써본다.

❹ 신문에서 '여름용품 글자 찾기' 활동을 한다.

❺ 활동을 마친 후, 평가한다.

어떤 활동을 했나요?

신문에서 '여름용품' 글자를 쉽게 찾을 수 있었나요?

신문에서 '여름용품' 글자를 찾으며 어떤 느낌이 들었나요?

어떤 점이 재미있었나요?

어려운 점은 없었나요?

확장활동

❶ 유아들이 활동한 활동지를 모아 '우리반 여름용품 책'을 만들어본다.

4. 수 · 조작놀이

활동 4-1 동물 모양 바느질

활동대상 만 3세

활동목표 동물들의 생김새에 관심을 갖는다.
사회관계>사회에 관심 갖기>지역사회에 관심 갖고 이해하기
바느질을 통해 눈과 손의 협응력을 향상시킨다.
신체운동 · 건강>신체인식하기>감각 기관 활용하기

활동자료 바느질 활동지, 실, 바늘

활동방법

1. 내가 키워본 동물이나 좋아하는 동물들에 대해 이야기 나눈다.
   선생님과 같이 온 동물들을 소개할게요.
   이 동물들을 어디서 보았나요?
   이 동물을 키워본 적이 있나요?
   동물들의 생김새를 말해 볼 수 있나요?
   이 동물들의 특징은 무엇인가요?
2. 활동을 소개한다.
   어떻게 하는 활동일까요?
   무엇을 이용해야 할까요?
   이 활동의 이름은 무엇일까요?
3. 바느질 준비를 한다.
   마음에 드는 실 고르기, 바늘에 실 꿰기, 매듭짓기, 활동지 고르기
4. 동물의 모양대로 바느질을 한다.

5. 과학놀이

활동 5-1 물에 뜰까? 가라 앉을까?

활동대상 만 3세

활동목표 물에 뜨는 재료의 특징을 안다.
자연탐구>과학적 탐구하기>물체와 물질 알아보기
다양한 재료를 물에 넣어 뜨는 것과 아닌 것으로 구분한다.
자연탐구>과학적 탐구하기>간단한 도구와 기계 활용하기

활동자료 물에 가라앉는 것, 물에 뜨는 것, 투명 수조, 파란 바구니, 노란 바구니

활동방법

1. 물놀이를 한 경험을 이야기 나눈다.
   수영장에서 수영을 해본 적이 있나요?
   수영을 할 때 어떤 도구들을 사용했었나요?
   왜 그런 도구를 사용했을까요?
2. 물에 뜨게 도와주는 도구, 가라앉는 도구를 추측해 본다.
   우리가 물에 뜰 수 있게 도와주는 도구는 어떤 것이 있을까요?
   물에 뜨지 않는 것들은 어떤 것이 있을까요?
3. 교사가 준비한 여러 가지 재료를 탐색한다.
   이것은 무엇을 하는 재료일까요?
   재료들을 탐색해 보세요.
4. 수조에 물건을 넣었을 때 어떻게 될지 예측해 본다.
   이 물건을 물에 넣으면 어떻게 될까요?
   어떤 것이 물에 뜰까?

⑤ 물건을 하나씩 수조에 넣어본다.
어떤 것을 넣어볼까요?
이 물건은 왜 물에 뜰까요?
이 물건은 왜 물에 가라앉을까요?
⑥ 자유롭게 물건을 넣어보며 탐색한다.
⑦ 물에 뜨는 물건과 가라앉는 물건을 분류해 본다.
파란 바구니에는 물에 뜬 물건을 넣어보세요.
노란 바구니에는 물에 가라앉은 물건을 넣어보세요.
⑧ 실험을 하며 느낀 점을 이야기 나눈다.
우리가 물에 뜨는 배를 만들려면 어떤 재료들을 사용하면 좋을까요?
실험을 하니 어떤 점을 알게 되었나요?
물에 뜰 것이라고 생각했는데 가라앉은 물건은 어떤 것이 있었나요?
가라앉을 것 같았는데 뜬 물건은 어떤 것이 있나요?

확장활동

① 가라앉는 물건 중 빨리 가라앉는 물건을 알아본다.

활동 5-2

씨앗이 자라요

활동대상 만 4세

활동목표 씨앗을 심는 방법에 대해 이야기 나눈다.
의사소통>듣기>이야기 듣고 이해하기
씨앗이 잘 자라게 하기 위한 방법을 알고 실천한다.
자연탐구>탐구하는 태도 기르기>호기심을 유지하고 확장하기
식물을 길러보면서 성장 과정에 관심을 가진다.
자연탐구>과학적 탐구하기>생명체와 자연환경 알아보기

활동자료 여러 종류의 씨앗, 씨앗이 자라는 과정, 땅 속에서 씨앗이 자라서 밖으로 나오는 모습의 동영상, 화분, 흙, 모종삽, 물 조리 또는 분무기, 관찰지, 연필

활동방법

1. 씨앗을 관찰한다.
   (실제 사진 자료를 보여주며) 이 씨앗의 모습이 어떻게 생겼나요?
   (씨앗을 만져보며) 씨앗을 만져보니 어떤 느낌이 드나요?
2. 씨앗을 심어본 경험에 대해 이야기 나눈다.
   씨앗을 심어본 적이 있나요?
   언제, 어디에 어떻게 심었나요?
   씨앗을 심는 데 무엇이 필요한가요?
   시간이 지나니 어떻게 되었나요?

③ 씨앗을 심는 방법에 대해 이야기 나눈다.

씨앗을 심는 데 무엇이 필요한가요?

(꽃삽, 화분, 물뿌리개를 보여주며) 이것은 무엇에 쓰는 도구일까요?

씨앗을 심을 때 먼저 어떻게 해야 할까요?

그 다음에는 무엇을 해야 할까요?

씨앗을 다 심은 후에는 무엇을 해야 할까?

④ 씨앗을 심을 때 주의해야 할 점을 알아본다.

씨앗을 심을 때 어떤 점을 주의해야 할까요?

⑤ 씨앗을 심고 화분에 사진 자료를 이용하여 이름표를 만들어준다.

⑥ 우리가 심은 씨앗이 어떠한 모습으로 성장할 것인지를 예측해 그림으로 그려 본다.

확장활동

① 씨앗을 심고 화분에 사진 자료를 이용하여 이름표를 만들어준다.

② 우리가 심은 씨앗이 어떠한 모습으로 성장할 것인지를 예측해 그림으로 그려 본다.

활동 5-3 여름 날씨 관찰 기록

활동대상 만 4세

활동목표 여름 날씨의 변화에 관심을 가진다.
자연탐구>과학적 탐구하기>자연현상 알아보기
여름 날씨의 특징을 안다.
자연탐구>과학적 탐구하기>생명체와 자연환경 알아보기
도구를 활용하는 방법을 알고 호기심을 갖는다.
자연탐구>과학적 탐구하기>간단한 도구와 기계 활용하기

활동자료 여름 날씨 관찰 기록지, 쓰기 도구

활동방법

1. 여름 날씨에 대해 이야기 나눈다.
   여름에 경험할 수 있는 날씨에는 무엇이 있을까요?
   (햇볕이 쨍쨍 내리쬐는 더운 날씨, 비가 많이 오는 습한 날씨 등)
   여름 날씨 중에 좋아하는 날씨가 있나요? 그 이유는 무엇인가요?
2. 여름 날씨를 관찰, 기록하기 위한 도구들을 알아본다.
   '여름 날씨 관찰 기록' 활동을 하기 위해 무엇이 필요할까요?
   어떤 준비물이 있는지 잘 살펴보도록 할까요?
3. 활동방법을 알아본다.
   '여름 날씨 관찰 기록'은 어떻게 활동하는 것일까요?
   지금부터 활동 방법을 알아보도록 할까요?
   교실의 과학 영역으로 이동하여 활동지를 탐색해 보세요.

쓰기 도구를 이용하여 활동지에 오늘의 날짜를 적어보세요.

빈 칸에 오늘의 날씨를 그림이나 글로 기록해 보세요.

활동이 끝나면 자리를 스스로 정리해 보세요.

❹ 활동을 하며 지켜야 할 약속을 알아본다.

재미있고 안전하게 활동하기 위해서 우리가 지켜야 할 약속에는 무엇이 있을까요?

기록을 하는 것을 잊어버리지 않기 위해 언제 날짜를 기록하면 좋을까요?

기록지에 관찰한 내용을 글자로 기록하기 힘들면, 어떻게 하면 좋을까요?

쓰기 도구를 바르게 사용한 후 정리할 수 있겠니?

❺ '여름 날씨 관찰 기록' 활동을 한다.

지금부터 '여름 날씨 관찰 기록' 활동을 해보도록 할까요?

❻ '여름 날씨 관찰 기록' 활동이 끝난 후 평가한다.

어떤 날씨를 이번 주에 가장 많이 경험했나요?

그중 가장 좋아하는 여름 날씨는 무엇이었나요?

활동을 하며 가장 기억에 남는 점은 무엇인가요?

활동을 하며 어려운 점은 없었나요?

확장활동

❶ 자유선택활동 시 미술 영역에서 다양한 그리기 도구를 활용해 '내가 가장 좋아하는 여름 날씨'에 대한 내용을 자유롭게 표현해 볼 수 있다.

❷ 실외 놀이 시 그늘과 햇볕을 찾아보며, 유아들이 다양한 여름 날씨를 직접 경험해 볼 수 있다.

활동 5-4

누구일까요? 이상한 가족 얼굴

활동대상 만 4세

활동목표 신기한 가족 그림을 과학적인 원리로 탐구한다.
자연탐구＞과학적 탐구하기＞생명체와 자연환경 알아보기
거울지의 원리에 관심을 가지고 탐구과정을 즐긴다.
자연탐구＞탐구하는 태도 기르기＞탐구과정 즐기기

활동자료 다양한 가족 구성원의 이상한 얼굴 그림 카드, 원형 거울지, 종이, 그리기 도구

활동방법

❶ 우리 가족에 대해 친구들에게 소개해 준다.
우리 가족에는 누가 있는지 친구들에게 소개해 볼까요?

❷ 가족 그림 카드를 보면서 누구의 얼굴인지, 어떻게 보이는지 탐색하며, 왜 얼굴이 이렇게 보이는지 예측하여 이야기 나눈다.
이상한 가족 얼굴을 어떻게 똑바로 볼 수 있을까요?
어떻게 사용하면 좋을까?

❸ 거울지에 얼굴을 비추어 보며, 나의 모습이 어떻게 보이는지 관찰한다.

❹ 거울지를 원통으로 만든 후 이상한 가족 얼굴 카드 위에 올리며, 어떤 가족의 얼굴인지 관찰한다.
이상한 얼굴이 거울을 통해 어떻게 보이나요?
(거울에 유아의 얼굴을 비춰보며) 어떻게 변하는지 관찰해 볼까요?

❺ 거울에 비춰지는 얼굴과 유아가 그린 그림을 비교하며 관찰한다.

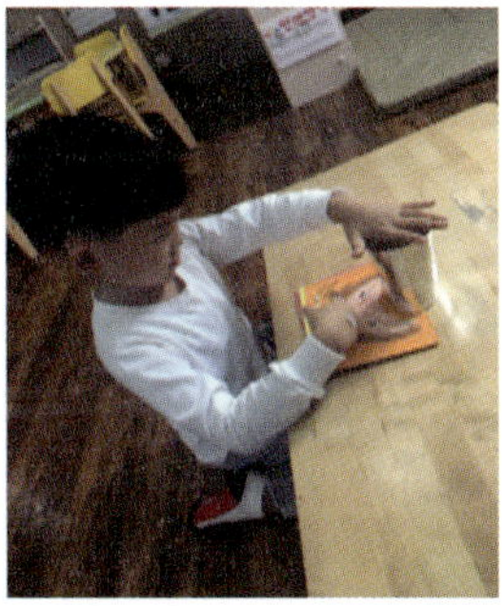

6. 음률놀이

활동 6-1 교통표지판을 보고 움직여요

활동대상 만 3세

활동목표 교사의 신호를 듣고 따른다.
신체운동 · 건강>안전하게 생활하기>교통안전 규칙 지키기
신호등과 교통표지판의 의미를 알고 지킨다.
신체운동 · 건강>신체 조절과 기본 운동하기>기본 운동하기

활동자료 탬버린, 신호등, 표지판, 건너가는 길 음원, 가사판

활동방법

1. '건너가는 길' 노래를 부르며 주의를 집중한다.
   '건너가는 길' 노래를 함께 불러봐요.
   어떤 불이 켜져야 길을 건널 수 있을까요?
2. 신호등을 보며, 교통 규칙에 대해 이야기 나눈다.
   신호등에는 어떤 색깔이 있나요?
   신호등이 빨간불(초록불)이 되면 어떻게 해야 할까요?
3. 표지판을 보며 표지판의 의미를 이야기 나눈다.
   이 표지판을 본 적이 있나요?
   이 표지판은 어떤 내용을 담고 있을까요?
   길에서 이 표지판을 보면 우리는 어떻게 해야 할까요?
4. 탬버린 소리를 들으며, 속도에 맞춰 걷기, 뛰기 등 자유롭게 움직인다.

⑤ 탬버린 소리를 들으며, 신호등 지키기 활동을 한다.

1) 교사가 탬버린을 치면 리듬에 맞춰 자유롭게 움직임을 표현한다.
2) 교사가 탬버린을 치며 손잡고 걷는 표지판을 들면 옆 친구와 손을 잡고 걷는다.
3) 교사가 탬버린을 치며 출입금지 표지판을 들면 방향을 바꾸어 다른 곳으로 간다.
4) 교사가 탬버린을 치며 정지 표지판을 들면 그 자리에 멈춘다.

⑥ 유아들끼리 역할을 정해 신호등, 표지판 지키기 활동을 한다.

탬버린은 누가 치면 좋을까?

표지판은 누가 들면 좋을까?

⑦ 활동을 정리하고 느낀 점을 나눈다.

표지판과 신호등을 보면서 활동을 하니 어떤 느낌이 들었니?

활동을 하면서 어떤 점이 어려웠니?

어떤 표지판을 들었을 때 재미있었니?

확장활동

① 여러 가지 교통표지판과 악기를 추가하여 좀 더 다양한 신체활동을 한다.

활동 6-2

북소리를 탐색해요

활동대상 만 3세

활동목표 전통악기 북에 관심을 가진다.
예술경험 > 예술적 표현하기 > 단순한 미술 경험하기
치는 위치에 따른 북의 다양한 소리를 탐색한다.
예술경험 > 예술적 표현하기 > 단순한 미술 경험하기

활동자료 북, 북채

활동방법

1. 북과 관련된 경험을 이야기 나눈다.
   북을 본 적이 있나요?
   북을 어디에서 보았나요?
   북의 소리를 들어보았나요?
2. 실제 북을 보며 이야기 나눈다.
   이 앞에 있는 것은 무엇일까요?
   이 북은 어떤 소리가 날까요?
   북을 두드려볼까요?
3. 북의 소리를 다르게 하여 들려준다.
   북을 빠르게 쳐보니 어떤 느낌이 드나요?
   북을 천천히 칠 때는 어떤 느낌이 드나요?
   북의 옆 부분을 치면 어떤 소리가 날까요?

4 북의 소리를 들으며 자유롭게 몸을 움직인다.

선생님의 북소리를 듣고 자유롭게 움직여보세요.

앞에서 북을 쳐줄 친구 있나요?

5 북소리를 들으며 느낀 점을 이야기 나눈다.

북소리를 들으니 어떤 느낌이 들었나요?

북소리에 맞춰 움직일 때는 어떤 느낌이 들었나요?

확장활동

1 전통음악을 들으며 북을 다양하게 연주하여 본다.

활동 6-3

생활용품 난타 연주

활동대상 만 4세

활동목표 우리 가족이 사용하는 생활용품에 관심을 가진다.
사회관계>가족을 소중히 여기기>가족과 협력하기
자연탐구>과학적 탐구하기>물체와 물질 알아보기
난타가 무엇인지 알아보고 난타 연주를 경험한다.
예술경험>예술적 표현하기>음악으로 표현하기

활동자료 난타 연주 장면 그림자료, 영상자료, 목욕용품, 주방용품, 막대, 신나는 음악

활동방법

1. 목욕용품과 주방용품을 탐색해 본다.
   이것은 무엇일까요?
   어디에서 사용하는 물건일까요?
   우리 가족이 사용하는 모습을 본 적이 있나요?
2. 목욕용품과 주방용품으로 어떻게 소리를 낼지 이야기 나눈다.
   냄비는 어떻게 소리를 내면 좋을까요?
   도마는 어떻게 소리를 내면 좋을까요?
   샴푸통으로 어떻게 소리를 낼 수 있을까요?
3. 노래에 맞추어 난타 연주를 한다.
   막대로 냄비를 두드리며 난타 연주를 해볼까요?
   노래에 맞춰 생활용품을 두드려봐요.

④ 난타 연주를 한 경험을 회상하며 이야기 나눈다.

생활용품으로 난타 연주를 해보니 기분이 어떤가요?

어떤 점이 재미있었나요?

아쉬운 점이 있었다면 무엇인가요?

확장활동

① 미술영역에서 난타 연주를 할 수 있도록 도구를 만들어본다.

② 가정에서 가족들과 함께 생활용품 난타 연주를 경험해 보고 사진을 찍어본다.

7. 미술놀이

활동 7-1

맛있는 내 마음 food face

활동대상 만 3세

활동목표 다른 사람의 마음과 감정을 표정으로 알 수 있음을 안다.
사회관계>나와 다른 사람의 감정을 알고 조절하기>나와 다른 사람의 감정 알고 표현하기
표정을 보고 사람의 감정을 추측하여 이야기한다.
의사소통>말하기>자신의 느낌, 생각, 경험 말하기

활동자료 내 마음을 나타낸 FOOD FACE 스티커, 종이접시

활동방법

❶ 교사가 여러 가지 감정을 표정으로 나타내며, 유아들에게 선생님 기분이 어떨 것 같은지 질문한다.

선생님의 표정을 보니 기분이 어떨 것 같아요?

왜 그렇게 생각했어요?

❷ 얼굴 표정을 보면 기분이 어떤지 알 수 있음을 이야기하고 다양한 표정 그림을 보며 표정에 따른 기분을 이야기해 본다.

❸ 여러 가지 음식 재료를 가지고 사람의 얼굴 표정을 꾸며본다.

어떤 재료로 꾸미고 싶나요?

❹ 여러 가지 재료로 친구들이 꾸민 얼굴을 관찰한다.

친구들은 얼굴을 어떤 재료로 꾸몄나요?

어떤 표정(기분)인 것 같아요?

왜 그렇게 생각했어요?

⑤ 눈, 코, 입, 눈썹의 모양에 따라 표정이 달라짐을 살펴보고 다양한 표정을 따라 해 본다.

⑥ 친구들의 작품을 감상하고 이야기 나눈다.

확장활동

① 하나의 접시는 스티커 활동을 하고 하나의 접시는 실제 음식 재료를 준비해 표정을 만들어 담는 요리나 간식 시간으로 확장한다.

활동 7-2

봄 옷 입히기 콜라주

활동대상 만 4세

활동목표 콜라주 활동방법에 대해 알아본다.
예술경험 > 아름다움 찾아보기 > 미술적 요소 탐색하기
다양한 재료를 이용하여 콜라주 활동에 즐겁게 참여한다.
예술경험 > 예술적 표현하기 > 미술 활동으로 표현하기

활동자료 유아 얼굴 사진, 잡지, 사인펜, 색연필, 종이

활동방법

1. 봄에 입는 옷에 대해 알아본다.
   지금은 어떤 계절인가요?
   봄에는 어떤 옷을 입을까요?
2. 오늘의 활동재료를 소개한다.
   선생님이 보여주는 사진은 누구의 얼굴일까요?
   잡지 속에 있는 옷은 어떤 계절의 옷일까요?
3. 콜라주 활동 방법을 소개한다.
   봄옷을 입은 나를 만들려면 어떻게 해야 할까요?
   옷을 어디서 찾으면 될까요?
   어떤 재료로 붙이면 좋을까요?
   이렇게 사진이나 그림을 합쳐서 하나의 작품을 만드는 것을 어려운 말로 뭐라고 부르는지 알고 있나요?
4. 직접 자신의 사진을 이용하여 콜라주를 해보도록 한다.
5. 활동이 끝나면 조형영역 벽면에 붙여두고 서로의 작품을 감상하도록 돕는다.

확장활동

1 봄풍경을 만들어보는 활동으로 콜라주 활동을 확장해 볼 수 있다.

주의사항

1 다양한 재료를 사용하기 때문에 주변이 많이 어지럽혀질 수 있으므로 뒷정리를 잘할 수 있도록 지도한다.

활동 7-3

폐품으로 동물 만들기

활동대상 만 4세

활동목표 여러 가지 폐품의 형태의 특징을 안다.
예술경험 > 아름다움 찾아보기 > 음악적 요소 탐색하기
폐품을 활용하여 다양한 동물을 독창적으로 만들어볼 수 있다.
예술경험 > 예술적 표현하기 > 미술 활동으로 표현하기
자신과 친구의 작품을 소중히 여기는 마음을 갖는다.
사회관계 > 다른 사람과 더불어 생활하기 > 친구와 사이좋게 지내기

활동자료 음료수 캔, 색종이, 인형눈, 뽕뽕이

활동방법

1. 폐품이 무엇인지 이야기를 나눠본다.
   폐품으로 우리가 할 수 있는 일이 무엇일까요?
2. 활동 재료를 살펴본다.
   이것들을 사용해서 무엇을 할 것 같나요?
3. 활동을 소개한다.
   1) 음료수 캔, 요구르트 용기, 휴지 속 말대 등 다양한 폐품을 준비한다.
   2) 폐품의 모양을 보고 어떤 동물을 표현할지 구상해 본다.
   3) 어떤 동물을 만들지 정한 후 재료를 모아 특징을 표현해 본다.
   4) 모루, 꽃술, 뽕뽕이 등으로 얼굴과 몸체를 재미있게 꾸며준다.
   5) 다양한 동물의 특징이 잘 나타나도록 만들어본다.
4. 활동 시 지켜야 할 약속을 이야기해 본다.
5. 활동 방법에 맞게 활동을 해본다.

⑥ 활동을 마친 후 평가해 본다.

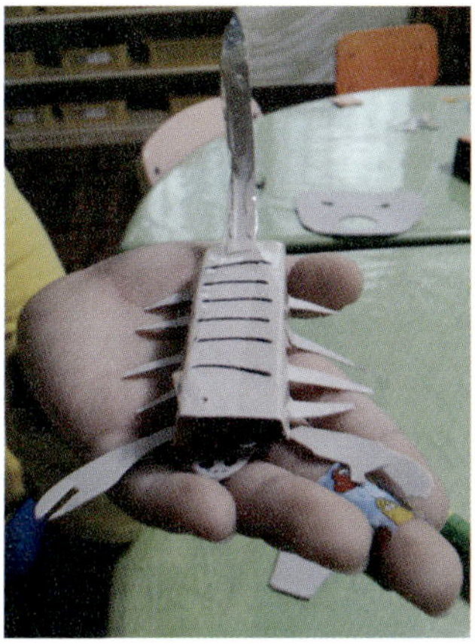

8. 집단게임

활동 8-1 여름물건 빨리 찾아오기

활동대상 만 3세

활동목표 여름에 사용하는 물건을 알고 찾아본다.
자연탐구 > 수학적 탐구하기 > 기초적인 자료 수집과 결과 나타내기
정해진 규칙을 지켜 게임을 한다.
신체운동 · 건강 > 신체조절과 기본운동하기 > 신체조절하기
사회관계 > 다른 사람과 더불어 생활하기 > 사회적 가치를 알고 지키기

활동자료 여름 물건과 아닌 물건 그림카드(각 14장), 호루라기

활동방법

1. 여름에 볼 수 있는 것들을 이야기 나눈다.
   여름에는 어떤 것을 볼 수 있나요?
2. 여름을 나타내는 물건에는 무엇이 있는지 이야기해 본다.
   여름을 나타내는 물건 중에는 어떤 것이 있나요?
3. 게임의 재료를 살펴본다.
   오늘의 재료는 무엇일까요?
   이 카드들은 왜 있을까요?
   카드에 어떤 종류의 그림들이 있는지 살펴볼까요?
   여름과 겨울과 관련된 그림 카드로 어떤 게임을 할 수 있을까요?
4. 게임 방법에 대해 설명한다.
   어떤 게임일까요?
   바닥에 있는 그림 카드를 어떻게 하면 될까요?

1) 유아들을 두 팀으로 나눈다.
2) 여름 물건과 아닌 물건 그림카드 20장을 바닥에 그림이 보이지 않게 뒤집어 놓는다.
3) 출발 신호를 듣고 달려가 여름 카드를 찾는다.
4) 뒤집은 카드가 여름 물건 카드가 아니면 그림을 뒤집어 두고 다시 여름 그림을 찾는다.
5) 여름 카드를 들고 먼저 들어오는 팀이 1점을 받는다.
6) 모든 유아가 게임을 마치고 더 많은 점수를 받은 팀이 이긴다.

⑤ 게임규칙에 대해서 이야기 나눈다.

게임을 할 때 어떤 약속을 지켜야 할까?

어디에 서 있어야 할까?

가지고 오던 물건 카드를 떨어뜨리면 어떻게 하면 될까?

다른 친구가 게임을 하는 동안 앉아 있는 친구들은 무엇을 해주면 좋을까?

⑥ 두 명의 유아가 나와 게임 시범을 한다.

누가 나와서 친구들에게 '이렇게 하는 게임이야'라고 보여주겠니?

⑦ 약속을 지켜 게임을 시작한다.

⑧ 게임을 하고 난 후 느낌이나 생각에 대해 이야기 나눈다.

어떤 것이 재미있었니?

어떤 점이 힘들었니?

⑨ 열심히 한 친구들에게 서로 박수로 칭찬하고 활동을 마무리한다.

확장활동

① 활동에 익숙해지면 릴레이 방식으로 게임을 해본다.

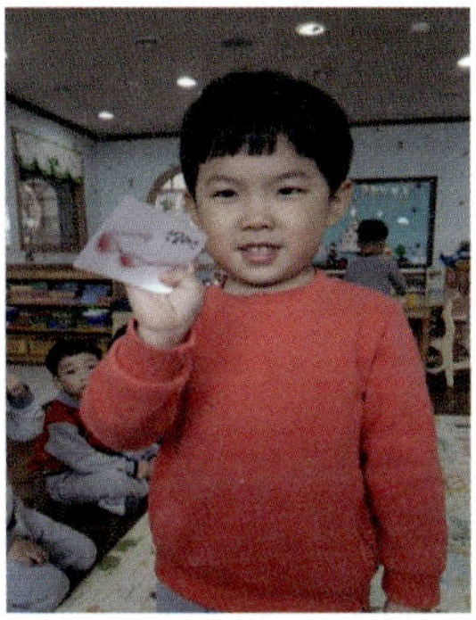

활동 8-2 거미줄 피해라

활동대상 만 3세

활동목표 거미와 거미줄에 대한 자신의 경험과 생각을 말해 본다.
의사소통 > 말하기 > 느낌, 생각, 경험 말하기
신체 각 부분의 움직임을 조절하여 거미줄을 피해본다.
신체운동 · 건강 > 신체조절과 기본운동하기 > 신체조절하기

활동자료 여름 곤충 사진, 마스킹 테이프

활동방법

❶ 여름에 볼 수 있는 것들을 이야기 나눈다.
여름에는 어떤 것을 볼 수 있나요?

❷ 여름에 볼 수 있는 곤충에 대해 이야기를 나눈다.
여름에 볼 수 있는 곤충엔 어떤 것이 있나요?
거미는 어떻게 공중에 떠 있을까요?
거미는 어떻게 먹이를 먹을까요?

❸ 게임의 재료를 살펴본다.
거미줄을 무엇으로 표현할까요?
오늘의 재료는 무엇일까요?
거미의 먹이가 될 수 있는 여름 곤충은 어떤 것이 있을까?

❹ 게임 방법에 대해 설명한다.
어떤 게임일까?
1) 유아를 두 팀으로 나눈다.
2) 각 팀에서 한 명의 유아가 나와서 여름 곤충 그림을 들고 출발선에 선다.

3) 출발 신호가 들리면 마스킹테이프에 걸리지 않고 지나간다.

4) 걸리지 않고 반대편에 도착하여 곤충을 안전하게 붙인다.

❺ 게임규칙에 대해서 이야기 나눈다.

게임을 할 때 어떤 약속을 지켜야 할까?

어디에 서 있어야 할까?

거미줄에 걸리면 어떻게 하면 될까?

다른 친구가 게임을 하는 동안 앉아 있는 친구들은 무엇을 해주면 좋을까?

❻ 두 명의 유아가 나와 게임 시범을 한다.

누가 나와서 친구들에게 "이렇게 하는 게임이야"라고 보여주겠니?

❼ 약속을 지켜 게임을 시작한다.

❽ 게임을 하고 난 후 느낌이나 생각에 대해 이야기 나눈다.

어떤 것이 재미있었니?

어떤 점이 힘들었니?

❾ 열심히 한 친구들에게 서로 박수로 칭찬하고 활동을 마무리한다.

활동 8-3

까막잡기

활동대상 만 3세

활동목표 까막잡기 놀이에 관심을 갖고 놀이방법을 안다.
사회관계>사회에 관심 갖기>우리나라에 관심 갖고 이해하기
친구들과 함께 놀이하며 즐거움을 느낀다.
사회관계>다른 사람과 더불어 생활하기>친구와 사이좋게 지내기

활동자료 눈가리개, 쥐 그림 머리띠, 고양이 그림 머리띠

활동방법

❶ 쥐와 고양이 그림을 보며 이야기한다.

고양이가 가까이 가면 쥐는 어떻게 할까요?

만일 쥐가 고양이게 잡히면 쥐는 어떻게 되지요?

❷ 까막잡기 놀이에 대해 설명한다.

누가 고양이를 맡을지 정한다. 고양이를 맡은 사람은 눈을 가린다.

고양이가 쥐를 잡으려고 하면 쥐는 도망가야 해요. 선생님이 고양이가 되어볼게요.

쥐가 잡혔으니 이제 잡힌 쥐가 고양이를 해볼게요.

북소리가 울리는 동안만 쥐를 잡을 수 있어요. 준비되었나요?

술래는 앞을 보지 못하니까 우리가 손뼉을 치면서 알려주는 방법도 있어요.

❸ 까막잡기 놀이를 한다.

이번에는 고양이의 눈을 가리고 해보세요.

보이지 않으니까 쥐들이 손뼉을 쳐주는 것이 좋겠지요?

④ 까막잡기 놀이를 한 후 유아들과 놀이의 경험을 이야기 나눈다.

눈을 가리고 쥐를 잡아보니까 기분이 어떤가요?

박수소리만으로 쥐를 찾는 것이 쉬웠나요?

어떤 것이 가장 재미있었나요?

활동 8-4

신문지 놀이

활동대상 만 4세

활동목표 대 · 소근육을 조절하여 신체의 균형을 유지한다.
신체운동 · 건강 > 신체조절과 기본 운동하기 > 신체 조절하기
서로 도움을 주고받으며, 다양한 동작을 한다.
사회관계 > 다른 사람과 더불어 생활하기 > 친구와 사이좋게 지내기

활동자료 신문지, 신나는 음악, 바구니, 신호악기

활동방법

1. 신문지에 대해 알아본다.

   '네모난 모양의 종이예요. 여러 가지 소식을 전해줘요. 글자가 많아요.'

   이것은 무엇일까요?

   새 소식을 알려 주는 신문으로 어떤 놀이를 할 수 있을까요?

   신문지 놀이를 할 때 어떤 약속을 지켜야 할까요?

2. 신문지 놀이를 한다.

   짝꿍과 함께 신문지에 올라가볼까요?

   둘이 손을 잡고 콩콩콩 뛰어볼까요?

   짝과 함께 신문지를 반으로 접어볼까요?

   함께 올라가 볼까요?

   짝과 함께 신문지를 한 번 더 접어보세요.

   작아진 신문지에 어떻게 함께 올라갈 수 있을까요?

   바닥에 떨어지지 않으려면 어떻게 해야 할까요?

   둘이 꼭 껴안아볼까요?

점점 작아지는 신문지에 어떻게 하면 함께 올라갈 수 있을까요?

❸ 신문지 공 만들기를 한다.

신문지를 하나씩 들고 앉아서 찢어볼까요?

어떤 소리가 나요?

찢은 신문지를 하늘에 날려 볼까요?

찢은 신문지로 무엇을 만들 수 있을까요?

찢은 신문지를 공처럼 뭉쳐볼까요?

신문지가 무엇이 되었나요?

바구니에 공을 넣어보거나 굴리기를 해보세요.

❹ 활동을 평가한다.

신문지 놀이를 하면서 가장 기억에 남는 것은 무엇인가요?

신문지로 또 어떤 놀이를 할 수 있을까요?

활동 8-5

지팡이 짚고 걷기

활동대상 만 5세

활동목표 할머니, 할아버지가 사용하는 물건에 관심을 갖는다.
자연탐구>과학적 탐구하기>간단한 도구와 기계 활용하기
게임방법을 알아보고 규칙을 지키며 게임을 한다.
신체운동 · 건강>신체인식하기>신체를 인식하고 움직이기

활동자료 지팡이, 반환점, 출발신호 악기, 색깔 테이프

활동방법

1. 지팡이를 탐색한다.
   우리 가족 중에서 지팡이는 주로 누가 사용할까요?
   왜 지팡이를 사용하실까요?
2. 지팡이를 이용한 놀이를 생각한다.
   지팡이를 이용해 어떤 놀이를 할 수 있을까요?
3. 게임 방법에 대해 이야기 나눈다.
   1) 유아를 두 팀으로 나눈다.
   2) 두 명의 유아가 허리를 굽혀 지팡이를 짚고 꼬불 꼬불 길을 걷는다.
   3) 반환점을 돌아서 먼저 도착한 유아가 이기는 게임이다.
4. 게임을 할 때 지켜야 할 약속에 대해 이야기 나눈다.
5. 게임을 한다.

⑥ 지팡이 짚고 걷기 게임을 하고 난 느낌에 대해 이야기 나눈다.

게임을 하면서 어려웠던 점은 무엇이었나요?

허리를 굽히고 걸어보니 어떤 느낌이 들었나요?

주의사항

① 사전에 교실 바닥에 색깔 테이프를 이용해 꼬불꼬불 길을 만든다.

9. 실외놀이

활동 9-1

빨래하기

활동대상 만 3세

활동목표 놀이를 통해 가족이 하는 일을 해본다.
예술경험 > 예술적 표현하기 > 단순한 예술 경험하기
빨래하기 놀이를 통해 눈과 손을 협응하여 움직임을 조절해 본다.
사회관계 > 가족을 소중히 여기기 > 가족과 협력하기

활동자료 대야, 헌옷, 비누, 빨래판, 건조대, 바구니

활동방법

❶ 더러워진 옷을 입고 있는 손 인형을 이용하여 이야기를 나눈다.

내 옷이 너무 더러워졌어. 어떻게 하면 좋지? 나는 빨래하는 방법을 몰라. 친구들이 빨래하는 방법을 알려줄 수 있겠니?

❷ 빨래를 하는 데 필요한 도구를 소개한다.

빨래하려면 무엇이 필요할까요?

이것은 어떻게 사용하는 걸까요?

❸ 빨래하는 순서에 대해 알아본다.

부모님께서 빨래하는 모습을 본 적이 있나요?

빨래를 어떻게 해야 할까요?

1) 빨래할 옷에 물을 묻힌다.
2) 비누로 옷에 비누칠을 한다.
3) 빨래판에 대고 옷을 문지른다.
4) 물에 빨래를 헹구어 낸다.

5) 빨래를 짠다.

6) 빨래를 다 한 옷은 건조대에 넌다.

4 빨래 놀이 시 지켜야 할 약속에 대해서 이야기를 나눈다.

5 빨래 놀이를 한다.

6 빨래 놀이가 끝난 후, 빨래 도구를 바구니에 담아 정리한다.

7 빨래를 하고 난 후의 느낌에 대해 이야기를 나눈다.

빨래한 옷이 어떻게 되었나요?

빨래하고 나니 기분이 어떤가요?

어떤 것이 가장 재미있었나요?

집에서 부모님과 함께 빨래를 해보는 건 어떨까요?

활동 9-2

해오름 놀이

활동대상 만 5세

활동목표 새해의 의미를 알고 즐겁게 맞이한다.
신체운동 · 건강 > 신체인식하기 > 신체를 인식하고 움직이기
생활도구를 이용해 움직임을 알고 협동하여 만든다.
신체운동 · 건강 > 신체 활동에 참여하기 > 바깥에서 신체활동하기

활동자료 한복, 여러 가지 밧줄, 동그라미 밧줄, 음원

활동방법

1. 남자, 여자 친구들이 한복을 입고 새해맞이 놀이를 위해 실외놀이터로 이동한다.
2. 새해의 의미에 대해 이야기 나눈다.
   새해를 맞이하여 해가 떠오르는 놀이는 무엇이 있을까요?
   생활도구인 밧줄을 가지고 친구들이 협동하여 해가 오르는 놀이가 있는데 해오름 놀이를 해봐요.
3. 교사가 밧줄을 이용해 동그라미 모양을 만들어 해가 만들어지는 모습을 보여주고, 다른 밧줄 12개를 동그라미 모양의 밧줄에 팔자매듭으로 연결하여 해오름을 표현해 보게 한다.
   해가 되어 볼 친구 있나요?
   그럼 규칙을 정하고 해가 되는 친구를 동그라미 밧줄에 앉히고 모든 친구가 협동해서 해오름을 표현해 보세요.
4. 여러 명의 친구들이 해오름을 해보고 협동을 했을 때와 하지 않았을 때 해의 높이를 이야기 나누어본다.

⑤ 해오름의 활동을 평가해 보며 밧줄을 정리하며 놀이를 마무리한다.

확장활동

① 밧줄을 이용한 고무줄놀이, 사방치기 등 전통놀이를 해본다.

활동 9-3

따르릉 자전거를 타요

활동대상 만 3세

활동목표 신호에 맞추어 신체를 움직여 자전거를 타본다.
신체운동 · 건강＞신체조절과 기본운동하기＞신체조절하기
친구들과 함께 자전거 타는 놀이를 안전하게 즐긴다.
신체운동 · 건강＞안전하게 생활하기＞안전하게 놀이하기
사회관계＞다른 사람과 더불어 생활하기＞친구와 사이좋게 지내기

활동자료 세발자전거, 보호장비 (헬멧, 무릎보호대, 팔꿈치보호대)

활동방법

1. 교사가 자전거 타는 모습을 신체로 표현하며 주의집중한다.
   지금부터 선생님이 무엇을 표현하는지 잘 보고 맞춰보세요.
   어떤 흉내를 내는 걸까요?
2. 세발자전거를 소개하고 탐색한다.
   자전거를 타본 적이 있나요?
   언제 타보았나요?
   어떻게 타는지 알고 있나요?
3. 자전거를 안전하게 타는 방법에 대해 이야기 나눈다.
   자전거를 안전하게 타려면 어떻게 해야 할까요?
   자전거의 페달을 어떻게 밟으면 좋을까요?
   자전거가 다니는 길은 어디일까요?
   마주 오는 친구와 부딪히지 않으려면 어떻게 해야 할까요?
   방향을 바꾸고 싶으면 핸들을 원하는 방향으로 돌리세요.

❹ 자전거 도로에서 안전하게 자전거를 탄다.

정해진 자전거 도로에서 안전하게 자전거를 타볼까요?

❺ 자전거를 타본 느낌을 이야기 나눈다.

자전거를 타본 기분이 어떤가요?

자전거를 타면서 좋았던 점은 무엇인가요?

자전거를 타며 힘든 점은 없었나요?

활동 9-4

물 그림을 그리고 지워요

활동대상 만 3세

활동목표 다양한 도구를 이용하여 실외에서 물 그림 그리기를 즐긴다.
예술경험 > 예술적 표현하기 > 미술활동으로 표현하기
신체운동 · 건강 > 신체활동에 참여하기 > 바깥에서 신체활동하기
물이 마르면서 사라지는 현상에 관심을 갖고 살펴본다.
자연탐구 > 과학적 탐구하기 > 물체와 물질 알아보기

활동자료 물, 물통, 다양한 도구 (크고 넓적한 붓, 분무기, 수건, 빗자루, 물총 등)

활동방법

❶ 그림을 그리는 도구에 대해 이야기 나눈다.
무엇으로 그림을 그려보았나요?
그림을 그리는 데 필요한 도구는 무엇이 있나요?

❷ 활동자료를 소개하고 물로 그림 그리는 방법에 대해 이야기 나눈다.
여기에 어떤 것들이 있나요?
무엇을 할 때 사용해 보았던 도구인가요?
이 도구를 이용하여 물로 그림을 그린다면 어떻게 할 수 있을까요?

❸ 다양한 도구를 사용하여 물 그림을 그린다.
물통에 그림을 그릴 물이 있어요.
어떤 곳에 그림을 그리는 것이 좋을까요?
도구에 물을 묻혀 그림을 그려보세요.
어떤 그림을 그려보고 싶나요?

❹ 그림을 보면서 무엇을 그렸는지 이야기 나눈다.

이것은 무엇을 그린 것인가요?

다른 친구들은 무엇을 그렸나요?

내가 그린 그림을 친구들에게 소개해 줄 수 있나요?

❺ 일정한 시간이 지난 후, 물 그림이 마르면서 사라지는 것을 살펴본다.

내가 그린 물 그림이 어떻게 되었나요?

왜 물 그림이 사라졌을까요?

물 그림이 지워진 것은 무엇 때문일까요?

❺ 활동을 평가한다.

어떤 활동을 해보았나요?

어떤 도구로 물 그림을 그렸나요?

물 그림을 그리면서 어떤 점이 재미있었나요?

또 다른 도구를 사용한다면 무엇으로 물 그림을 그려보고 싶나요?

참고문헌

교육과학기술부 (2009). 유치원지도서 1 총론. 서울: 두산.

교육과학기술부 · 보건복지부 (2012). 5세 누리과정 교사용지침서.

교육과학기술부 · 보건복지부 (2013). 3-5세 연령별 누리과정 교사용 지침서.

교육과학기술부 · 보건복지부 (2013). 3-5세 연령별 누리과정 해설서.

교육인적자원부 (2001). 유치원교사 교육프로그램.

김경철, 박현진 (2005). 디지털카메라의 유아교육기관 현장 활용. 어린이미디어 연구, 4(1), 129-156.

김수영, 김수임, 김현아, 정금자 (2000). 유아놀이의 이론과 실제. 경기: 양서원.

김용희 (1991). 유아의 기질에 따른 놀이영역 선택 및 놀이형태 : 4세아를 중심으로. 이화여자대학교 대학원 석사학위논문.

김희진 (2013). 교수-학습 방법 측면에서 본 자유선택활동시간의 놀이 계획-실행-평가 활동 현황. 한국교원교육연구, 30(4), 63-88.

나병술 (1969). 아동발달. 서울: 대학출판사.

나은숙, 양옥승 (2007). 자유선택활동시간에 나타난 유아들의 흥미. 유아교육연구, 27(1), 281-304.

노치현, 박인숙, 황명원 (1989). 블록활동의 지도와 실제. 서울: 보육사.

문박자 (1986). 유치원 놀이감의 활용도와 교육적 적절성에 관한 연구. 이화여자대학교 교육대학원 석사학위논문.

박경희 (1989). 유아의 블록놀이 유형과 사회적 행동과의 관계. 이화여자대학교 대학원 석사학위 논문.

박미경, 엄정애 (2010). 자유선택활동시간에 유아들이 경험하는 놀잇감의 의미. 유아교육연구, 30(5), 325-349.

박찬옥 (2007). 신체표현 중심 극놀이가 유아의 놀이성과 사회적 행동에 미치는 효과. 유아교육학논집, 11(2), 221-235.

박찬옥, 정남미, 곽현주 (2014). (개정판) 놀이지도. 경기: 정민사.

박찬옥, 황소영 (2012). 또래관계 형성과정에서의 외톨이 유아의 사회적 행동 변화 탐색. 유아교육학논집, 16(1), 325-349.

보건복지부 (2013). 제3차 어린이집 표준보육과정 교사용지침서.

보건복지부 · 육아정책연구소 (2013). 제3차 어린이집 표준보육과정 교사용지침서.

서동미 (2013). 자유선택활동의 관찰 및 평가. 제48회 한국유아교육협회 유아교육 교사연수 자료집, 27-76.

서혜정, 김은영 (2012). 자유선택활동시간에 교사 역할을 찾아가는 현장연구. 유아교육학논집, 16(5), 163-188.

신유림, 문혁준 외 (2015). 개정 놀이지도. 서울: 창지사.

신은수 (1990). 교사개입의 유형과 유아의 놀이형태와의 관계. 유아교육연구, 10, 243-260.

신은수, 김명순, 신동주, 이종희, 최석란 (2010). 놀이와 유아. 이화여자대학교 출판부.

신은수, 박현경 (2006). 쌓기 영역의 교재교구를 활용한 구성놀이가 유아의 공간조망능력에 미치는 효과. 사회과학연구, 12, 117-132.

신은수, 최석란, 이종희 외 (1995). 3세아를 위한 놀이감. 2~3세 영유아를 위한 종일제 프로그램. 서울: 한국유아교육학회.

심성경, 백영애, 이영희, 함은숙, 변길희, 김나림, 박지애 (2015). 놀이지도. 서울: 공동체.

안혜준, 송승민, 조형숙, 권희경 (2016). 놀이지도. 경기: 파워북.

양옥승, 나은숙 (2005). 물리적 환경구성과 유아의 자유선택활동의 의미에 관한 질적 연구. 열린유아교육연구, 10(1), 21-40.

양옥승, 노경혜, 윤희경, 조혜경, 최경애, 황윤세, 오애순 (2005). (제2판) 놀이와 아동발달. 서울: 정민사.

양진희, 박윤 (2007). 친사회적 동화를 활용한 주제극 활동이 유아의 사회적 적응 행동과 일상생활 스트레스 감소에 미치는 효과. 열린유아교육연구, 12(2), 349-374.

엄정례 (1998). 유아의 또래간 갈등상황 분석. 유아교육학논집, 2(1), 151-177.

연세대학교 어린이생활지도연구원 (1995). 연세 개방주의 유아교육과정: 반일제 3,4세 프로그램. 서울: 창지사.

오문자 (2010). 레지오 알아가기: 한국에서 레지오 교육의 재구성. 경기: 정민사.

오성삼, 구병두 (1996). 교육과정 및 평가의 이해, 서울: 양서원.

오은순 (1994). 블록의 유형과 수에 따른 유아의 사회적 행동에 관한 연구. 이화여자대학교 대학원 박사학위논문.

유안진 (1981). 한국 고유의 아동놀이. 서울: 정민사.

유한나, 엄정애 (2014). 교사의 놀이 개입에 대한 유아의 생각과 기대. 한국교원교육연구, 31(2), 255-284.

유효순, 김희태 (2014). 놀이지도. 서울: 한국방송통신대학교출판부.

유효순, 조정숙 (2004). 놀이이론과 실제. 서울: 한국방송통신대학교출판부.

유희정 (2004). 만3세 유아의 또래 간 갈등 시 교사의 중재 양상. 유아교육학논집, 8(2), 229-256.

윤향미, 장영희 (2013). 자유선택활동 운영에서의 유아교사가 겪는 갈등과 어려움 탐구. 유아교육연구, 33(4), 267-289.

이숙재 (1988). 유아의 놀이와 문제해결에 관한 연구. 성신연구논문집, 27, 203-217.

이숙재 (1993/1990). 유아를 위한 놀이의 이론과 실제. 서울: 창지사.

이숙재 (2009). 유아를 위한 놀이의 이론과 실제. 서울: 창지사.

이숙재 (2014). (4판) 영유아 놀이의 이론과 실제. 서울: 창지사.

이영석, 이정화 (2000). 포트폴리오 평가방법의 적용원리와 실제. 서울: 학지사.

이영주 (1983). 취학전 아동의 놀이 특징과 발달에 관한 연구. 서울대학교 대학원 석사학위논문.

이원영 (2006). The role adult in furthering the developmet of social competence in young children. PECERA 2006 Seventh Conference, *Early Childhood Education for Social Competency and Global Citizenship*, 43-58.

이은해, 지해련, 이숙재 편역 (1993). 놀이이론. 서울: 창지사.

이재선 (1990). 유아의 적목놀이에 관한 사례연구. 이화여자대학교 교육대학원 석사학위논문.

이정환, 박은혜 (1995). 유아관찰 워크북. 서울: 한국어린이육영회.

이정환, 박은혜 (1996). 유아관찰 워크북 II. 서울: 한국어린이육영회.

이정환, 박은혜 (2009). 교사들을 위한 유아관찰 워크북. 서울: 아이코리아.

이종희 (1996). 놀이와 교육; 구성놀이에 대한 재고. 유아교육연구, 15(2), 91-104.

이지연 (1989). 놀이가 아동의 창의적 반응에 미치는 영향. 중앙대학교 대학원 석사학위논문.

이지현 (1998). 유아의 기질 및 성에 따른 놀이행동. 성신여자대학교 대학원 석사학위논문.

이진희 (2014). 사진을 활용한 자유선택활동놀이평가에서 나타난 유아들의 경험, 한국교원대학교 교육대학원 석사학위논문.

이한영 (2010). 영유아 이해를 위한 관찰 기록과 평가. 한국유아교육협회, 제45회 한국유아교육협회 유아교육 교사연수 자료집, 19-56.

전남련, 최진원, 권경미 (2007). 놀이지도. 경기: 학현사.

전남련, 황연옥, 이혜배, 강은숙, 권경미 (2009). 아동관찰 및 행동연구. 경기: 양서원.

조부경, 장선화 (1995). 유아의 장 독립성-장 의존성 인지 양식에 따른 사회·인지적 놀이 형태에 관한 연구. 아동학회지, 16(1), 49-64.

조선미 (2000). 기질에 따른 유아의 놀이 스타일에 관한 연구. 성신여자대학교 대학원 석사학위논문.

조성미 (1988). 흥미영역에 따른 유아의 놀이 행동 유형에 관한 연구. 성신여자대학교 대학원 석사학위논문.

조운주, 최일선 (2013). 유아교육기관에서의 유아생활지도. 서울: 창지사.

조윤경, 김경애 (2014). 아동관찰 및 행동연구. 경기: 공동체.

지성애 (1998). 유아교육현장에 있어서의 사회적 역할놀이. 유아교육, 11, 21-29.

지성애 (2000). 유아놀이지도. 서울: 정민사.

지성애 (2007). 유아놀이척도 타당화 연구. 유아교육학논집, 11(1), 65-84.

지성애, 채영란, 신금호, 박희숙, 박유영(2012). 놀이지도. 경기: 정민사.

진명희 (1986). 유아의 블록에 관한 일 연구. 이화여자대학교 대학원 석사학위논문.

최미숙 (1992). 유아놀이 행동에 관한 연구. 전남대학교 대학원 박사학위논문.

최인숙, 박화윤 (2005). 놀이주제 친숙도에 따른 유아의 상위놀이에 관한 연구. 유아교육연구, 25(5), 101-122.

하정연, 좌승화, 조채영 (2015). 영유아놀이지도. 서울: 공동체.

황소영 (2011). 또래관계 형성과정에서의 외톨이 유아의 사회적 행동 변화 탐색. 중앙대학교 대학원 박사학위논문.

황해익 (2009). 유아교육평가의 이해. 경기: 정민사.

황해익, 송연숙, 정혜영, 유수경 (2013). 영유아 행동관찰법. 서울: 창지사.

황해익, 최혜진, 정혜영, 권유선 (2015). 아동관찰 및 행동연구. 서울: 공동체.

Almy, M., Monighan P., Scales. B., & Van Hoorn, J. (1982). *Recent research on play : the perspective of the teacher.* ERIC ED 219 216.

Bennett, N., Wood, L., & Rogers, S. (1997). *Teaching through play: Teachers' thinking and classroom practice*. Philadelphia: Open University Press.

Berk, L. E. & Winsler, A. (1995). 어린이들의 학습에 비계 설정(scaffolding)-비고스키와 유아교육 〔Scaffolding Children's Learning: Vygotsky and Early Childhood Education〕. 홍용희 역. 서울: 창지사. (원본발간일 1995).

Berlyne, D. E.(1960). *Conflict, arousal and curiosity*. N.Y.: McGraw-Hill.

Biber, B. (1984). *Early education and psychological development.* New Haven: Yale University Press.

Boyatizis, C. J., & Watson, M, W. (1993). Preschool children's symbolic representation of objects through gesture. *Children Development, 64,* 729-735.

Bredekamp, S., & Copple, C. (1997). *Developmentally appropriate practice in early childhood programs(rev. ed.).* Washington D. C.: NAEYC.

Brodrova, E., & Leong, D. (1998). Scaffolding emergent writing in the zone of proximal development. *Literacy Teaching and Learning, 3*(2), 1-18.

Brody, C. (1988). *Social studies and self-awareness. In E. S. Hirsch (ed.), the block book,* (pp.52-61). Washington D. C.: NAEYC.

Bronson, M. B. (2001). *Self-regulation in early childhood: Nature and nurture.* N.Y.: Guilford.

Bronstein, M. B. (2000). 우리 아이들의 놀잇감 선택방법. 이기숙, 오은수 역. 경기: 양서원 (원본발간일 1998).

Christie, J. F., & Johnsen, E. P. (1986). Reconceptualizing constructive play: A review of the empirical literature. *Merrill-Palmer Quarterly, 33*(4), 439-452.

Christie, J. F., & Wardle, F. (1992). How much time is needed for play? *Young children, 47*(3), 28-33.

Church, E. B., & Miller, K. (1990). *Learning through play blocks.* N.Y.: Scholastic Inc.

Cuffaro, H. K. (1988). Dramatic play-the experience of block building. In E. S. Hirsch (ed.), *The block book,* (pp. 62-78). Washington D. C.: NAEYC.

Darvill, D. (1982). Ecological influences on children's play: Issues and approaches. In D. J. Pepler, & K. H. Rubin(Eds.), *The play of children: current theory and research,* (pp. 89-102). N.Y.: Karger.

David Elkind (2008). 놀이의 힘[Power of play]. 이주혜 역. 서울: 한스미디어 (원본발간일 2007).

Ellis, M.(1973). *Why People Play.* Englewood Cliffs, NJ: Prentice-Hall.

Enz, B., & Christie, J. F. (1997). Teacher play interaction styles: Effects on play behavior and relationship with teacher and experience. *International Journal of Early Childhood Education, 2,* 55-75.

Erikson, E. H. (1963). *Childhood and Society (2nd ed.).* N.Y.: Norton.

Fein, G. G. (1981). Pretend Play: An Integrative review. *Child Development, 52,* 1095-1118.

Forman, G. E., & Hill, F. (1984). *Constructive play : Applying piaget in the preschool.* CA: Addison Welsory.

Frost, J. L., Wortham, S. C., & Reifel, S. (2005). *Paly and child development (2nd ed.).* Upper Saddle River, NJ: Pearson.

Frost, J. L., & Kissiger, J. B. (1976). *The young child and the educative Process.* NY : Holt, Rinehart and Winston.

Frost, J. L., Wortham S. C., & Reifel, S. (2005). *Play and child development.* Merrill Prentice Hall, NJ: Upper Saddle River.

Frost, J. L., Wortham, S., & Reifel, S. (2001). *Play and Child Development.* Upper Saddle River, NJ : Merrill/Prentice-Hall.

Frost, L., & Klein, B. (1979). *Children's play and playgrounds.* Boston: Allyn & Bacon.

Garvey, C.(1977). *Play.* Cambridge, MA: Harvard University Press.

Garvy, C. (1993). 놀이. 지혜련 김판희 역. 서울: 창지사 (원본발간일 1978).

Goodwin, W. L., & Driscoll, L. A. (1980). *Handbook for measurement and evaluation in early childhood education.* San Francisco: Jossey-Bass.

Graham, G., Holt/Hale, S., & Parker, M. (2004). *Children moving.* N.Y.: McGraw-Hill.

Gronlund, G. (2010). *Developmentally Appropriate Play: Guiding young children to an higher level.* MN: Redleaf Press.

Henniger, M. L. (1994). Planning for outdoor play experience, *Childhood Education, 70*(2), 87-90.

Hirsch, E. S. (1988). Block building-practical considerations for the classroom teacher. In E. S. Hirsch (Ed.), *The block book*, (pp. 89-102). Washington D. C.: NAEYC.

Hughes, F. P. (2010). 놀이와 아동발달. 유미숙, 박영애, 유가효, 방은령, 장현숙, 천혜숙 역. 서울: 시그마프레스.

Johnson, H. M. (1988). *The art of block building. In E. S. Hirsch (ed). The block book,* (pp. 8-23). Washington D. C.: NAEYC.

Johnson, J. E. (1982)., & Ershler, J. (1982). Curricular effects on the play of preschoolers. In D. J. Pepler, & K. H. Rubin (ed.), *The play of children: Current theory ad research,* (pp. 89-102). N.Y.: Karger.

Johnson, J. E., & Ershler, J. (1981). Developmental trends in preschool play as a function of classroom program and child gender. *Child Development, 52,* 995-1004.

Johnson, J. E., Christie, J. F., & Yawkey, T. D. (1987). *Play and early childhood development.* Illinois: Scott, Foresman and company.

Johnson, J. E., Christie, J. F., & Yawkey, T. D. (1999). *Paly and early childhood development* (2nd ed.). N.Y.: Longman.

Johnson, J. E., Christie, J., & Wardle, F. (2005). *Play, development and early education.* N.Y.: Longman.

Kamii, C. & Devries, R. (1985). 물리적 지식활동: 피아제 이론이 암시하는 교육. 이경우, 문미옥 역. 서울: 창지사. (원본발간일 1978).

Kamii, C. (1982). *Constructivist education : A direction for the twenty-first centry.* ERIC ED 221-297.

Kamii, C. (1985). *Can there be excellence in education without knowledge of child development?* ERIC ED 254-333.

Kenny, D. T. (1953). An Experimental Test of the Catharsis Theory of Aggression. *Dissertation Abstracts, 13,* 441.

Kim, J. H. (1989). Preparatory Discussion - Is it a way to facilitate young. children's constructive play? *Unpublished doctor's thesis,* University of Oregon.

Kopp, C. B. (1991). Young children's progression to self-regulation. In M. Bullock

(Ed.), *Contributions to human development, Vol. 22.* The development of intentional action: Cognitive, motivational, and interactive processes (pp. 38-54). Basel, Switzerland: Karger.

Kuykendall, J. (2007). *Early childhood development series: Selecting toy for children.* Washington, D. C.: University of Alaska Fairbanks.

Leeb-Lundberg, K. (1988). The block builder mathematician. In E. S. Hirsch (ed). *The block book,* (pp. 30-51). Washington D.C: NAEYC.

Levy, J.(1993). 놀이 행동의 정의. 이은혜 외 역, 놀이이론(pp. 11-35). 서울: 창지사. (원본발간일 1968)

Liberman, J. H. (1965). Playfulness and divergent thinking: An investigation of their relationship at the kindergarten level. *Journal of Genetic psychology, 107*(2), 219-224.

Lloyd, B., & Howe, N. (2003). Solitary Paly and convergent and divergent thinking skills in preschool children. *Early Childhood Research Quarterly, 18*, 22-41.

McAfee, O., & Leong, D.(1994). *Assessing and guilding young children's development and learning.* Needmen Meights, MA: Allyn and Bacon.

Mcloyd, V. (1986). Scaffolds or shackles? The role of toys in preschool children's pretend play. In G. Fein & M. Rivkin (Eds.), *The young child at play: Reviews of research* (*Vol. 4*, pp. 63-78). Washington D. C.: NAEYC.

Moffit, M.W. (1988). Children learn about science through block building. In E. S. Hirsch (ed), *The block book*, (pp. 24-29). Washington D. C.: NAEYC.

Moran, S., & John-Steiner, V. (2003). Creativity in the making: Vygotsky's comtemporary contribution to the dialectic of development and creativity. In R. K. Sawyer, & V. John-Steiner(Eds.), *Creativity and development*(pp. 61-90). N.Y.: Oxford University Press.

NCCA (2015). Learning and developing through play. *Aistear: the Early Childhood Curriculum Framework.*

Parten, M. B. (1933). Social participation among preschool children. *Journal of Abnormal and Social Psychology, 27*, 243-269.

Peper, D. J. (1982). Play and divergent thinking. In D. J. Pepler, & K. H. Rubin (Eds.), *The play of children: current theory and research.* (pp. 89-102). N.Y. : Karger.

Pepler, D. J., & Ross, H. S. (1981). The Effects of play on convergent and divergent problem solving. *Child Development, 52*, 1202-1210.

Piaget, J. (1962). *Play, dreams and imitation in childhood.* N.Y.: W.W. Norton.

Piaget, J. (1993). 놀이의 발달과 분류. 이은해 외 역. 놀이이론(pp. 89-187). 서울: 창지사. (원본발간일 1962)

Pica, R. (2004). *Experience In Movement Birth to Age Eight(3rd ed.).* N. Y.: Delmar Thomson Learning.

Prescott, E. (1987). The environment as organizer of intent in child care. In C. S. Weinstein, & T. g. David (Eds.), *Spaces for children: The built environment and child development* (pp. 73-86). N.Y.: Plenum.

Refiel, S., & Yeatman, J. (1993). From category to context: Reconsidering classroom play. *Early Childhood Research Quarterly, 8*(3), 347-367.

Roskos, K. A. (1987). An exploratory study of the native of literate behavior in the pretend play episodes of four and five-year old children. Kent State University doctorial thesis. UMI dissertation services.

Rubin, K. H. (1980). Fantasy play : Its role in the development of social skills and social cognition. In K. H. Rubin(Ed.), *New directions in child development : Children's play.* (pp. 69-84). N.Y.: Wiley.

Rubin, K. H. (1982). Early play theories revised: Contributions to contemporary research and theory. In D. J. Pepler, & K. H. Rubin(Eds.), *The play of children: Current theory and research.* (pp. 89-102). N.Y.: Karger.

Rubin, K. H., Fein, G. G., & Vandenberg, B. (1983). Play. In P. H. Mussen(Ed.),

Handbook of child psychology: Socialization, personality and social development(4th ed., pp. 639-774). N.Y.: Wiley.

Rubin, K. H., Maioni, T., L., & Hornung, M. (1976). Free play behaviors in middle- and lowerclass preschoolers: Patten and Piaget revisited. *Child Development, 47*, 414-419.

Saracho, O. (1999). A factor analysis of pre-school children's play strategies and cognitive style. *Educational Psychology, 19*, 165-180.

Sayre, N. E., & Gallagher, J. D. (2001). *The Young child and the environment: Issues related to health, nutrition, safety, and physical activity.* Boston: Allyn & Bacon.

Scarlett, W. G., Naudeau, S., Salonius-Pastemak, D., & Ponte, I. (2005). *Children's play*. Thousand Oaks, CA: Sage Publications.

Smilansky, M. (1993). 사회극적놀이의 영향. 이숙재 외 역, 놀이이론. (pp. 189-275). 서울: 창지사. (원본발간일 1968)

Smilansky, S. (1968). *The effects of sociodramatic Play on disadvantaged preschool children.* N.Y.: Wiley.

Sponseller, D. (1974). Introduction: Why is play a learning medium? *In D. Sponseller(Ed), play as learning medium*. Washington, D. C. : NAEYC.

Sponseller, D. (1991). 학습매체로서의 유아놀이. 신혜영, 정수경 역. 서울: 창지사. (원본발간일 1979)

Sylva, K., Roy, C., & Painter, M. (1980). *Child watching at playgroup and nursery school.* London: The pitman Press.

Tegano, D. W., & Burdette, M. P. (1991). Length of activity periods and play behaviors of preschool children. *Journal of Research in Childhood Education, 5*(2), 93-99.

Thomas, A. & Chess, S. (1997). *Temperament and development.* N.Y.: Bruner/mazel.

Trawick-Smith, J. & Dziurgot, T. (2010). 'Good-fit' teacher-child play interactions and the subsequent autonomous play of preschool children. *Early Childhood*

Research Quarterly, 26(1), 10-123.

Vandenverg, B. (1982). Play: A Concept in Needs of a Definition? In D. J. Pepler, & K. H. Rubin(Eds.), *The play of children: current theory and research*, (pp. 89-102). N.Y.: Karger.

Vygotsky, L. S. (1976). play and its role in the mental Development of the Child. In J. S. Bruner, A. Jooy, & K. Sylva (Eds.), *Play: Its Role in Development and Evolution* (pp. 537-554). N.Y.: Basic Books.

Vygotsky, L. S. (1978). *Mind in society: the development of higher psychological process.* London: Harvard University Press.

William, C. K., & Kamii, C. (1986). How do children learn by handling objects? *Young children, 41*(11), 23-26.

Winsor, C. B. (1988). Blocks as a material for learning through play-the contribution of Caroline Pratt. In E. S. Hirsch (Ed.), *The block book* (pp. 2-7). Washington D.C.: NAEYC.

저자소개

이춘복

중앙대학교 대학원 유아교육 전공(석사)
중앙대학교 대학원 유아교육학 전공(박사)
현) 수원여자대학교 유아교육과 교수

황소영

중앙대학교 대학원 유아교육 전공(석사)
중앙대학교 대학원 유아교육학 전공(박사)
현) 경복대학교 영유아보육과 교수

신희이

가톨릭대학교 대학원 교육학 전공(석사)
가톨릭대학교 대학원 아동학 전공(박사)
현) 부천대학교 유아교육과 교수

정정란

대구대학교 대학원 유아교육 전공(석사)
대구대학교 대학원 유아교육학 전공(박사)
현) 진주보건대학교 복지행정계열 아동복지전공 교수

구현아

동덕여자대학교 대학원 아동학 전공(석사)
동덕여자대학교 대학원 아동학 전공(박사)
현) 구립명일사랑 어린이집 원장

김희제

서원대학교 대학원 유아교육 전공(석사)
서남대학교 대학원 사회복지학 전공(박사)
현) 우송정보대학교 사회복지과 겸임교수, 무지개 어린이집 원장

영유아교사를 위한

놀이지도

초판 1쇄 발행 2017년 2월 27일
초판 3쇄 발행 2019년 7월 11일

지 은 이 | 이춘복 · 황소영 · 신희이 · 정정란 · 구현아 · 김희제
펴 낸 이 | 김기섭
책임편집 | 엄지연
펴 낸 곳 | 창지사 www.changjisa.com
08589 서울시 금천구 가산디지털1로 83(가산동 345-13)
파트너스타워 1차 9층
전화 (02) 719-2211~3
팩스 (02) 701-9386
등 록 | 1977년 4월 28일 · 제1-421호

ISBN 978-89-426-0933-8 (93370)

값 20,000원

「이 도서의 국립중앙도서관 출판예정도서목록(CIP)은 서지정보유통지원시스템 홈페이지(http://seoji.nl.go.kr)와 국가자료공동목록시스템(http://www.nl.go.kr/kolisnet)에서 이용하실 수 있습니다. (CIP제어번호: CIP2017008114)」